U0143628

深入挖掘浙江文化底蕴，研究浙江考古与中华文明，是浙江考古工作者义不容辞的任务和担当。

考古浙江

——万年背后的故事

马 黎 著

浙江省文物考古研究所 编

浙江古籍出版社

讲好考古故事（代序）

先讲一个故事吧：

"真理"来到村庄，一丝不挂，村庄里的人都怕它，不敢直视。智慧老人把"真理"请回家里，给它披上漂亮的衣裳。穿上衣裳后的真理，化名为"故事"。当"故事"走进村庄，所到之处，人们都喜欢它。

这故事告诉我们，"故事"的本质是真理或真相，是由修辞、技巧等形式包装起来的真相。讲好一个故事，就是揭示一个或多个关于自然、人生与社会的真理或真相，而这真相，竟然为多数人所喜闻乐见。如果关于好故事的这个说法可以成立，那么，谬误、谎言、欺骗和矫情，便绝无可能是好故事，无论它用了何种修辞。

考古学，是以发掘、整理、研究古人的遗迹和遗物，以复原古代历史、人类行为、社会模式演进的学问。以求实、求真为目标的考古学，其所揭示的关于古代历史、人情或社会的真相，可以是一份考古发掘报告或一篇学术论文。但是，一个好的考古项目及其学术成果，只是好故事的必要条件，并非好故事本身。

怎样的考古叙述才算好故事？注定不会有标准答案。我们竭尽所能，也只能大致描述一个好故事最有可能长成的模样——也许我们可以为好故事下一个实用主义的定义：受更多人欢迎的故事更有可能是好故事，让更多人从中获得趣味、情感、知识和思想滋养的故事才更有可能是好故事。但是这么说，等于什么都没说。所以，我们还是要回到实践的层面，讲好考古故事，就是为一项考古工作及其学术成果穿上漂亮衣裳的过程。这件美丽而吸引人的衣裳，可以是博物馆里的展览，电视频道的纪录片，也可以是记者、考古人或作家笔下的文字。这里只说后者，即考古题材的文本。

我最早读到马黎的文字，在八九年前，她是《钱江晚报》入职不久的文化记者，她关于考古发现和成果的新闻报道，受许多读者欢迎。大家说好看。好看的秘诀，无他，就是距离考古工地近些、更近一些。马黎能吃苦，每有考古新发现，总会第一时间赶赴现场，加上为人谦逊，待人接物，不卑不亢，考古人多乐意向她提供第一手信息，而她总能在考古人冷静、客观甚至无喜无悲的讲述中，抓住一两个"新闻点"，将古代的物事，与现代的生活连接起来，穿越古今，透物见人。

透物见人，是一种技能，也是境界。讲好考古故事，在某种程度上，就是透物见人的过程。人文学科，必须见"人"，这是平常的道理。然而，不同学科的"人"却大不相同。文学中的"人"，是有名有姓的"具体人"的生存状态和命运；历史学科的"人"，既有秦始皇、苏东坡等具体人，更有士农工商的"群体人"——毕竟还是人的政治、经济、文化或日常活动，转化为好故事，相对容易，市面上稍稍畅销的人文书籍，十之七八属文史类读物，就是这个理。

而给考古学穿上一件漂亮衣裳，则困难得多，因为考古学面对遗迹和遗物，并不直接见人，额外多出一只透物见人的拦路虎，在未有文字以前的史前考古领域（晚唐、五代吴越国以前的浙江考古领域也大体如此，唯程度有差）中，既无具体人，也无历史学范畴的群体人，所指之"人"通常是文化人类学等社会学科范畴的"抽象人"。两宋以后，历史文献的存量固然大幅超越前代，但考古发掘的墓葬、城市、瓷窑遗址，依然是历史的碎片，难以呈现为背景明确、首尾完整的具体事件。如何将古代的片段遗迹、坛坛罐罐的碎片，拼接出有头有尾的故事，继而与现代人的情感、趣味、思想建立起连接，就格外艰难。当然，我们也大可以说，只有艰难的事情，才值得今天有志气的年轻人去做、去开拓。

在我看来，马黎写作的意义，正在于此——她的系列报道，从一万年前的史前聚落，到新石器晚期的水稻田，从商周时代的贵族大墓，到唐宋时期的青瓷窑址、城市和佛教文物，直至明清的海塘和普通人的坟墓，上下一万年，包罗众多的文物类型，为我们提供了多种式样的关于考古工作记录和学术成果传播的样本。换言之，《考古浙江》为如何讲好考古故事，奉上了多种可供探讨和参考的可能性。

任何一种可能性的探索，都无法一蹴而就。《考古浙江》正是作者长期摸索、反复试验、力求完善的过程性文本。

七八年前马黎的文字，并非如此，古人说"悔其少作"，事实上，一个有自我要求的作者，随着知识、趣味、价值观的改变或提升，恐怕连自己四五年前的文字都不能接受。马黎经常表达对早前文字的不满，这个"自选集"甚少收录最早期的文字，正是她是有追求的明证。她早年的新闻报道，有个特点，大量使用网络语言，或采用"以今例古""蹭热点"的叙述技巧，常以打比方的手法沟通古今，帮助读者理解古物。这是新闻和通俗写作的常见手法，网络语言、蹭热点的好处，显而易见，容易贴近读者，让今人对古人迅速产生"通感"与"共情"；坏处也明显，因为热词、热点易冷，时过境迁，文章必然呈现出追求时效性的"速朽"特征。很多记者坦然接受这一事实，新闻本就以为读者提供快捷的资讯服务为目的，没有人会把"新闻纸"当成藏之名山的著作。然而，对一个有自我要求的作者而言，这只是皮相之谈。网络用语的过分使用，最大的问题，不在于时效性，而是与作者的书写诚意、写作态度有关。

写作者最难处理的关系，就是如何把握自己与读者之间的距离感，即"分寸感"。一般而言，新闻记者的写作有明确目标或定位，与读者的距离较近；独立作者、学者，与受众的距离稍远，为追求文本的严肃性和独立性，甚至会刻意与公众保持相当的距离。

考古学如果是一门严谨的学科，新闻如果是一项严肃的事业，那么，从业者应该是大家心目中定位的学者或作家。学者和作家，最宝贵的品质是"自由"与"独立"。有公信力的作者，其思考与表达是独立而严肃的，尽管谁都无法做到完全的独立，但文章的独立姿态，哪怕只有形式上的独立，其实也有必要。

作者与读者之间的分寸感，如何拿捏？故作高冷，固然不好；刻意迎合，则尤不见佳。过分使用热词的作者，会让读者认为他是个趋时的人，甚至会为迎合部分娱乐化的读者而放弃自己的独立姿态。这也许会赢得更多的读者，但不足以补偿对文本公信力和作者独立形象的伤害。

子曰"今之学者为人，古之学者为己"，我们也不妨说"记者之文为人，作者之文为己"。记者更多为读者考虑，作者看重自我境界的提升并兼顾读者。谁都无法明确说明，作者与读者之间的距离，究竟多远算远、多近算近。这种微妙的平衡感，取决于不同人的天赋和立场。是的，优秀作者与一般作者的分野，不在文辞，而在于讲述的分寸感。

一个真正的写作者，谁又不是在"为人"和"为己"之间反思、摇摆和挣扎呢？

《考古浙江》可以看到作者在"分寸感"上的逐渐进步，对一个记者或作者——以文字为职业的人而言，没有比这更可喜的了。她依然会用网络热词，会打"以今例古"的比方——这是新闻记者的职责所在——但恰如其分，点到为止，在内容的时效性和严肃性之间寻求平衡；她的考古发现及其学术成果的报道，通常会以详细展示考古发现和工作经过作为故事的明线，又将考古发现和推导的必然逻辑作为故事的暗线，话题通常聚焦在与大众日常生活和生命体验密切相关的领域，却又含蓄地表达古今之间的观念和文化的变迁，在趣味性与学术性之间寻求平衡；关于浙江文物考古前辈王士伦先生和金华汤溪守墓人的报道，她在历史和现实之间穿梭，文字愈发深沉，以扎实的叙述为基础，间有克制的议论和含蓄的抒情，在记录、抒情和议论之间寻求平衡，说到底，这是理性与情感的平衡。

我之所以如此强调"平衡"和"分寸感"的重要性，因为这就是讲好考古故事的秘诀所在。而分寸感无法细说，它决定于写作者的立场和一念之间。我曾与马黎讨论由"新闻纸"写作逐渐向出版方向转型的可能性。我的业余写作也起步于报纸副刊，近年有意向出版的方向调整，深感转型之苦，书稿的写作逻辑不同于做新闻传媒，至少我们要从短平快的"爽文"迷思中解放出来，在生活体验或知识领域中拿出更成体系、更有纵深的文本，就像本书中的许多好题材，本可以深挖、做大形成独立册子的，经得起读者较长时间的检验、品味和研究，只在新闻纸和手机中一次性地过一遍，未免太可惜。

考古发掘的对象，本是古人日常生活、生产中的寻常物事，本质上，并无神秘可言。今人之所以感觉茫然或神秘，主要因为这些文物脱离了历史的时空和脉络，游离于具体的人物和故事以外，变成了一颗颗不知来自何处、去向何方的流星。讲好考古故事的困难，多半在于此——如何将残缺、无序的遗物，尽量准确地还原到具体的历史时空和背景中去，犹如天文学家通过演算，将脱轨的流星还原到它最初出现的地方。这也是判断一个学者学术能力和作者讲述能力的重要标准。汉唐以后的历史时期考古，有文献的辅助，将文物还原到具体历史场景中可能相对容易，而先秦考古对讲述者的叙述技巧就有更高的要求。

只有知识和真相是不够的，为考古硬核知识赋予更多的人文内涵，才有可能是更有效的传播。考古专业领域的"硬知识"，例如良渚文化陶器编年、河姆渡人的生计方式，当然会有小部分人有探索和研究的欲望，但多数人可能不会感兴趣，他们更想了解良渚人的日常生活和器物设计的理念，以及河姆渡人在距今7000年前的生产条件下，究竟如何利用并有限度地改造自然。这样的知识，才能与更多的"人"有关。

在著名的《傅雷家书》中，傅雷关于音乐的议论"又热烈又恬静，又深刻又朴素"。有一组通信特别好，大意如下：傅聪练习莫扎特，遭遇瓶颈，向父亲倾吐烦恼。傅雷回信说，我们对莫扎特音乐的认识是从感性开始的，但不能只停留在感性认识，更要深入研究莫扎特的音乐，最好成为莫扎特的研究专家，伟大的艺术是感性与高度的理性相结合的产物；搞研究，写论文，只要纯理性就够了，然而，艺术家（相当于故事讲述者）不能停留在纯理性，需要将学术成果诉诸情感。如此，我们的心跳，我们的脉搏，就与莫扎特跳动在一起，奏出动人的音乐。讲好考古故事，何尝不经历"正反合"的认知过程？我们对一块墓地、一处遗址的认知，从感性认识，上升到理性认识，再将理性认识诉诸内心的情感，这样的讲述更有可能与公众建立起更多的情感、趣味和思想的连接。

　　一个优秀的考古故事讲述者，除了考古、历史场景的还原能力，更要拿捏记录、议论、抒情等多种维度之间的分寸感，在科学与人文、实证与推测、学术与生活、理性与情感，甚至在独立姿态与市场需求、象牙塔与大众口味之间寻求微妙的平衡。

　　马黎跟踪采访了近十年来浙江几乎所有的重大考古发现，采访了众多与浙江考古、文物保护领域相关的人物和事件。她是浙江考古的观察者、参与者、记录者和传播者。作为记者，她坚守岗位，努力为读者生产更好的新闻报道；作为作者，她勤奋写作，不断反思，做成一件事，既可服务社会，也能变化气质，让自己成为一个更好的人。《考古浙江》是一个记者和作者献给读者和自己的礼物。

郑嘉励

2021 年 10 月 9 日

目 录

第 一 章

从美丽的小洲（良渚）出发，过一个渡口（河姆渡），跨一座桥（跨湖桥），最后上了山（上山）。这是一条通向远古的诗意之路。浙江考古人拿着手铲，从无到有，在碎片中复原浙江一万年来无史书记载的历史文化面貌。

一万年，稻可道

1

一万年前，"巨人"的脚印，落在了浙江浦江，这就是"上山人"。

一万年前，一个大多数洞穴人还要在岭南山地延续生活几千年的时间点，"上山人"却告别了山林洞穴的生存模式，走向旷野，勾画出东亚地区历史长卷中令人惊叹的一笔。

2000 年，浦江县黄宅镇上山村，沉睡了万年的浙江浦江上山遗址横空出世。长江下游与东南地区新石器时代早期遗址的面貌，由上山遗址而始，正式揭开面纱。

2006 年 11 月 22 日，时任中共浙江省委书记习近平同志作出"要加强对'上山文化'的研究和宣传"的重要批示。

2020 年，上山文化发现整整 20 年。11 月 12—14 日，上山遗址发现 20 周年学术研讨会在浦江举行。

考古学家达成了一个重要的学术结论：上山文化是世界稻作文化的起源地，是以南方稻作文明和北方粟作文明为基础的中华文明的重要起点。上山文化万年水稻起源、发展的证据，是对世界农业起源认识的一次重要修订。

上山遗址，被命名为远古中华第一村。

2020年9月28日，中共中央政治局以我国考古最新发现及其意义为题举行第二十三次集体学习。习近平总书记在主持学习时强调，要高度重视考古工作，努力建设中国特色、中国风格、中国气派的考古学，更好认识源远流长、博大精深的中华文明，为弘扬中华优秀传统文化、增强文化自信提供坚强支撑。

2020年9月21日，省委书记袁家军在浙江文化研究工程实施15周年座谈会暨省文化研究工程指导委员会会议上指出，要围绕良渚、河姆渡、上山等遗址，大力推进文明之源大遗址保护群的研究传承。

考古写史。

浙江境内不断延长的历史脉络，在考古人的手铲下，梳理得更加清晰，一万年以来，丰富的史前考古学文化，构建了浙江地区多元而又相互交融的文化谱系，而上山文化，正代表着浙江万年文化之源。

遗址发掘现场（2005年12月）

上山文化，初步可分为早、中、晚三期，早期年代约在距今一万年前后，中期年代在距今九千年前后，晚期年代在距今八千五百年前后，得名于金华浦江上山遗址。目前，浙江省发现以上山遗址为代表的上山文化遗址共 20 处，它们普遍分布在浙江中南部低山丘陵之间的河流盆地，其中，以金衢盆地最为密集，金华占三分之二，达 13 处之多。

万年上山之"最"，万年浙江之"最"，填补了太多空白——

上山文化是浙江境内目前发现年代最早的史前考古学文化，填补了长江下游及东南沿海地区新石器时代早期文化的空白，构建和完善了长江下游地区的史前文化发展序列，成为东亚地区迄今发现的遗址数量最多、分布最为集中的新石器时代早期文化，中国规模最大的新石器时代早期聚落群。

上山文化发现的木构建筑遗迹和环壕，是东亚地区迄今发现的最早的初级村落。

上山文化的彩陶，是中国迄今发现的最早彩陶。

上山文化遗址群普遍发现了栽培稻遗存，是世界稻作农业文明的起源地。

从五千年良渚至七千年河姆渡，从八千年跨湖桥到万年上山，上山文化将浙江的历史推进到万年前。

浙江文化之源，在这里。世界稻作文化之源，在这里。

那么，何为源？

2

如果不是杭金衢高速公路的铺设，上山遗址的发现，或许还没有那么快。但是，这条社会经济发展中的"高速公路"，在不期然中却拓展了浙中、浙西地区新石器考古工作的"新路"，具有时代意义。

1996 年春，浙江省文物考古研究所对拟建的杭金衢高速公路沿线进行前期文物调查。考古室主任陈元甫将调查任务交给了蒋乐平和黎毓馨，公路沿线各地的文物干部参与相关路段的调查。蒋乐平担任这次调查的领队——后来，他便是上山文化的重要发现者，长期从事新石器时代考古发掘和研究工作。

"龙"纹陶片（楼家桥遗址出土，1999年12月）

两个多月，他们在250多公里的路程内往返多次，发现了古遗址、古墓葬信息数十处。

1999年，诸暨市次坞镇楼家桥村发现了一处新石器时代遗址，定名为楼家桥遗址，这也是这次调查唯一发现的新石器时代遗址。遗址呈现出一些前所未见的文化内涵，早期发现了"扉棱"式柱足鼎和带隔缸的陶器组合，它们虽然与河姆渡文化陶器（如绳纹带脊釜）共存，但具有极强的文化个性。透过楼家桥遗址的窗口，可以窥见河姆渡文化、马家浜文化核心分布区之外，存在着另一道风景。

为了"看见"这道风景，考古队在发掘楼家桥遗址的同时，正式开始浦阳江流域新石器时代遗址专题考古调查。

3

2000年，浙江两个重要的考古学文化：跨湖桥文化、上山文化，几乎是前后脚醒来。尤其是发现浦江上山遗址，当时，金华地区还是空白——从来没有开展过新石器时代考古发掘。

很少有人听说过"蓳塘山背"这个地方。

2000年9月22日，考古队来到渠南村调查。蓳塘山背，是渠南村的旧名，其中包括蓳塘、旧山背、新山背、姓周等自然村。中间分布着呈南北向的若干水塘，俗称蓳塘，这些水塘实为一条废湮古河道的遗留水域，宽十来米，曲折断续。

蓳塘山背，竟有一处良渚文化墓地。

当时，考古界对良渚文化的分布是否到达钱塘江之南，尚有争论，主要原因还是资料的不足，如果在浦阳江上游能够找到良渚文化的墓地，将突破旧有的认识，有力推进浙江大历史的构建。

钱塘江以南，到现在为止，还没有发现比它更大的良渚文化墓地——44座墓葬，这为解决钱塘江以南良渚文化的问题，提供了很好的材料。

没有人知道，这正是上山文化发现的导火索。

考古队决定把调查范围向周边延伸，酝酿第二年的发掘，目标之一，便是村庄北面的"上山"，一座小土丘，也就是蓳塘山背遗址的北区。

浦江蓳塘山背遗址墓葬发掘现场（2001年5月）

蒋乐平也开始为遗址取名。

为何要取名？当时，考古计划的主攻方向是蚩塘山背的良渚文化墓地，但是，向国家文物局申请发掘，一般只填报一个遗址。

查看蒋乐平的日记，"上山"不是原有的地名，他一度将其记录为"山背"，当时他访问村民，依稀有南有蚩塘、北为山背的说法，后来证明并不准确。

叫什么名字呢？

那天，村支书老周看蒋乐平为起名字烦恼，说起西北不远有个叫"上山堰"的老地名。蒋乐平觉得，这个名字会让人联想到都江堰，不适合称呼一个史前遗址，干脆把堰字去掉，叫上山遗址。

尽管当时的发掘面积有限，文化面貌也非常模糊，但客观事实是，上山遗址被发现了。

而现在回过头来看，"上山"之名别有意味。

考古学界泰斗严文明先生在一次会议上说，浙江的遗址名很有内涵，从美丽的小洲出发（良渚），过一个渡口（河姆渡），跨一座桥（跨湖桥），最后上了山（上山），这是一条通向远古的诗意之路。

4

大口盆出土情况（2006 年 5 月）

我们经常从古人日常使用的陶器里，还原他们的生活图景，而陶器，也是判断一种考古学文化新生命的指向标。

大口盆，是上山遗址的代表性器物，敞口圆唇，斜腹平底，单耳，厚胎红衣。正是这种"嘴巴"很大的陶器，曾让考古队无比纠结——以夹炭红衣大口盆为代表的上山陶器，

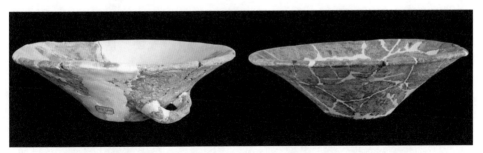

上山遗址出土并修复的第一件大口盆　　　　　　大口盆

石球

和出土绳纹陶釜、大量鼎足的楼家桥陶器完全不同，到底谁早谁晚？怎样认识这种早晚关系？当时，浙江考古界存在一种根深蒂固的老观念，认为"边缘地区"的新石器文化要落后于"中心地区"（杭嘉湖和宁绍）。那么，上山遗址粗厚的陶器特征，是否就是落后的具体体现？

上山遗址的奇特，愈发显现。有一天，浦江一位老文物工作者张文晖来参观遗址，看到大量的石球。他很好奇石球的用途。蒋乐平勉强解释：用于抛掷的狩猎工具。但很快，"强迫症患者"蒋乐平不得不再次逼问自己：为什么在宁绍地区的其他遗址中，没有发现如此丰富的石球？上山遗址特殊性的原因何在？

除了石球，遗址里还发现了很多磨石，过去习惯称为砺石，用来制作骨器、石器的工具。考古前辈牟永抗先生曾对这种磨石做过观察和分析，认为河姆渡遗址中部分磨石不是砺石，而是石磨盘——一种食物加工工具，并从富裕采集经济的角度进行了证述。

上山遗址的磨石块头都很大，石质粗糙，牟先生的概念一下子跳到蒋乐平的脑子里——这才是石磨盘。

这类石器所体现的原始生业方式,从宁绍移用到金衢,是否更为合适?金衢史前文化的原始性或落后性,是否应该从这个角度去理解?

一个村民看到蒋乐平如此喜欢石头,说起他多年前在菜地里也挖出过一块,拿回家一直作为腌咸菜的压缸石。

不是什么惊人的发现,不是人们想象中的宝贝,只是夹炭红陶片、大口盆、石球、石磨盘,它们的大规模制造与早期稻米利用息息相关。

就是这些不起眼的陶片、石头,成为人们探问上山遗址的真正开始——谁都没想到,是万年。

5

2002 年,蒋乐平给北京大学碳十四实验室的吴小红教授打电话,顺带说起对上山遗址的年代问题,他很遗憾,觉得缺少合适的样品来测年。吴教授听说上山出了夹炭陶片,提议拿这个来测,她提到,有一种新的加速器技术,可以用少量碳素进行测年。

2003 年元旦刚过,蒋乐平还在为跨湖桥遗址发现独木舟的事情兴奋,一天,他接到了吴小红的电话,测年结果出来了,按规矩,需要先把测试费用寄过去,才能寄数据。

很奇怪,蒋乐平隐约觉得吴小红话里有话,欲言又止。

几天后,他收到了一封北大考古文博学院的信,表格里,四个测年数据:距今 11400—8600 年。

比河姆渡遗址的年代早了三四千年,比跨湖桥遗址早了两千多年。

这是一个抓破脑袋也想不到的年代。它意味着中国东南地区的新石器时代历史将被彻底改写。上山遗址年代的测定,是上山遗址发现的真正标志。

2003 年 11 月 7 日,《中国文物报》头版刊登了《浙江浦江县发现距今万年左右的早期新石器时代遗址》一文,上山遗址正式公布于众。上山文化将浙江新石器历史上溯到了一万年以前。

6

如今，如果你到浦江上山遗址参观，会看到展厅里挂着"万年上山　世界稻源"的题词，题写者是中国工程院院士、"杂交水稻之父"袁隆平。

讲到上山遗址，必然要请出一位明星代言人，那就是稻。

上山稻，是世界上迄今发现的年代最早的栽培稻遗存，上山文化是世界稻作农业的起源地。

为什么这么说？

很多人都会记得，那颗得靠放大镜才能看到的小小的黑点。2005年，第一粒完整的炭化稻米，在上山遗址中发现了。在这粒炭化稻米中，我们看到的是绵延万年的人类文化基因。

上山遗址的陶器多为夹炭陶。夹炭陶，这一颠覆了洞穴阶段粗陋夹砂陶传统的崭新陶系，似乎为了告诉我们，历史已经翻开了新的一页。红色的陶衣和太阳纹图案，与人类的生活发生了紧密的联系。上山文化的彩陶，是迄今发现的中国最早的彩陶遗存。

最重要的是，上山早期百分之九十以上的夹炭陶，都掺拌了密密麻麻的碎稻壳——这是世界上最早的砻糠，也就是脱粒取米后的碎壳，证明稻米已经成为上山人重要的粮食之一。

蒋乐平做过一个试验：把适量的粳稻，放在上山遗址出土的石磨盘上，然

万年一粒米

掺和在夹炭陶片中的最早的"砻糠"

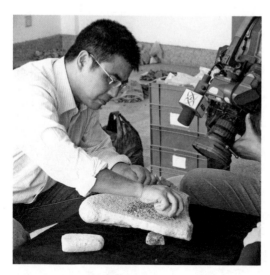

蒋乐平用石磨盘进行稻谷脱壳实验
（2007 年 10 月）

后用石磨棒挤压搓磨，5 分钟后，随便抓出一把进行统计，结果发现，谷壳的粉碎程度，包括形态，和夹炭陶中的碎稻壳完全一致。

最惊人的发现，不只是稻，而是两个关键证据。

上山遗址出土的夹炭陶的稻遗存中，分析出了小穗轴的残体——小穗轴，是判断栽培稻和野生稻最为可靠的依据。上山遗址出土的小穗轴部分出现了栽培的特征，部分保留野生的特征，可见处在稻驯化的初期阶段。

这还不够硬核。上山稻遗存中还发现了稻壳与稻秆、稻叶混杂的现象。这说明上山人已经告别了"摇穗法"的自然采集阶段，他们把稻秆、稻叶拢在一起进行收割，这种行为的出现，正是稻作行为的核心特征。

这两点思考，是上山稻作文化的基本构建。这说明，上山人不仅有稻，还有完整的稻作行为。

在上山稻后续的研究中，相关证据也得到了丰富和加强。稻驯化特征的研究，主要补充了植硅体方面的证据。稻作行为又增加了微痕和残余物的分析数据。不同研究者在石片、石磨盘等器物上，发现了收割禾本科植物的"镰刀光泽"和加工稻谷的多重证据，表明水稻的收割工具已经出现。磨盘、磨棒的配套使用，可能经常用于稻谷脱粒。

多学科研究成果均指向一个结论：上山文化是世界稻作农业的起源地。

"江西仙人洞等地也发现了最早的稻甚至栽培稻。但是，只有上山，从栽培稻本身到工具系统，包括栽培、收割、脱粒加工和食用的系列内容，一种崭新的农耕行为体系已经初步形成，这些都实证了最早稻作。尽管栽培稻从概念上也是驯化的产物，但是，上山存在证据链，是可以明确判断的。"蒋乐平说。

2020 年 10 月，蒋乐平带着稻米的"证据链"，去湖南长沙拜访袁隆平先生，他指着石磨盘和石磨棒的照片，介绍道："这是万年上山碾磨稻壳的工具，您看到的只是其中的一颗稻米。农业证据找到很不容易，我们找到了丰富的、完整的证据链。"袁隆平赞叹："万年稻米啊，不简单！不简单！"

2019 年 12 月 14—16 日，上山文化遗址亮相第四届世界考古论坛，向世界亮出了"上山"金名片。论坛的主持人，中华文明探源工程首席科学家、中国考古学会理事长王巍先生说，之所以要在世界考古论坛上介绍上山文化，就是让上山走向世界，让全世界的考古学家都能够了解上山文化的重要发现，向全世界彰显中华文明的悠久和对世界的贡献。因为上山是世界稻作的发源地，它不仅仅是浦江的、浙江的、中国的，也是世界的。

王巍认为，上山的世界之最，不是一两个，而是一系列。"上山遗址发现了万年的水稻，不仅在中国，在世界上来说，都是人类最早的确定无疑的栽培稻的开始，具有重大意义。它不仅是一个遗址群的分布，还有许多陶器，是一个很成熟的定居文化，改写了人们原来的认识，这在中国考古学史上是一个具有重大意义的发现，对了解一万年前先民的生活状况、生活面貌，更具有世界性意义。"

加拿大皇家科学院院士加里·克劳福德在为上山文化的题词中这样写道：古代"上山人"，作为最早耕作稻米的人群，可称为世界上最早的生物技术工程师。

7

看完了"上山人"的世界之最——稻，再来看看"上山人"另一个"最"：住。
《浙江考古（1979—2019）》"上山文化"一节结尾的总结中，有这样一句表述：上山文化是迄今发现的最早告别洞穴生活方式的新石器时代考古学文化，定居和初级"村落"第一次出现在以上山文化为代表的长江下游地区。

什么意思？

我们来看看比上山文化年代更早的遗址，早期新石器时代遗址，举几个有名的例子：广西桂林的甑皮岩遗址、江西万年的仙人洞遗址，年代可以早到1.2万年以前，基本都在南岭地区，它们有个统一的名称：洞穴遗址。

顾名思义，那时人们还生活在洞穴里，这可不是长久之计。洞穴遗址是迁徙性的，当一个洞穴周边的环境不适宜生存的时候，人们就会搬到其他地方去，所以还不能叫定居，也有叫半定居。也就是说，还没有形成我们说的村落概念。

最早走出南方洞穴，在河谷的旷野盆地开辟生活新天地的，是"上山人"。

上山文化遗址群分布在河谷盆地边缘的山前台地。在金衢盆地周围的山脉中，发育有石灰岩溶洞，但没有发现同时期的洞穴遗址，没有发现季节性迁居的遗存现象。这说明上山文化已经告别了山林洞穴的生计模式。

上山文化遗址普遍出现了粗具规模的定居聚落。比如上山遗址晚期出现了有规律的房址，早期也出现数量较多的柱洞遗迹和带沟槽基础的房址，代表了当时最高的"居住水平"，"上山人"已经住上木结构的建筑了。而且，上山文化遗址的面积往往达到数万平方米，作为原始的聚落遗址，已经出现了一定的村落布局。而且到了上山文化的中晚期，还出现了环壕聚落，比如桥头遗址、湖西遗址等。

以上种种现象，都在告诉我们，万年前，"上山人"告别了祖辈老土的洞穴，搬到了盆陵地区，也就是旷野地区，开始定居了，这是人类定居生活出现的最早例证之一。上山遗址是迄今发现年代最早的河谷旷野类遗址，这也是人类居住方式的一大飞跃，是人类走向文明的重要一步。

我们来还原一个原生态的江南景观——河道、山丘、村庄、人烟，稗子、橡子、薏米、芦苇、姜、莲藕、葛根、百合、山药……粮食富足，果蔬鲜美，万年前，上山已经是"鱼米之乡"。上山文化发展到中期，遗址逐渐增多，人类的足迹到达义乌一带，金衢盆地成了一个中心。

"为什么在这里会出现这么多遗址？稻作既是原因，又是结果，所以能够形成遗址的聚集，人口在这里密集程度高，这和稻作农业的发生有关。农业起源，对人类文明的重要性，不言而喻，我认为不亚于国家文明，这也是考古学的三大课题（人类起源、农业起源、国家起源）之一。而且，上山文化所在的区域，可以成为早期农业起源的一个标本，值得我们好好研究。"蒋乐平说。

8

2006 年，上山遗址进入了第三期发掘，收获了更多"实锤"。

除了大口盆外，还确定了双耳罐、平底盘等典型器物，不同于长江下游地区以往发现的其他新石器时代遗址，代表了一种新发现的、更为原始的新石器时代文化类型。

在遗址北面的"石山头"，新发现一处文化面貌与之前紧密联系的遗址，正式称其为上山遗址"北区"，而原来的上山遗址则称"南区"。遗址内涵进一步丰富。从地层上证明了上山下层文化遗存早于跨湖桥文化遗存，因此它的年代早于跨湖桥文化与河姆渡文化。上山遗址是中国长江下游及东南沿海地区迄今发现的年代最早的新石器时代遗址。

再加上 2005 年在嵊州小黄山遗址发现了相同类型的文化遗存，进一步证明上山下层文化类型不是孤立的。两处遗址位于浙江西南部山区向浙东平原地区过渡的丘陵、河谷地带，是一种新颖的地域文化。

所有发现，都在催促一个词的诞生：上山文化。

2006 年 5 月 25 日，上山遗址被国务院正式公布为第六批全国重点文物保护单位。

2006 年 11 月 7 日，"第四届环境考古学大会暨上山文化学术研讨会"在浦江召开，在著名考古学家张忠培先生、严文明先生的主持和见证下，"上山文化"正式命名。

张忠培先生认为：上山遗址出土的器物足以让人确定它是一种新颖独特的遗存，它的文化特征跟浙江其他地区和长江流域其他地方发现的遗存不一样，是全新的考古学文化遗存，可以独立命名为"上山文化"。

严文明先生点赞上山的发现：上山文化的出现，为探索更多的文化类型提供了非常好的基础。

中国科技大学教授张居中说：上山遗址的发掘和研究工作做得很成功，其文化面貌很完整，地层关系很清晰，这是一个重大突破，改变了对长江下游甚至全国新石器时代考古的认识。

9

自 2000 年浦江上山遗址发现至今，20 年来，考古队员又在嵊州、龙游、金华、永康、武义等地发现上山文化遗址 19 处，包括嵊州小黄山遗址、永康庙山遗址、永康太婆山遗址、永康庵山遗址、永康长田遗址、永康湖西遗址、永康长城里遗址、武义大公山遗址、金华山下周遗址、金华青阳山遗址、龙游荷花山遗址、龙游青碓遗址、龙游下库遗址、义乌桥头遗址、东阳老鹰山遗址、仙居下汤遗址、临海峙山头遗址、金华三潭山遗址、兰溪皂洞口遗址。

再加上浦江上山遗址，一共 20 处。什么概念？

考古学者许宏曾有一个提法，更形象——该区域虽面积不大，但东亚大陆迄今发现的公元前 7000 年以前的早期新石器时代遗址中的 40% 集中分布于此，令人瞩目。

上山文化近十年来最大的发现，就是它的分布范围，以金衢盆地为中心，向南可以到台州，可以说，发现了一个上山文化遗址群，一个上山文化的大家庭，它的文化面貌越来越清晰。在这么小一个范围内，能够集中这么多早期新石器时代遗址。如果要说万年遗址，除了西亚之外，在中国，到目前为止，上山文化独一无二。

10

如今，我们对于上山文化的思考，万年前人们的居住、农业、文明，还在不断深入，远远没有停止。

浦江上山遗址的发掘，让我们知道上山文化所在的钱塘江上游河谷盆地区，是迄今发现的最值得关注的稻作农业起源地，而上山文化已处在聚落定居阶段，这是东亚地区人类定居生活出现的最早例证。一般来说，稳定的定居生活依赖农业经济的支撑，对新石器时代早期遗址来讲，探讨其中的农业证据是必然的认识路径，这也是上山文化的最大价值和意义所在。

自上山遗址发现以来，对上山遗址的保护利用和研究宣传，已成为浦江县委县政府工作的重要内容。

目前，《上山遗址保护总体规划》《上山考古遗址公园规划》均已颁布；2013 年，上山遗址被公布为第一批省级考古遗址公园；2016 年，遗址公园一期建成开放；2020 年 5 月，遗址公园二期方案经浙江省文物局初审上报国家文物局。

上山遗址保护和利用，是一项任重道远的工作。接下来，浦江县委县政府将统筹推进全省上山文化遗址应保尽保，切实加强研究、保护和宣传，通过 3—5 年努力，全面构建上山遗址公园体系，推动上山文化成为弘扬浙江优秀传统文化、展示浙江文化发展水平的金名片。

目前已确立了国家级考古遗址公园的建设目标，并坚持以申报世界文化遗产为远期目的。

严文明先生鼓励上山文化走得更远。他说："上山是世界级的，水稻是世界最早的，彩陶也是最早的，没有第二个地方。经过这么多年工作，上山作为一种考古学文化，它是一大片的，不是一个两个。所以你们有申报国家级遗址公园和申遗的想法，往这方面来闯很好。"

那么，上山文化的考古新课题是什么？

严文明先生建议，可以把几个上山遗址的聚落形态搞清楚，做详细的解剖，比如下汤遗址、桥头遗址、荷花山遗址等等，在聚落考古上，争取有一些更有说服力的突破。

比如湖西遗址，属上山文化中晚期，距今 9000—8400 年。目前浙江发现的 20 处上山文化遗址中，永康就有 6 处。除太婆山遗址外，均集中在永康城区 20 多平方公里的范围之内，是迄今发现的上山文化遗址最为密集的区域。

"湖西遗址是上山文化遗址群中，植物遗存保存最好的遗址，是研究稻作起源、新石器时代早期先民的生业形态以及农业起源与环境的相应关系等最理想的新石器时代早期遗址。"蒋乐平认为，这里或许会有上山文化最大的发现。

湖西遗址所在的区域相对低洼，地下水位高，与河姆渡、跨湖桥遗址有相似之处，保存得较好。浙江省文物考古研究所郑云飞博士做过浮选，发现了很多稻作遗存，年代距今九千年，是探索稻作农业起源的难得遗址。

考古学家王明达也认为，湖西遗址范围大，保存好，堆积丰厚，将极大丰富上山文化的内涵，会有重大发现。

省考古所副所长方向明说，义乌桥头遗址、仙居下汤遗址已经列入2021年申报的主动性考古项目，经过试掘的永康湖西遗址，也会进一步加深对上山文化的研究。

除了与省考古所的合作研究之外，上山文化还将加强各种资源的整合，在社会学、民俗学等方面开展对上山文化的研究，计划将上山文化研究列入浙江省社科联第三批文化工程清单。

考古发现越多，问题也就越多。上山文化还有很多未解之谜，等待我们的深探。比如，稻米已经成为"上山人"的粮食之一，但这一稻作文明的"火种"，为何能够在钱塘江流域延续发展？其中存在怎样的生态机制和文化机制？这些问题都值得好好研究。我们应该把它作为人类文明史上重要的符号来提升它的意义和价值。

目前虽然在上山文化遗址中普遍发现了粗具规模的定居形态，但相关的遗迹类型还不够丰富和完整。对房屋的结构、环壕的功能、氏族墓地等等都知之甚少，对聚落内部的空间布局、结构分区还没有弄清楚，这都需要在今后的发掘过程中有意识地探索和关注。

另外，上山文化的生业经济的模式，也还不太清楚。由于动植物类遗存发现较少，上山文化经济生活中狩猎采集所占据的比重，包括上山文化手工业生产模式、制作工艺等研究，也还需要新的考古资料来回答。

上山，一直在路上。

写于 2020 年 11 月 14 日

浙江第一人

一具完整的男性骨架，侧身屈肢，怀里"抱"着一只红衣刻划纹陶罐。

这个男人在义乌桥头村里沉睡了 8000 多年，今年，他终于被考古学家完整发现了。

如果要给自己贴个标签，他蛮自豪：可以先叫我"最早的浙江人"。

2019 年 8 月 10 日，"利奇马"直击浙江，但全国各地近 50 位考古学家、文博系统的专家学者，因停运改签了 N 次火车、飞机，在大风大雨天赶到了浙江义乌，只为亲眼看看八九千年前义乌人的一个大型聚落——位于义乌桥头村里的"桥头遗址"。

持续发掘了 5 年多，桥头遗址 2019 年有了重大考古突破，浙江境内迄今发现的最早的新石器时代墓葬——一具保存完整的人骨。

"我一度以为我已经发掘到头了，不过现在看来，'桥头人'似乎不甘寂寞，如果没有他的发现，可能今天这个研讨会也不一定会开，好像是这个人在召唤我们，这是上山文化发现的第一个墓葬。"发掘领队、浙江省文物考古研究所研究员蒋乐平幽默了一下。

2000 年发现的浦江上山遗址，把浙江新石器历史上溯到了 10000 年以前。而桥头遗址距今约 9000—8500 年，也属于上山文化，相当于上山文化中晚期，它也是东亚地区迄今发现的最早的环壕遗址。

可能大家对"环壕"还是有点陌生，通俗说，它就是一个聚落的边界，起防护作用，防止野兽，防止外部氏族争斗，需要建一个村子抱团取暖，这是当时流行的一种生活状态。比如我们熟悉的良渚文化遗址——余杭玉架山遗址，就发现了 6 个环壕，生活了 6 个氏族的良渚人。

2018 年，我去桥头遗址采访时，这个浙江男人还没有"出现"，当时，环壕的发掘基本结束，开始转移到最关键的中心台地发掘。从外围到中心，困扰蒋乐平的问题越来越多，比如，眼前这个被一圈人工环壕包围住的中心土台，9000 年前，人们究竟拿它来干什么？

当时，蒋乐平有两种推测：一是中心居址，也许中心居住区就在这个地方。但是，他更倾向第二种："我脑子里总觉得这个地方会不会是早期的村落中心，是带有公共功能的区域，可以进行公共活动的地方。"

环壕聚落全景

考古人的预感，往往非常准确。中心土台发掘了一年，各种突破性的发现，都在接连印证蒋乐平的想法，这个聚落，绝对不简单。

1

"这里有个转角，那边有水的地方，是当时的古河道边缘。"站在 2.5 米左右深的土台边，脚下是一片断崖，有点恐高。

站在中心土台上，四周明显看到拐角，也就是说，整个土台大约是个正方形，能看清基本的形状，边长 40 米左右。

环壕在上山文化遗址群里不是第一次出现。

嵊州小黄山遗址发现了一段环壕，破坏得比较严重；永康湖西遗址也发现过环壕，但没有正式发掘。而桥头遗址第一次把环壕作为完整的遗址单元来发掘。

这个全新的理念，得到了很多专家的认可。

南京博物院考古研究所所长林留根说，我们挖新石器遗址，都要有整体性的把控，当做一个聚落单元，这是一个很好的理念，才会取得重要收获。

这个聚落可能比我们现在的发掘面积还要大一点，但目前完整的中心土台发掘区，面积只有 2000 平方米左右，并不大。

要知道，上山遗址的面积，往往一出手就是上万平方米，像荷花山遗址也有 5000 平方米。

"哪里只有 1500—2000 平方米这样的遗址的？它框起来是干什么用的？它超出了我们脑子里早期对上山文化遗址的概念。从我的考古生涯来说，我第一次把遗址作为一个完整的单元来看待，从来没有解剖过一个遗址单位。"蒋乐平说。

"房子的结构，从柱洞来看，我观察了一下，还是很考究的，至于是半地穴，还是什么形式，还不太清楚，但不止一座房子，有好多座房子，在当时有一定的规模。我们之后可以复原。就像蒋乐平说的，这个台子有某种特殊功能。"林留根说。

人为圈起一块高土台，又有大量房子，9000 年前的义乌人想干点什么？

2

浙江省文物考古研究所的仲召兵，正在发掘同为上山文化的下汤遗址。他说了一句很有悬疑感的话："下汤遗址的打制石器特别多，是我见到的上山遗址里最多的，而在桥头遗址不太有，我感觉桥头的生活气息不太浓。"

确实，在现场，大家都看到了一个奇怪的现象，且颇为壮观——一窝又一窝的器物坑，坑里布满了彩陶，分乳白彩和红彩两种。

"器物怎么会这样放在一起？""集中填埋垃圾？""会不会是做陶器的工场？"眼前的"器物坑"，让专家们特别感兴趣，各自开了一下"脑洞"。

蒋乐平说，从上山文化早期开始，就有完整的"器物坑"存在，但是，普通的垃圾坑和器物坑，是分成两个独立区域的，功能分区非常明确。

显然，它不是堆生活垃圾的。而且请注意，到目前为止，环壕里没有发现一根动物骨头，几乎没有任何生活垃圾，动植物遗迹也没有。

目前看来，这个中心土台确实不太像人居住过小日子的地方。

"上山文化早期已经有了'器物坑'，但到了中晚期，人们把'器物坑'置于一个特别营建的空间里，这就说明当时社会形态发生了变化，功能专门化更加明确，这是社会复杂化的一种体现。"蒋乐平说。

有一些坑里的陶器非常碎，还有一些坑里的器物是完整堆积的。有的器物摆放形态也有玄机，是一正一反摆的。

蒋乐平指着其中一个器物坑里的器物，非常破，考古人员仅仅用石膏修复，已经完整复原了50多件器物，如果继续仔细拼，应该能复原100多件。

这就很奇怪了。

"桥头人"是有意识打碎器物的，而且就在这里原地打破。"器物像是完整放进去的，不像被遗弃被抛弃的，而且是人为有意识的，器物有成组关系，还非常精美，到底反映了什么？"林留根也非常好奇，他建议，接下来可以更多关注器物与器物之间的相互叠压、摆放角度，从行为构成的角度来思考这些问题，会取得更多的信息。

考古就是这样，绝不能放过任何一个细枝末节，细致到碎片怎么碎、怎么

"器物坑"里被打碎的
陶器

拼。突破，或许就会出现。

比如，浙江省文物考古研究所副所长方向明就建议，"器物坑"关系到
这个遗址的功能判断和性质，野外清理时，陶器修复不要那么着急，石膏不
一定要这么快填进去。"要注意碎片的样子，能不能拼得全，碎片分布是集
中的还是怎么样的，这对'器物坑'的功能会有启发。"

"器物坑"在不大的中心土台里，发现了十多个。

仲召兵说，下汤遗址也有陶器成组的现象，有挖坑的，也有在平面放着的，
仪式性的特质更强烈。

"这里生活气息很少，是不是可以对周围环境做调查，在义乌大的区域面

积里做调查，再做对比？"湖南省文物考古研究所所长郭伟民提出建议。

这个中心土台究竟是干什么用的，专家们讨论了一下午，目前还无法得出结论，也并不急于做出结论。

大部分专家认为，这么集中的"器物坑"的出现，具有祭祀或是其他仪式性的宗教内涵、信仰表达在里面。

来遗址前，王明达激动地跟我说："桥头不得了，浙江第一墓葬，此墩就是为了信仰而建！"

做了很多上山遗址发掘的浙江省文物考古研究所研究员王海明有两种推测，可能是祭祀现象，也可能是某种灾变现象，"发生了人类无法抗拒的灾害现象，就像我们今天碰到的台风一样，出现了灾变"。

蒋乐平说，上山文化发展到中晚期，人们的意识形态、文化习俗在这里又登上了一个新台阶。"但我们对9000年前的社会都很陌生，需要不断研究，考古的第一步，就是把它完整呈现。还有其他器物坑，我们还会继续实验，它能够反映9000年前的原始社会以及考古形态。"

3

再看人骨。

这一具完整的人骨，就在"器物坑"旁边。目前桥头遗址一共发现了两具人骨，还有一具埋藏浅，有所破坏。

之前，发现了一颗"建德人"牙齿，距今5万年，但这次是一具完整的人骨，让专家们都很兴奋。

目前，河姆渡文化发现的墓葬很少，跨湖桥文化还没有发现墓葬，而上山遗址第一次发现了保存完整的墓葬，完整的人骨，难怪专家们称呼它为"浙江第一人""浙江第一墓葬"。

一米七三，壮年，也就是三四十岁，侧身屈肢埋葬，这具人骨目前的测年结果是距今8000多年。

蒋乐平说，专家马上会进行一些DNA提取，将会得到更多信息，也会做

3D 精细扫描。而为了保护墓葬的原始环境，目前不主张套箱提取，计划分体提取人骨。

"要想办法好好提取出来，不能放在那儿，过两年要'长霉了'，以后可以展示。将来能不能挖出一片墓地来，这是未知数，但能帮我们解决很多问题，比如人种的问题。"北京大学考古文博学院教授张弛说。

4

陶器太漂亮了，精美绝伦——除了墓葬，引起专家们强烈感叹的，是9000 年前浙江人的陶器。桥头遗址出土遗物以陶器和石器为主，编号器物有1000 多件。

比如有一件陶器，造型完全可以和唐宋时期的瓷器媲美，口沿圆润、光滑。

"我们没有想到陶器的技术这么高超。"北京大学考古文博学院教授、中国考古学会副理事长赵辉说。

我们在桥头文化礼堂，看到了环壕内发现的各种完整陶器，比如贯耳壶、大口盆、平底盘、圈足盘等，陶衣鲜亮，以红衣为主，也有乳白衣，体现出陶器装饰的高超手艺，在已经发现的上山文化遗址中，无出其右者。

壶　　　　　　　　　罐　　　　　　　　　碗

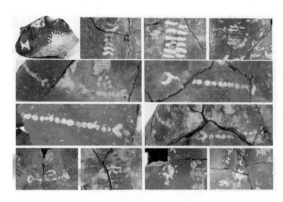

部分彩陶纹饰

大口盆

太阳纹彩陶片

很多专家一眼就发现了陶器上的各种机关。

"你看，有白彩，这只出现在耳朵部位，而且不是个例，在好多器物上重复出现。"郑州市文物考古研究院院长顾万发一直在拍彩陶上的"白点点""白条纹"，这些奇怪的乳白色凸起，有些三个一组，有些六个一组，形状有三条杠，或者三个点。"这说明代表了某种含义，很有可能是个卦象，比如六个一组的，像坤卦里的'坤六断'。"

很多专家围着一只大口盆，摸它的"耳朵"，觉得奇怪。

蒋乐平叫它"变异的大口盆"，两只当把手的"耳朵"只在一边出现，很少有双面对称的现象。

像是一种装饰，但会不会是用来挂的，穿一根绳子作为固定呢？大家围观讨论。这样不对称的陶器在小黄山遗址也发现过，但桥头的陶器相对小黄山遗址明显更精致。

论证会上，蒋乐平说到桥头人的酒，也引起了大家的兴趣——我认识的考古人大多酒量很好。

这也是最新发现。一只陶壶送到了斯坦福大学去做检测研究，专家在陶壶里的残余物中发现了大量霉菌和酵母。9000 年前，桥头人已经酿酒了，这只陶壶可能是中国最早的酒器。

太阳纹彩陶也在桥头遗址出现了。桥头遗址出土的彩陶具备了跨湖桥文化彩陶的基本特质。跨湖桥文化彩陶分乳白色的厚彩和红色的薄彩两种，桥头遗址的彩陶的多样性虽不及跨湖桥文化，但已经具备了两种类型的彩陶特征，桥头遗址的太阳纹图案也与跨湖桥遗址中的太阳纹图案一脉相承，充分说明上山文化是跨湖桥文化的重要源头。

桥头遗址的彩陶是迄今中国乃至东亚地区发现的最早的彩陶。

5

下午 2 点开始的论证会"拖堂"到了晚上 6 点半，还有很多专家来不及发言。尽管很多谜团还无法解开，但对于桥头遗址，大家有太多话想说。因为桥头遗址大大丰富了人们对上山文化的集体认识。

"我看过小黄山遗址，上山文化不同的时代有不同的特点，还有不同地区的特点。今天再看了桥头遗址，上山文化的文化发展有这样的高度，让我大吃一惊。"赵辉说。

保护，是专家们的一致心声。

"保护是研究的前提，长期和有计划的考古工作是文化价值和利用的基础。"浙江省文物考古研究所所长刘斌提出，除了桥头遗址本身的钻探之外，河对岸，周边的地貌地形里，是否能做更大范围的调查，从更大的地理环境来认识桥头遗址？"另外我认为，环壕和环壕聚落应该是两个概念，这么小的环壕，我认为要当做环壕建筑，特殊区域来划分。"

"这个遗址，有热度，出土物非常鲜活，而且在高台上，也便于保护，没有水患。八九千年前的遗址，对我们中国来说，太少了，对我们文化建设来说，更需要得到保护。我可以总结为：一万年前的美好生活，美好生活万年长，这是城市发展的万年定位。"这场论证会的最佳金句，毫无疑问出自林留根。

"看到这些陶器我很感动，我们的先民对于美好生活的追求，古往今来是一致的。我们义乌的城市活力，也在于创造。"对于人骨如何保护，林留根的观点有所不同："我建议人骨要完整套箱保护，将来的科技手段也会更多，8000多年，浙江最早，又那么完整，太少了。"

郭伟民提出，接下来的考古和研究要精细化。"桥头遗址让人们对上山文化有了更多全面的认识，很多现象和遗迹和以往发现不同，有特殊性。生活在这里的一群人，他们的行为是怎么回事，要继续做非常精细化的考古工作。陶器真的非常漂亮，确实比其他地方的陶器漂亮得多，陶艺，就很值得做精细化的研究，会对这个遗址有准确的定位。"

桥头遗址中心土台还将继续发掘，而接下来，考古遗址公园和遗址博物馆的建设也已列入计划中。

方向明认为，既然遗址东部的勘探已经开始进行，这就关系到遗址下一步的工作，"村庄搬还是不搬，所以勘探一定要精细化、明确化，有（遗迹），还是没有？这关系到下一步的投入"。

"现在这个条件建一个考古遗址公园没有问题，所以现在就要考虑到将来的需求，如何阐释发掘的遗存，如何解释在八九千年前人类的生活和历史。你的定位就要开始保护利用和长期展示，这些都要放在工作中，而不是纯考古学的工作。"郭伟民说。

赵辉提出了一点建议："遗址上那些晚期的遗迹，比如那个墓的排水管留着干吗？以后展示，究竟是展示桥头遗址的哪部分？我们是展示一套，还是重点展示？这些可能妨碍我们对这个中心台子认识和判断的干扰项，要去掉。"

"这个遗址太珍贵了，别的地方没有。"赵辉忍不住再次感叹，"这个遗址要保护下来，究竟是做遗址公园还是遗址博物馆，要下一步规划。但是，美好生活万年长，我觉得太好了。"

写于 2019 年 8 月 11 日

【小课堂】桥头遗址是怎么被发现的?

遗址所在的地方,在义乌郊区,过去是菜园。2012年,义乌博物馆的工作人员就在这个断崖边发现了一些陶片。当时,浦江上山遗址已经名气很大了,大家一看,很敏感,夹炭陶片,红衣夹炭,这不就是上山标志性的东西吗?大家赶紧找来上山遗址的发掘人蒋乐平确认。

果然在意料之中。

2014年,桥头遗址正式发掘。本来以为半年一年能挖完,但在几个探方的角落里,考古队员发现,土的颜色怎么不一样?他们曾经以为是大的灰坑,但经验丰富的蒋乐平想,可能是个土台,周围是四下去的,于是继续往外"追踪",发现了东、南、北三面为人工的环壕,西面连接自然河道。

因为此前遗址已遭到耕地及建房破坏,环壕外沿破坏严重,但在南部和西北角还是得到了局部的保存。更幸运的是,环壕的内沿基本完整。所以,桥头环壕遗址的完整性基本确立。

宁波人的海鲜大餐

前一天晚饭，我在宁波余姚吃了一大盘蛤蜊，烤了几个生蚝。

今天上午，当我面对 8000 年前满坑满筐的蚶壳、螺壳、牡蛎壳……比我昨晚丢掉的生蚝壳还要壮实好几倍，我只想做一件事——拿出柠檬挤一挤。

2020 年 5 月 30 日，余姚开了一场重大的新闻发布会，也是疫情暴发之后，浙江考古首次发布重要考古发现。

在距离我们熟悉的河姆渡遗址 13 公里（20 分钟车程）的余姚市三七市镇井头村，发现了一处地下 5—10 米深的遗址，出土了数量巨大的被先民食用后废弃的各种海生贝类外壳：蚶、螺、牡蛎、蛤等，经过碳十四测年，确定距今 8000 多年，早于闻名中外的河姆渡遗址 1000 多年，这个遗址被命名为井头山遗址。

目前，第一阶段的考古工作已经接近尾声。

以上这段看似有点专的文字，透露出三个"最"，我来解读一下：

地下 5—10 米（海拔 -3 米到 -8 米），从遗址的深度上看——这是中国沿海地区目前所见年代最早、埋藏最深的一处海岸贝丘遗址，也是长三角地区发现的首个贝丘遗址，突破了以往对我国沿海地区史前遗址时空框架及其分布规律的认识。

8000年——北京大学考古文博学院碳十四实验室等4家国内外实验室测定的20多个数据显示，井头山遗址的年代在距今8300—7800年之间，早于河姆渡文化1000多年。

我们过去常说"最早的宁波"，标志就是距今7000年的河姆渡文化，之前，宁波还没有发现早于河姆渡的文化面貌。井头山遗址的横空出世，把宁波人类活动的历史又往前推进了1000多年。以后我们要说，宁波8000年。

还有让我震惊的地层里多到快要满出来的各种海鲜贝壳组成的堆积——贝丘遗址。这是浙江迄今发现的沿海唯一一处史前贝丘遗址，也是中国沿海地区迄今发现的年代最早、埋藏最深、遗存最丰富的史前贝丘遗址。

"井头山考古工作持续了8年，很不容易，现在的结果几乎完美，这也向社会展示，我们考古，是寻根，是挖文化，不是只挖金光闪闪的东西。推进1000年，这简直是大片，让人震惊。这个遗址这么深，这么难，第一次见到，或许在其他地方就放弃了，这恐怕只有在浙江能做到。"林留根一直点赞。5月30日下午，来自全国各地的专家齐聚余姚，做了一场专家论证。"震惊""前所未有""独一无二"，这是专家们说得最多的词。

1

井头山遗址是怎么被发现的？

就在5月30日中午消息发布后，浙江省文物考古研究所副所长方向明阅读宁波当地媒体"甬派客户端"后，在后台发现一条来自网名为"大嘴巴量贩零食专卖店"的留言："早年我爸和堂伯放羊时发现这一情况，两人立即拿着文物去向田螺山负责人汇报，一直想知道是否有重要考古价值。今天听到这则消息实在高兴，但是堂伯早几年因心脏病发离世，没能等到这么大的好消息。"

2013年10月中旬的一个下午，距田螺山遗址现场馆不到2公里的余姚市三七市镇井头村南侧，村民王维尧和堂哥王维新在一处荒草茂盛的待建厂区内放羊、割草。

草丛里出现了一小堆奇怪的东西，白色贝壳和动物碎骨头等混杂在一起。

那年夏天，这里要建造厂房，之前需要做地质勘探，钻头从地下取出的土样就堆放在草地上。国庆后的水灾退去后，原本包裹在淤泥中的一些贝壳，连带骨头碎片、小块陶片被水浸泡后，散落到地表草丛。后来，经过机器再钻探得知，这些特殊遗物来自地下 10 米左右，大大超出了河姆渡遗址文化层最大埋深仅 4 米的深度——当然，这是后来的事了。

这里离河姆渡遗址博物馆、田螺山遗址现场馆不远，要不拣一些送给那边的工作人员去看看再说吧？兄弟俩商量好，拣了一包，装在塑料袋里，骑电瓶车送到了田螺山考古队驻地的技工徐志清手里。

"当技工把这包东西交给我时，这简直是我梦寐以求的对象！"孙国平说，他们花了一个月时间找到了遗址的位置，做了钻探和调查。

井头山遗址为什么重要？

去库房看"大型海鲜市场"前，先说说"贝丘遗址"。贝丘遗址是古代人类居住遗址的一种形态，从字面上理解，就是堆成了小山丘的贝壳。这是它一个很好认的特质，专业说法，地层里大量堆积古代人类吃剩下的贝壳。日文里叫"贝冢"，也很形象。

我们国家发现过很多贝丘遗址，在中国 1.8 万多公里的大陆海岸线及近海岛屿上，从北到南，比如辽东半岛、山东半岛、福建、台湾、广东、广西，发现过上百处早自 6000 多年前、晚到 3000 多年前的古代贝丘遗址，展现的是新石器时代晚期先民的海洋生活，海鲜是他们的主食。

但一直以来，学界也有很多疑问。

比如，为什么很少发现 6000 年以前的贝丘遗址？更重要的问题：处于中国大陆海岸线中段的浙江，为什么没有发现任何贝丘遗址？

于是乎，宁波距今 7000 年的河姆渡文化，必然被点到了——河姆渡

孙国平

到底是怎么回事？也就是说，它从哪里来？还有什么秘密是我们所不知道的？

我们再去看8000年前井头山人每天的海鲜大餐——出土遗物中最多的一大类，当时先民食用后丢弃的数量巨大的海洋软体动物的壳。排行榜前五名：蚶、螺、牡蛎、蛏、蛤。

排第一位的蚶，主要有血蚶和毛蚶两种，真的很壮，比我们现在吃的要大得多。孙国平说，8000年前，人没这么多，吃的人少了，它们生长压力也小，自然长得好。

排第二位的是牡蛎，有大牡蛎，还有小牡蛎。好吧，又比我昨晚吃的壮好多！

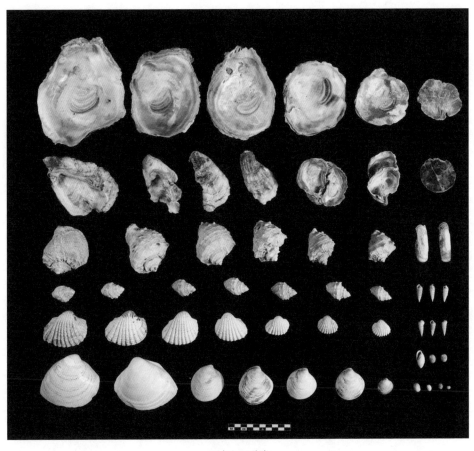

贝壳主要种类

排第三位的是螺，还有大量的"锥形螺"。

第四位蛤，比较少，但依然很大，壳纹路漂亮。

边上还有一小筐零星的蛏子，壳比较薄，基本碎了，完整的发现得很少。

临近中午，我看得要流口水了。

古人吃完贝壳里的肉，那些很大的壳，漂亮又锋利，不会轻易扔掉。远古时代，古人的生活条件有限，食物得来不易，一定会物尽其用，变废为宝，让自己的生活更美好。古人的脑洞，一向开得比我们大。

所以，除了海贝，出土遗物中发现第二多的，就是人工制品，有陶器、石器、骨器、木器、贝器、编织物等。

比如骨器，有的用鱼刺磨成骨针，上面还有小孔，可以穿线。

一些钻孔的鹿角，作为工具，可以挂在身上，就像以前喜欢在皮带上挂一串钥匙、一把剪手指甲的小剪刀一样。

但野猪、野牛的骨头不多，说明当时的生产力条件下，不容易捕获野猪、野牛这样凶猛的动物，很费劲。但鹿很容易捕到，田螺山、河姆渡也一样，鹿骨头很多。

根据形状，我们可以推测用途，比如当做箭头的骨镞，很常见。右边照片里的这几根，或许可以当作发簪，因为磨得如此光滑，看到那一束反光了吗？不知当年插在哪位少女的头发上。

最特别的，也是最有特色的，就是贝器。

贝器我们很少见，但住在海边的井头山人近水楼台，把吃剩下的大型贝壳加工磨制成各种贝器，作为工具，比如铲、刀、耜等。这在浙江考古史上是第一次发现。具体用来干吗，我们可以开脑洞。

比如做成铲子，用来掘土，或者当做一把刀。

表面亮光光的贝器，拿着很轻，可以当头饰、挂件。贝耜，可能竖着捆绑在木柄的一端，用来挖土，功能类似河姆渡文化的骨耜。

用什么来做贝器呢？看到这些大牡蛎的壳，你就知道了。大牡蛎有一个底，一个盖。底是凹弧形的，盖很平。用盖来加工贝器，人工磨平，就变成一把铲子、一把刀了。

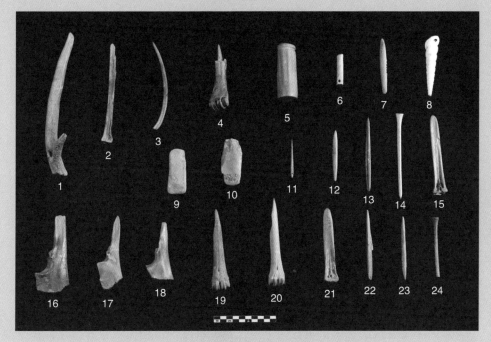

骨、角、贝器

1. 鹿角锥　2、3、19、20. 骨锥　4. 骨钻　5. 鹿角短柄　6. 骨哨　7. 骨锯齿形器　8. 螺哨　9、10. 骨匕
11. 骨针　12、13、23. 骨镞　14、24. 骨笄　15—18、21. 骨凿　22. 骨鱼镖

大牡蛎壳制作的贝器

"海贝壳一共有多少？"我问。

"成千上万筐吧。"孙国平笑。

好吧，暂时无法用单件来计算，用筐的，都是上万的。这可不是毛估估的，我在库房、走廊上看到的一幕，证实了孙老师所言非虚——

类似放啤酒的筐子，沿着十多米长的走廊，整整齐齐地摆放着，每一筐都是贝壳——以蚶为主，装得扑扑满。

库房里，菜场里卖鱼虾的大盆，堆成小山的贝壳……

井头山人的主食，就是海鲜，不像良渚人，主食是白米饭。那么，井头山人吃不吃稻米？

这也是一个"第一次"：发现了少量炭化米、谷壳、水稻小穗轴。

以前中国发现那么多的贝丘遗址里，都没有发现过稻作农业的遗存，农业方面的信息量很少，只知道人们以海产捕捞为主，还有采集。

但井头山人说，我们也栽培水稻哟，也有稻作农业生产。如果要总结他们的生产方式，这是一种以海产捕捞为主，兼有采集、狩猎以及早期稻作的混合经济，在目前中国所发现的贝丘遗址里是第一次。

2

看完井头山人吃完的海鲜贝壳，我来到了"他们家"的边上。

1973 年，河姆渡遗址发现时，大家都很吃惊，它地处沿海低海拔高地下水位的独特埋藏环境里，包括之后"隔壁"发现的同为河姆渡文化的田螺山遗址，我们还没有发现具备相似埋藏环境、出土相似丰富程度的有机质遗存的同类遗址。

井头山遗址又让我们大开眼界。

刚才说到，这次成果有个重要的"第一次"：井头山遗址深埋地下 5—10 米，是已知我国沿海地区埋深最大的一处贝丘。

这个数字这样看看是无感的，到了现场，感受下什么是"第一深"——跑了 8 年考古工地，我第一次碰到这么深的现场，不敢往下看。

"你站的地方，离地面八九米，最深是 10 米。"孙国平说。此前在浙江省内，河姆渡遗址是埋藏最深的，最深的地方离地表有 4 米。4 米下面几乎没东西了。而在这里，挖到地下 4 米，还没有碰到任何东西。"到 5—6 米，我们才碰到东西。在浙江是破了纪录了。"

我现在站的位置，在海拔-5 米到-6 米，没错，位于地下小山坡的东坡下。遗址堆积形状大致呈南北向椭圆形，南北长 80—100 米，东西宽 60—80 米。总面积在 8000 平方米左右，自西北向东南明显倾斜。

发掘现场

遗址可以分为东、中、西三段——这样说很枯燥，那么，让我们脑补一个美好的场景：我走到一户海边人家门口，没有敲门，转了个身，面朝大海，深呼吸——

比刚才在库房看到的更震撼，满眼的贝壳堆积。

以贝壳为主要包含物的文化堆积（北—南）

什么意思？人们吃完的贝壳，当做生活垃圾倒在这里，15 米左右的宽度，最厚的地方超过 2 米。

你要问了，为什么我没有去这户人家敲敲门？

在上坡，确实有惊喜，发现了一些人居住的遗迹，比如一些灰坑，是当时人们处理食物用的，后来倾倒垃圾。所以我们可以推测，当时这里应该是人居住的房子。

房子发现了吗？比如河姆渡人典型的干栏式建筑。

"我们很希望能在这里发现建筑遗迹，可惜还没有。"孙国平有些遗憾，可能建筑还要在西侧更高的位置。

所以，门就不敲了，我继续面朝大海。此处，是井头山人居住区前面的活动场地，晒晒日光浴，吃吃海鲜，看看海，听听风的声音，这，不就是我们向往的生活吗？

在这里，发现了很多木器，而且是 8000 年前的"黑科技"。

木器是有机质，非常容易烂，良渚墓葬的木质棺椁大都无法保存下来，然而这 8000 年前的木器，保存完好，颜色、形状像新的一样。

"能保存到现在，很不容易，8000 年木器，非常少见，可以说很稀奇了。只有这样饱水状态的遗址里能够保留下来。"孙国平说。

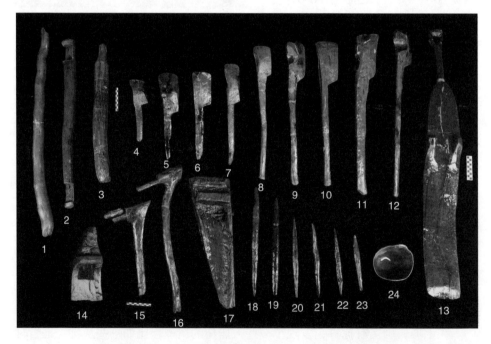

木　器

1. 木棍　2. 扁担形木器　3. 杵　4—12. 木柄　13. 桨　14. 耜　15、16. 锛柄

17. 带销钉木器　18、20—23. 双尖木器　19. 矛　24. 碗

"大家来猜猜，它有什么用？"孙国平从"澡盆"里拿出一把木柄，还有一块石斧，一插，居然刚好插进，原来是斧头的木柄。

"这是井头山最有代表性的木器，在其他地方都没有见过。"

这把斧头，推测用来砍木头。

两部分怎么固定起来呢？

孙国平推测，接口的缝里或许会塞一点麻布，填充紧实，就能用了。当时，麻线已经有出土了。

井头山发现的木器，大多数是生产工具的配件，比如斧的木柄、石锛的木柄，还有木锹，木矛（基本上用来捕猎），以及船桨的桨叶。有些船桨没做好，就废掉了。"像当时做瓷器一样，成品率很低，砍砍没砍好，就丢掉了。"

突然，孙国平又从"澡盆"里捞东西——我感觉他拿了一条鱼出来。

器型很怪，一件很特殊的木器。孙国平说，在当时属于高科技了，技术含量相当高。你看，孔里面插了一根比手指头长一点的木头销钉，还可以搭扣牢，像一把锁。

这东西很怪，河姆渡遗址也没有发现这么先进的器物。最关键是，木头和销钉之间的孔隙里，还有名堂，涂抹了一层填塞的材料，像胶水一样的东西。

带销钉的木器

浙江省文物考古研究所与浙江大学文物保护材料实验室合作，对两件木器上的黑色涂层进行了鉴定研究，确定为天然大漆，这也是迄今发现的中国最早的漆器，将中国乃至世界使用漆的历史提早到8000多年前，说明杭州湾以南的宁绍地区是漆文化的起源地，跨湖桥文化和河姆渡文化是早期漆器工艺的主要发展区域和主要传承者。

这是不是中国榫卯结构的"最早"了（此前的最早，是河姆渡的干栏式建筑）？

孙国平很谨慎："还需要继续研究。榫卯，基本可以追溯到井头山时期，有望提前到井头山时期。"

8000年前，只有能工巧匠，才能把它做出来。

我们现在还不知道这件木器是什么东西，但是，古人费了这么大劲、动了很大的脑筋创造了它，肯定有目的。孙国平说，之后继续发掘，也许还能碰到。

话说回来，为什么会在这里发现木器？

我走到了村庄的边上，再往前，就是滩涂了。所以，这里正好是村庄和滩涂的过渡区，也就是贝壳的加工区、生产区，会有一些工具的加工和利用，这

填埋废木料的灰坑

里出现木器理所当然。

海，就在眼前。

所长刘斌说，这里十分靠近古海岸线，用专业术语，这里就是"潮上带"或者说"潮间带"——潮水可以上来的地方，涨潮的时候，可以直接拍到；退潮后，又露了出来。而井头山人的村庄，或许就在高处，跟现在舟山、象山的海边人家，一样的生活方式。

这个村庄的规模如何？孙国平说，如果按面积1万多平方米计算，推测住着30—50个人。

"来，我们往前走，走到头。"

脚下，越来越难走，遗物越来越少，泥也越来越软烂，几乎都是烂泥。现在我们到象山、奉化的滩涂上走走，也是这样的泥质滩涂，脚会有点陷下去。

滩涂上，发现一个木栅栏围成的圈，可能是当时临时养鱼的地方。

8000年前，井头山人吃完自助海鲜大餐，落日时分，海边散步。我们正沿着他们走过的路，继续走。

"当时如果有人在这里走路，是可以发现脚印的，但是我们没有找到。"孙国平说。

用芦苇编织的渔罩

3

看完令人羡慕的井头山人的海边生活，很多人或许会有一个疑问：既然这个遗址比河姆渡文化早了 1000 年，那么它们之间是否存在什么关系？井头山人和河姆渡人，是哪种亲戚？河姆渡文化的渊源关系，浙南地区的史前文化谱系，都是我们要探讨的重点。

孙国平说，我们可以这样理解：井头山人，是河姆渡人的祖辈——不是父亲辈，至少应是爷爷辈，他们跟河姆渡人有着文化血脉上的联系。更专业的表述是：它是河姆渡文化的祖源，并非直接的源头。

因为中间还有个缺环，也就是河姆渡人的"父辈"，还没有找到。专业说法叫"年代缺环"。河姆渡的年代，最早到距今 7000 年，而井头山遗址最晚距今 7800 年，等于说中间还有 800 年的缺环。"如果河姆渡最早可以到 7000 多年，那爸爸和儿子的血脉就续上了，井头山人跟河姆渡人的关系就会看得更清楚。"孙国平说。

这个将近 1000 年的缺环，在哪儿？

孙国平有点遗憾：我们现在还没有找到，希望以后还能找到。

但是，从文化类型上看，看陶片，看石器，看骨器，跟河姆渡文化多少有点联系，但又有很明显的差别。好比爷爷奶奶过去穿的衣服，跟我们现在完全不同，但我们是一脉的，同一个根，是一家人。

尽管不连续，有空当，但爷爷辈和孙子辈都生活在同一个环境下，有传承。

比如陶器主要器型以釜、罐、圜底器为主，少量圈足器，不见三足器，与河姆渡文化陶器在基本器型和小耳状、鸡冠状錾等细部装饰方面有一定的相似性，但两者之间的差异也更加明显。

我们看看具体的厨房用具——炊具，最典型的陶釜，用来蒸煮食物。河姆渡人几乎家家都有，井头山人虽然用的样子不一样，但是，上面的花纹——绳纹、方格纹，也是新石器早期开始流行的花样，一脉相承。

再看餐具——圈足豆、盘、盆、杯、罐，又跟上山文化有联系，比如 9000 年前的义乌桥头遗址，也"披"鲜亮的红衣。井头山人也有一定数量的红彩（衣）

饰浅方格纹陶釜

和黑衣。而这个器形，又跟跨湖桥有点相似。

工艺上，有夹砂、夹炭，还有夹蚌壳的碎屑，把贝壳磨碎了，亮晶晶的，夹进去。而有一种夹细砂的，在跨湖桥和河姆渡都没有见过。

陶器颜色以黑、红、褐为当时的流行色，有少量装饰，比如刻纹，但跟田螺山比设计要简单多了。

带点红衣的陶钵，很像杭州人装甜酒酿的小钵。边上放着一只制作陶器的陶拍。做什么用？

每一件陶釜的内壁，手一摸，坑坑洼洼，就是陶拍拍出来的。这个工艺，又跟河姆渡人明显不一样了。河姆渡人不太用拍的，直接用刮的，用一个专门做陶器的转轮，刮一刮，看起来反而更先进。

再看陶釜的支脚，很肥很胖，不值一看，但专家发现了珍贵的细节，仔细看，明显夹杂着大量稻谷壳。这说明，8000年前，人们对稻谷的利用还是很多的。

龟甲，还是钻孔的，挂挂的，当做装饰。或许也象征眼睛。这在田螺山遗址也很多。

那么，到底能否给井头山人一个名分，可否命名为"井头山文化"？

孙国平说，由于陶器等"标志物"还没有来得及做修复工作，资料整理正在进行中，关于考古学命名的问题，随着资料的展开，会越来越明朗。

北京大学考古文博学院教授赵辉也认为，现在，陶器的系统整理还没有完全开始，文化面貌的整体性还没有充分暴露出来。"所以，我们如果现在要谈它和目前已知文化的比较，条件还不够。虽然我们已经看出来一些名堂，比如和跨湖桥文化的联系非常密切，方格纹陶器也能看到，但也有很大差别，这正说明它的特质鲜明。"

我们拭目以待。

河姆渡遗址是透视中国东南沿海地区距今六七千年那一重要时代社会历史文化发展进程一个最清晰的窗口。其实，当年在河姆渡遗址发现之前，也没有人能预见到，像海涂沉积深厚的宁绍沿海地区，会有深埋地下数千年的古遗址。

如今，作为"祖辈"的井头山人，又为我们打开了另一扇窗户。

井头山是中国先民适应海洋、利用海洋的最早例证，表明余姚、宁波乃至浙江沿海地区是中国海洋文化的重要源头区域。这是中国海洋文化探源的一次重大发现，为全新世早中期海岸环境和海平面上升过程树立了精确的时空坐标，也为研究西太平洋地区南岛语族的起源提供了宝贵材料。

"河姆渡是中国海洋文化的摇篮，井头山又是河姆渡的摇篮……"赵辉说到这里笑，大家也笑了，"所以，井头山的意义，非常重要。"

目前，第一阶段的发掘接近尾声，接下来怎么样？

"正因为它的特殊，它的意义重大，好几位专家都不建议结束田野工作，希望在田野工作中能继续探讨，收集好环境的资料，找找井头山人住的房子、墓地、人骨，结合南方族群和北方族群 DNA 最新的研究成果，探讨彼此的交融方式，如果有人骨的材料就更完美了。"赵辉说。

写于 2020 年 5 月 30 日

8000年前的独木舟破了个洞

"这个手套蛮好的，平时搞卫生也可以用。"

戴着一双蓝色塑胶手套，吴健微微弯下身子，从独木舟底部轻松取出一块巴掌大小的木头，像打开机关一样，船底出现一个直径20厘米左右的洞。

眼前这条独木舟，我已来看望过多次，它不是普通的舟，而是著名的8000年前的跨湖桥独木舟，也是迄今世界上最早的独木舟之一。在杭州萧山跨湖桥遗址博物馆遗址厅，6.5米深的湘湖水下，它仍停泊在最初的地方。

而从2002年独木舟出土后，快20年了，工作人员一直在对它做原址脱水和科技保护，独木舟也住在恒温恒湿的玻璃房里，边保护边向公众展示。

现在，难道独木舟破了一个洞？

莫慌。

2017年夏天，我曾来看过它一次，临走前，跨湖桥遗址博物馆馆长吴健对我说起，馆里正在跟浙江大学合作一个课题，做跨湖桥遗址黏合剂相关材料的分析。其中有一项，就是发现了跨湖桥独木舟底部有个直径约20厘米的孔洞，被一块削好的木塞用胶黏剂补上了。作为船底抗水压防渗水的修补黏结材料，当时古跨湖桥人究竟使用了何种胶黏剂？当时疑似是漆类，但必须进行科学鉴定。

近日，终于有了确切结果，最新一期国际考古学著名期刊《考古科学期刊》（*Journal of Archaeological Science*）刊登了吴朦、张秉坚、蒋乐平、吴健、孙国平联名发表的文章《酶联免疫法检测发现 8000 年前新石器时代的跨湖桥居民把天然大漆用作涂料和胶黏剂》。通过科技检测得出结论，8000 年前的跨湖桥先民已经采集并利用生漆作为涂料和胶黏剂。

这个研究是浙江省文物保护科技项目"跨湖桥遗址独木舟修补黏合剂等痕迹检测"的成果之一，由浙江大学、浙江省文物考古研究所和跨湖桥遗址博物馆合作完成，第一作者为浙江大学化学系博士生吴朦，导师为张秉坚教授。

1

昨天，我又去馆里看"老朋友"，走进玻璃房，就碰到吴馆长做了这么一个动作。其实，这也是发生在 8000 年前某位跨湖桥人身上的一个动作——他发现自己的舟破了，就想办法打了一个补丁，还用"胶水"把这块补丁严丝合缝地粘了回去，修复了这艘独木舟。

这块"补丁"出现在舟的中间位置，没有凸起，和舟体保持在一个平面，说明修补技术非常好，颜色看起来比船体周围的棕色木头要浅一点。

"现在你看起来明显，原来没有清理完成的情况下看，一点都不明显，这些缝看不出来，而且本身这个地方，刚好是树疤的位置，颜色和边上有点不一样也很正常。你看，旁边也有一块树疤，就是这种状况。"吴健指了指这个洞旁边的树疤，看起来确实也很明显。

那么，是什么时候发现树疤有蹊跷的？

我们来前情回顾一下这条独木舟的保护流程。

因为跨湖桥遗址经过海侵，独木舟里盐的含量比较高，木构件要脱盐以后马上采取脱水保护，之后才能在常温下进行展示。

怎么脱盐？

独木舟现在"睡"的床，是一个大的玻璃钢槽，边上放满纯净水，通过浸泡，稀释盐分，通过水的不断置换，降低盐分，再进行文物保护。

接下去，脱水，也要对独木舟的"皮肤"进行清理，比如"搓老泥"，通过纯净水和药水的长期"洗澡"浸泡，木头里面的胶质就开始松动了。

工作人员就是在给它"洗澡"的时候，偶然发现颜色不一样了，再看看，哎，这块木头怎么能动了？用手还可以把它拿出来。

检测发现，这块木头的材料，跟原来的独木舟不同，是阔叶树，材质纹理比较密，分量重，而独木舟使用的是松木，比较轻。

工作人员意识到，这块木头可能是粘补上去的，因为独木舟破了。

吴健把这块木头拿起来，只有3厘米厚，口沿有弧度，斜面，上面有一条条切削的痕迹，还有凿的痕迹。

跨湖桥人是怎么粘的？"胶水"是什么？

破洞里，还留了一些木头残留物，专家取样去实验室检测。而且，不单单是独木舟，还把跨湖桥遗址博物馆的其他两位"嫌疑人"也带走了，微量取样进行检测——一位，是跨湖桥遗址一只豆盘上破裂的陶片，陶片边沿曾发现涂上了胶黏剂，而且是二次粘补痕迹，当时的居民曾将破裂的陶片重新粘补回去。

独木舟上的"补丁"

还有一位，是除了独木舟之外另一件镇馆之宝：桑木弓。此弓也一直在馆里展示，跨湖桥遗址发现的这张木弓是中国迄今为止发现的年代最早的木弓。更重要的亮点是，弓全身涂满生漆。

一个洞，引发了一条关于跨湖桥人"胶水"的线索链：漆。

三位"嫌疑人"都跟一种胶黏剂有关，而弓此前已证实是漆弓，那么，其他两位身上涂的，会不会也是漆？

吴健说，这个洞发现其实是在几年前，一直没有急着去检测，因为整条船已经经过化学处理，成分复杂。

独木舟

鉴定大漆最常用的分析方法是热裂解-气相色谱 / 质谱联用技术，但是，出土后，为了保存木质文物，桑木弓和独木舟都进行了保护性处理，脱水定型所用的化学品，例如聚乙二醇（PEG）等，几乎掩盖了漆酚的特征峰，无法确证。

为了避免化学杂质的影响，浙江大学文物保护材料实验室采用了灵敏度、准确性更高的鉴定方法——酶联免疫法（ELISA）。

既然有了好的科技手段，吴健索性把这三个标本集体送去做了一次检测，就有了这次合作课题。

结果显示，弓的涂层、修补独木舟和陶片的胶黏剂主要成分，果然都是生漆，而且是中国漆。漆的产地分布于东南亚、中国、日本、朝鲜半岛等地，在中国本地的漆，就叫中国漆。

这项研究也证明，"酶联免疫分析方法"对 8000 年前的天然大漆样品依然适用，并且需要的样品十分微量。这种检测方法非常灵敏，可以用于寻找更早的人类使用大漆的证据。

"我们可以合理推断，8000 年前的跨湖桥地区，分布着一定数量的漆树，跨湖桥先民发现了这种树皮割伤后流出来的汁液是很好的防水涂料和胶黏剂。"吴健说，他们把大漆涂在弓的表面，可能为了减少磨损，用起来更光滑舒服，也可能为了美观。

这些线索串联起来，可以说，用生漆来修补损坏的工具和生活用品，是跨湖桥人普遍掌握的生活小技巧。

2

工作人员把这块"补丁"填回去以后，还发现了一个很有意思的问题。

吴健把它放回去后，我看到，修补完成的洞边缘外，还有一圈薄薄的浅坑。

"实际上是二次加工，二次粘补。第一次是为了填平，但是结合面很小，不牢固，于是他们在边上舟底又掏了一圈，再填充。意图很明显，就是想把洞补牢。"吴健说。

这事，也越来越复杂了。

独木舟放在水里，水的浮力是朝上的，如果要修补，得从上往下补，怎么补得牢呢？完全受不上力。但我们现在看到的现实情况，按照它这样的修补方法，显然是往下补的，也就意味着，如果舟底不动，这个洞是修不牢的。

二次加工的"补丁"

这条独木舟是旧舟，边上的加工痕迹很明显，独木舟当时的正常用途，是否改变了？到底是怎么回事，还需要进一步研究。

这17年来，吴健和他的同事每天都在照顾独木舟。"它是一个病人，一个老人，年纪越来越大，我们怎么照顾它？出了一些状况，我们需要对症下药。"

那么现在，它的体检报告怎么样？吴健说，目前为止，脱水保护的相关浓度基本上已经达标，现在也会根据它的日常情况，再喷一点浓度很淡的"化妆水"——化学药剂PEG，通过原子的置换，把船体里的水分排干。

现在基本上已经达到自然风干的阶段，但这个过程很长，不是衣服晾一晾，晾干就行了。晾干过程中，会有起翘、变形，我们每天要观察、记录，让它慢慢适应这个过程，最后彻底达到脱水的目的。

除了原址保护，馆里还有一套"天眼"科技监测，已经配备了17项设备，建立了47个监测点。霉菌滋生问题、独木舟变形问题、温湿度控制问题、土遗址含水率开裂的问题，以及空气里二氧化碳、二氧化氮、二氧化硫的问题，所有的一切，都需要纳入监测。"要根据天气变化，独木舟的反应，比如它会表皮起翘，随时调整方案。这些数据会自动采集到我们的控制中心，我们的独木舟保护得好不好，用数据说话。"

写于2019年2月22日

河姆渡人的日子

从 1973 年首次发现至今，人们对河姆渡文化的认识和研究，已近半个世纪。但作为普通人，我们对这支填补浙江考古空白的考古学文化的了解，似乎比良渚文化要少得多。

比如最简单的一道题，第一个 W——在浙江，到底哪些遗址属于河姆渡文化？

可能很多人只能回答出一个，最早发现并以"河姆渡"这

1973 年河姆渡遗址第一次发掘现场

个地方命名的那位祖师爷：宁波的河姆渡遗址。

其实，河姆渡文化主要分布在浙江东北部的宁绍地区东部和舟山地区。河姆渡人在此居住的时间接近 2000 年，可见非常稳定（与之相比较，良渚人在良渚古城住了 1000 年就突然消失了）。

为什么？

河姆渡人所处的地理环境有偏远性和相对独立性：东边为大海，南边为连绵的山地丘陵，西边为曹娥江，北边为杭州湾。而经过大量动植物遗存综合研究，专家发现，河姆渡文化分布区曾经有过比现在更加宜人的生存时代，当时的气候，是比现在更加温暖湿润的亚热带季风气候区。

这 40 多年以来，考古队员已经在河姆渡、慈湖、名山后、塔山、小东门、鲞架山、鲻山、田螺山、傅家山、鱼山、下王渡等十余个遗址，做过考古发掘工作，到目前为止，经发掘的河姆渡文化遗址近 20 处。

它们身上，有着同属于河姆渡文化的独有气质——依山傍水，以采集、渔猎、农耕为经济手段，是中国南方地区典型的史前聚落，以干栏式木构建筑遗迹，稻作农业遗存，夹炭黑陶器，象牙雕刻器和众多骨器、石器、木器，以及丰富的动植物遗存为主要文化内涵。

40 多年来，我们从这些遗址的考古发现中，知道了河姆渡人的吃穿住行，勾勒出一幅真实的生活场景图。比如近十年来最红的余姚田螺山遗址，从我这

田螺山遗址景观

些年的采访来看，风头已经盖过了祖师爷河姆渡遗址啦。

为何这么说？

考古工作中，一般的抢救性发掘，几个月就完成，最多半年，持续几年的甚少，而田螺山遗址自2004年开始到2014年，持续了10年。田螺山遗址是迄今为止发现的河姆渡文化中地面环境条件最好、地下遗存比较完整的一处依山傍水式的古村落遗址，在空间位置上与河姆渡遗址遥相呼应，并具有与河姆渡遗址相近的聚落规模和年代跨度，是继河姆渡、鲻山遗址之后，河姆渡文化早期聚落遗址的又一重要发现。

田螺山遗址的发掘面积有1800多平方米，并不算大。但这10年，考古工作者在泥土里竟然发现了10000多件各类（陶、石、玉、木、骨、角、牙和其他植物制品等）生产、生活遗物，以及与古人活动相关的大量动植物遗存。他们淘出了数十万颗各种鱼的脊椎骨、刺和鳞；他们把炭化稻米淘洗干净，一粒粒测量它的长宽比……

这项繁琐的工作，是在河姆渡遗址发掘整整30年之后的历史背景下，21世纪在姚江流域开展的第一项河姆渡文化考古工作，也是浙江考古史上连续投入时间最长、参与研究的相关学科专家最多的一个考古项目。

河姆渡人的秘密，便是生活。他们如何把日子过得美好，必须在泥土、地层的层层剥开中，方能看得清。

1

如果你去田螺山遗址看看，满眼都是"坑"，黑漆漆湿答答的泥土堆成各种小山包，实在是看不出什么东西。

浙江省文物考古研究所研究员孙国平带我在一个坑旁蹲下，戴上一次性手套，轻轻一挑——一小块密集的正方形纹路物体，在烂泥里凸现。

这是一片用芦苇编成的席子，纵横交错的纹路还很明晰，这种编法，并不复杂，和现在一些席子的做法差不多。

这片席子距今 7000 年，是在河姆渡人住的房子附近找到的，最大片的有 1 平方米左右，大部分和椅子上的坐垫差不多大。

我们最关心的是，这片席子究竟用来做什么的？

席地而坐——你的第一反应估计是这个。但我有疑惑，古代人的便当盒——饭篮子啥的也有用芦苇来编的啊。

中国科学院地质与地球物理研究所的副研究员张健平说，研究团队对席子表面附着物进行分析后，没有发现粮食残留，而孙国平说，席子出土时是片状的，所以推测应该是铺在地上的席子，或者是造房子时挂的帘子。

遗址的木栈道上，堆满了一筐筐"垃圾"，菱角、树叶、狗粪、茶树根、甲鱼壳、金枪鱼的脊椎骨，已经分好类。这筐，是陶片，碎得只有指甲盖那么大；那筐，一颗颗坚硬的黑团，是狗粪，6000 年以前的。

河姆渡人的基本生活用品，是陶器——陶器及碎片是最主要的文

稻株形刻纹陶盆及纹样细节

化遗存，其中以夹炭黑陶和夹砂陶为基本陶系。

这些陶器的烧成温度基本在 800 摄氏度左右，外表多施纹饰，常见纹饰有拍印绳纹、刻划弦纹、戳印曲折纹、附加堆纹等，多见于器物的颈腹部、肩部和口沿等部位。陶器中圜底器、平底器多见，圈足器、三足器少见。

基本款有釜、罐、盆、盘、钵、豆、盉等。从河姆渡、田螺山，以及最近发掘的下王渡等具有较丰富晚期陶器遗存的遗址情况来看，河姆渡人烧菜做饭的主流炊具，是陶釜。在烧煮食物时，用陶支脚支撑陶釜，在釜下留出一定的空间用于燃料的燃烧，不少陶釜的腹部外壁都保留着烧煮食物时的烟熏痕迹。在一些陶釜底部，还留有烧焦了的"锅巴"，有的颈部外残留有一些外溢的浓液焦巴。

2

再看看另一堆"垃圾"——以骨角牙器、木器、编织物和动物骨骼碎块、微小的植物种子果核为主的有机质遗存。

骨器，是数量最大的一类器物，制作技术简单、粗糙，大多数保留原骨料的表面或骨片的劈裂面，仅在刃部或尖端加工磨制而已。做成什么东西呢？以骨镞、骨（角）锥、骨耜最常见，还有少量带有用藤条捆绑的木柄，骨针、管形针、骨匕等数量也不少。

在进行农业与家畜饲养的同时，河姆渡先民拥有发达的渔猎采集经济，骨镞、骨鱼镖、石球、陶弹丸等，都属于渔猎工具。

耜，是河姆渡先民使用的主要农业生产工具，骨耜用个体较大的偶蹄类动物的肩胛骨制作而成，保留有肩胛骨的自然形态，在正面中部有一道纵向浅槽，可能是在竖向木柄与骨耜本身紧紧捆扎在一起的外力作用下形成的。

木器，多为织机上的零部件或器柄、尖头木棒等，还有少量木耜、木蝶形器仅见于河姆渡和田螺山两处遗址，很可能是祭祀仪式、巫术活动中的一种道具。

河姆渡人喜欢吃橡子、菱角、酸枣、芡实、葫芦等等，当然还有稻谷。

田螺山聚落遗址外围，发现了河姆渡文化早、晚期古水田，是中国史前稻

田螺山遗址出土的水牛头骨

河姆渡文化猪纹陶器

河姆渡文化双鸟木雕器

河姆渡遗址出土的带藤条骨耜

河姆渡遗址出土的稻谷（带壳）

作农业研究领域的重要进展，为稻作农业起源和发展过程研究提供了十分丰富和扎实的材料。

根据稻谷形态、小穗轴形态所反映的落粒性以及水稻植硅体边缘纹样等研究手段，河姆渡文化时期的稻作农业正处于驯化的关键阶段或中间阶段。比如，稻米形态总体上瘦瘦长长。根据田螺山遗址古稻田发掘结果来看，当时河姆渡古村落的稻田耕种以利用天然的低洼的水岸湿地略加开垦、整理和围护为主，田块较大而平整。稻谷亩产量通常在 150 斤左右。

在田螺山遗址分类完毕的"垃圾"里，最多的是像小拇指甲大小的鱼骨头，有好几十筐。

"这是鱼的脊椎骨，现在收了起码有数十万颗。"孙国平说，细小的鱼骨头，炭化的米粒，都陷在潮湿的泥土里，如果不做淘洗，根本发现不了。只有洗过，才会浮出水面，我们再将它们收集、分解。古人吃什么鱼，吃了多少鱼，鱼有多大，只有靠大量的鱼骨头，才能复原出他们的生活状况。

这些鱼骨，都是淡水鱼的骨头，基本有 4 种：鲫鱼、黄颡鱼、鲤鱼、黑鱼。"河姆渡人吃的鲫鱼比较大，有半斤上下，跟我们现在常吃的养殖鲫鱼差不多。"

孙国平身后的一个架子，是从同一个鱼骨坑里集中发现的鱼骨头，"这说明他们吃鱼的季节比较集中，古人捕鱼很可能讲究时令"。

最重要的是，发现时，鱼骨头和白色的泥土混在一起，经过分析，里面有盐的成分，"这能推测出他们也许已学会腌制鱼肉，或者做鱼酱，因为当时鱼太多了，吃不完就这样保存"。

3

在遗址现场，我发现了一根根高低不同的"木桩子"，这是河姆渡人住的房子，专业说法，叫干栏式木构建筑。干栏，就是架空，它是中国西南地区少数民族对吊脚楼的发音。现场的"木桩子"，就是类似西双版纳吊脚楼下面那段架空的部分。

这一发现，并不稀奇。1973 年，河姆渡遗址就出土了这类木桩。"但当时的发掘条件，无法把距今 7000—5000 年间，不同阶段的建筑遗迹，持续地一层一层分解开。"孙国平说。

河姆渡人在近 2000 年时间里，房子造了又拆，就跟我们现在一样，而每一个构件，在不同年代里，加工方法都是不同的。我们必须像医生动手术一样，从皮肤到骨头，层层解剖。

比如，插在泥土里的柱子，样子不同，有方形，也有圆形。圆而细的，就是早期造的，说明人们砍木材的技术很原始；方柱子，说明技术明显进步了。

"你看这根柱子下，还垫了块木板。"孙国平在另一根柱子前蹲下，"这是 6000 年前的房子构件，那时的人已经很有生活经验，知道垫块木板，房子稳定性更强，不会倾斜，使用寿命更长，之后的中国人，特别是南方地区的老祖先们，也沿用这个办法。"

而一旁，我看到另一根柱子下面就没有木板。"这就是早 500 年前的，如果我们不往下挖，就无法得知这么重要的信息。人就是这样从弱到强，从原始到进步，慢慢发展起来的。"孙国平说。

河姆渡人喜欢住"吊脚楼"，2000 年里，始终以干栏式木构建筑为居住的主要房屋类型。而且，村落中已经出现了日常居住建筑和礼仪性建筑的功能性分化。村落周围有的以木构栅栏或水道围护，村落外围直接开辟大小不一的水稻田。

田螺山遗址出土的独木舟模型

河姆渡人外出的交通方式，以借助于舟楫的水路交通为主。这10年考古发掘，考古队员一直在找舟，他们陆续发现了30多件各种形态的木桨，但独木舟却一直没有出现。2014年，在田螺山遗址发掘收尾工作中，"一叶扁舟"从泥土里露出了尖尖角。

这是一条迷你独木舟，其实只是一个模型，长35.5厘米，宽10厘米，高6厘米，半本杂志大小，不能在生活中实际使用，可以放在桌子上把玩的模型。但，意义很大——模型都有了，难道还会没有独木舟吗？说明河姆渡人在做独木舟前，先要打个版。

独木舟作为大型交通用具，制作复杂，当时的人们非常珍惜，除非是坏了需要修理，或者搁浅，才会把它留在原地。否则，逃难、搬家、迁徙时，一定把它一起带走。

而从现在的田螺山遗址可以发现，这里曾经遭受水灾，还是毁灭性的灾难，所以，专家推测，当时人们逃难时，把独木舟作为重要工具带走了，所以，这里才一直没有发现真正的独木舟。

写于 2019 年 3 月 19 日

马家浜人长什么样

马家浜，嘉兴一条小河的名字，全长只有 200 多米。浜，在嘉兴及其周围城乡专指断头河，而马家浜只有西端和其他河流相通。

1959 年，马家浜河道两侧，有一个普通的江南水乡小村庄，取小河之名：马家浜村。

村的北面是一片地势较低的农田。

很奇怪，村民在这里劳作时，经常发现兽骨。人们听说，这些埋藏在地下的兽骨烂掉后有农肥的作用。于是，1959 年春节前，农闲中的村民开展冬季积肥运动，自然而然就把这里的兽骨作为主要肥源。

结果，除了挖到大量最后被证明并没有任何肥力的兽骨外，村民还不断挖到一些和兽骨混在一起的陶器、玉器和骨器等。

浙江省文物管理委员会得到消息后，随即到现场勘探，确认这里是一处新石器时代文化遗址。

因紧靠马家浜村，遗址被命名为马家浜遗址。

83 岁的姚仲源先生出现在马家浜文化博物馆落成典礼上，2019 年，马家浜遗址发现 60 周年。

60 年前，他 22 岁，来省文管会工作第四年，就参加了马家浜遗址的发掘，他也是发掘简报的执笔者。

1959 年遗址发掘现场

1999 年，我来嘉兴开马家浜会议，当时是 40 周年，我说希望以后能看到一个马家浜遗址博物馆，20 年过去了，现在如愿以偿，很感谢。

姚仲源先生说，当时，杭州大学（今浙江大学）历史系、杭州师范学院（今杭州师范大学）历史系的大学生也参加了发掘，在他的记忆里，有 20 多人。

"文管会请学生们参加，配合大专学校的教育、劳动、科研。历史系，也应该要懂考古。"姚仲源说，虽然他和大学生是同龄人，但他已经参加工作了。"我们要先让同学们吃饭，吃完我们再吃，但这时候锅里只有锅巴了。"

在《嘉兴马家浜遗址发掘报告》的注释中可以看到，从野外图纸上的绘图人署名记录可知，当年参加发掘的有朱伯谦、汪济英、姚仲源、梅福根、冯信敖、何云新、肖贤锦、蒋贤斌、张松年、刘允忠、管银福、桑法泉等，其中朱伯谦、汪济英为考古领队。

1959 年 3 月中下旬，省文管会主持进行了抢救性发掘，也是马家浜遗址的第一次发掘。

我们已经很了解良渚文化了，对于马家浜文化，很多人都听说过，也知道"比良渚更早"，但对它的文化面貌，马家浜人的生活，知道得很少，可能很多人甚至不知道，它的发现地就在嘉兴。

1

我们先来把马家浜文化的概念说说清楚。

嘉兴所在的太湖流域，是中国新石器时代一个重要的文化区，如果对此地的浙江历史脉络稍稍熟悉，你或许会背：马家浜文化—崧泽文化—良渚文化。

专业说法，这是一条序列，是经过80多年的考古发现和研究，在考古人的一铲一铲下，在太湖流域逐渐清晰并建立起来的一条连续发展、一脉相承的新石器时代考古学文化序列。

如果要做一个比喻，它们有点像祖孙三代（注：考古学家王明达老师认为，马家浜和崧泽可能不直系，崧泽和良渚是直系），马家浜自然是良渚的"爷爷辈"了，而我们在刚刚建成的马家浜文化博物馆进门处，就看到了金庸题写的"江南文化之源"，一语点出了马家浜文化的地位。

马家浜文化不仅开启了环太湖流域的文明进程，也揭开了嘉兴历史的最初一页。2009年，张忠培等专家学者在坚持夏鼐等考古学家论断的基础上，进一步明确马家浜文化是"江南文化主根"这一地位。

而在嘉兴地域范围内，目前已经发现了这三个文化阶段的遗址30多处，传承有序。

"祖孙三代"的器物有什么特点，如何传承？展厅里有一个单元叫"文化根基"，把三种文化的石器、陶器、玉器等一一做了直观的比较。

这些年，考古队员又在嘉兴地区做了马家浜文化遗址的专题调查，到2019年年底，在嘉兴所辖的南湖区和秀洲区两区范围内，发现和确认了马家浜文化遗址或者是有马家浜文化遗存堆积的遗址点，共16处。

这充分表现，距今7000—6000年的新石器时代晚期，生活在嘉兴的先民已经开始创造灿烂的文化。

2

马家浜遗址第一次发掘，历时两个月，面积213平方米，清理墓葬30座，房屋遗迹1处，出土物以兽骨为主，还有骨、陶、玉、石器等。"当年积肥运动大规模的挖掘，把庄稼糟蹋了，遗址也被破坏了。很可惜，第一次发现的30多具人骨架也被破坏了。"姚仲源说。

遗址发掘现场

第一次发掘的完整器和复原器，目前分别收藏在中国历史博物馆、浙江省博物馆和嘉兴博物馆。

你应该知道，"良渚文化"是著名考古学家夏鼐命名的，而"马家浜文化"同样也是他命名的，且在第一次发掘之后，经过了20多年，才确认了它的地位。

姚仲源说，第一次发掘后，以马家浜遗址、邱城遗址下层等为代表的苏南浙北这些早于良渚文化的文化遗存，过去都归于青莲岗文化的范畴。

1975年，嘉兴籍学者吴汝祚在《考古》第五期发表《从钱山漾等原始文化遗址看社会分工和私有制的产生》一文，考古界第一次提出"马家浜文化"这一概念。

1977年，夏鼐在《考古》杂志第四期发表文章，正式提出命名"马家浜文化"，而不用青莲岗文化。

同年10月，浙江考古学者牟永抗、魏正瑾在南京举办的长江下游新石器文化学术讨论会上，首次对"马家浜文化"作了较系统的阐述，提交《马家浜文化和良渚文化》一文，首先提出不能把太湖流域的遗址都归纳在单一的青莲岗文化概念之下，赞同夏鼐的马家浜文化的命名。同时，将太湖流域新石器时代发展划分为马家浜阶段、崧泽阶段和良渚阶段等3个阶段，并归纳了文化特征。随后，"以马家浜遗址为代表的马家浜文化，是长江下游、环太湖流域新石器时代晚期文化的代表"的论断得到学界确认，"马家浜文化"正式定名。

3

在博物馆落成典礼现场，有两位老师是嘉宾们争相同框的对象，一位是姚仲源先生，另一位就是芮国耀先生——浙江省文物考古研究所研究员，也是马家浜遗址第二次发掘的考古领队，还是嘉兴人，这是缘分。

他在当天下午的研讨会中提到一件事，因为历史的原因，留存至今的第一次发掘记录资料完整性和全面性虽然稍有缺憾，但是，在现存资料档案中，

红衣陶壶

还保留了当年发表考古报告绘制的线图，包括大部分完整器和复原器。他发现，这些线绘图制的比例大部分都是以1∶1的原大比例绘制。"从我学考古开始，原大图是最近一二十年才采用的，我也问过姚老师，你们当时为什么画原大图，他不太记得清了。但我想他们当时如此认真记录，我们要向前辈致敬。"

折沿夹砂陶釜

2009年11月8日，因马家浜遗址保护建设控制地带和遗址公园建设的需要，浙江省文物考古研究所联合嘉兴市文物部门，对马家浜遗址进行第二次发掘，历时15个月，发掘面积300平方米，清理了80座墓葬，出土了300多件文物和大量动植物遗存，较为完整地揭示了这一时期的葬制和葬俗。

"80座马家浜文化墓葬，这是第二次发掘最重要的收获。"博物馆落成典礼上，芮国耀汇报了第二次发掘的重要成果，

而这一天,《马家浜》考古发掘报告也正式首发,很多考古成果都是首次发布。

马家浜人没有专门的公共墓地,埋葬和居住区混杂在一起,集群埋葬,相对密集,大部分为长方形竖穴土坑墓,葬式大部分是俯身葬,个别有侧身葬和仰身葬。

同时,还发现了很多平地掩埋的墓葬,有些墓葬里还留存了明确的木质葬具,而且是上下两层结构。

这些墓葬的随葬品很少,有的甚至没有,以陶器为主,大部分是圆盘豆,还有一定数量的多角沿豆。

陶器,是马家浜人的主要生活用品。不过,以往人们一说起马家浜文化陶器组合最典型的器物,一定会说"圆形豆盘",而马家浜遗址的第二次发掘,又明确了另一位代言人,它长得很有特点——多角沿豆盘,比如尖尖六角的。其他一些马家浜文化遗址中还发现了钝角的四角、五角。

鸟形夹砂陶鬶

有个有意思的现象,墓里的随葬陶器大部分都是打碎之后分别埋葬在不同的位置,特别是陶豆。

比如 15 号墓,考古队员发现,从墓主人人骨的胸部、肩部,直到足部,分散放置着陶豆的碎片,这些碎片最终可以拼对复原成一个完整的陶豆。这应是当时的埋葬习俗。

还有一种特殊现象:发现了随葬动物的墓葬,一共有四

玉玦三件

座，而且都是鹿（大型和中型鹿）。

最特别的是，发现了鹿完整或者部分完整的掌骨或跖骨，有的还带有相连的关节部位。

马家浜人的选择有特定性，连部位都一样。

专家推断，这些鹿骨骼在下葬时，应该是连皮带肉的，可能具有肉食的含义。

那么玉器呢？良渚人的玉器那么厉害，出道即巅峰，而作为爷爷辈，马家浜人的制玉工艺已经很厉害了，一直延续到良渚文化时期。

马家浜文化是太湖流域较早使用玉器的文化之一，以玉玦和玉璜为主，尤其是玉玦，是迄今所见最早的具有完整器形的非生产用的第一种玉器，很多在墓主耳边发现，作为耳饰。

4

马家浜人吃什么，长什么样子？第二次发掘最大的亮点，就是各种多学科的调查研究，为我们还原了马家浜人的生活面貌。

2010 年 7 月，北京大学考古文博学院植物考古实验室在马家浜遗址发掘区内，选取了两套系列土样进行植物遗存浮选分析。

在遗址堆积的南边，初步探明这里存在马家浜文化时期稻作农耕遗迹分布区。也就是说，稻作，是马家浜人占绝对主体的农业经济。

专家还发现菱角和芡实，在马家浜人的食谱中，占有相当重要的地位。

那么，马家浜人长什么样子？展厅里，你可以和 7000 年前的马家浜人会会面，喏，就是他——

吉林大学边疆考古研究中心人类学实验室通过第 28 号墓出土的男性颅骨，对马家浜人进行了三维容貌复原，结果显示，马家浜人呈现

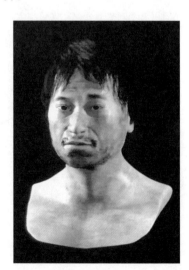

马家浜人复原图

出较为显著的蒙古人种特征。

根据马家浜遗址第二次发掘出土的人骨测算，马家浜人平均预期寿命小于等于 30 岁，而且，当时的女性寿命明显长于男性。

平均身高，男性 164 厘米，女性 153 厘米。

马家浜人有拔牙齿的习俗，年龄多在 15 到 20 岁。为什么？有专家认为是成年的标志，也有结婚一说。专家还发现了多个马家浜人有严重的牙周病。

当天下午的研讨会，东京大学教授米田穰做了一个报告，专家用马家浜人的牙釉质做了同位素分析，发现了一些人类迁徙的证据，丰富了考古学的内容。

其实，这是 2017 年，日本金泽大学中村慎一主持的"稻作与中国文明——综合稻作文明学的新构筑"研究课题，设立了"马家浜遗址墓葬出土人骨的研究"子课题，对马家浜遗址出土人骨标本进行清理、测绘，采集实验室标本。

王明达在嘉兴做过多次考古发掘，他认为，和良渚文化的研究相比，马家浜文化从来没有火过，但也没有冷过，从马家浜文化本身来讲，很多问题确实没有像良渚这样深入研究。

> 马家浜文化是江南文化之源，根深叶茂！但太湖流域史前文化到目前为止还没有发现 7000 年以前的遗址。马家浜文化在这里生根、壮大，它的来源呢？从哪儿来？它反映的文化面貌并不是很原始，这不是否认它在太湖流域不是原生文化，但我觉得它有来源，是不是从北边来？

> 马家浜—崧泽—良渚，序列好像很清楚，马家浜文化和崧泽文化难道就是直接传承关系吗？我总也要打个问号。崧泽从哪里来的？这也是个学术问题。

> 马家浜文化和钱塘江南岸的关系、长江北岸的关系，包括和湖南的关系——因为白陶也在这里（桐乡罗家角遗址）出现了，这些问题还需要深入的学术方面的研究。

写于 2019 年 12 月 28 日

6000年前的"富春山居"

富春江边，南靠龙门山脉北麓，有一片面积达数万平方米的土地，人们在这里生活、劳作，繁衍生息，一代又一代，6000年来，居然从来没有搬过家，一直延续至今。

在一座城市漫长的历史沿革中，这样的事，听起来多少有些神奇。可是，富阳人就是对这个叫做瓦窑里的地方依恋得深沉。

这片土地，位于富阳大源镇亭山村瓦窑里自然村，离富阳

遗址周边环境与发掘区域

高铁站只有不到 300 米的距离。

2018 年上半年，富阳高铁站周边的地块大范围拆迁改造，浙江省文物考古研究所联合富阳博物馆第三次对瓦窑里遗址进行抢救性发掘，直到 2019 年 1 月，野外工作才结束，发掘总面积 2000 多平方米，发现 5000 多年前的崧泽文化晚期、良渚文化早中期墓葬、村落砂石路及历史时期砖窑等遗迹 30 多处，出土陶器、石器、玉器、印纹陶器、青瓷器、铁器、铜器等 500 多件。

8 年间，3 次发掘，富阳 6000 年的城市史，是怎样一步步有了实锤的？

我们先来理一条时间轴。

2010 年，杭（州）黄（山）高铁工程开始建设，浙江省文物考古研究所研究员孙国平带着考古队员配合工程做考古调查，在富阳大源镇亭山村瓦窑里自然村发现了已默默无闻数千年的瓦窑里遗址。

2016 年和 2017 年，浙江省文物考古研究所和富阳博物馆在铁路施工工地北侧，两次对瓦窑里遗址进行小范围抢救性发掘。

2016 年，是一个重要的转折点。因为发掘面积小，且在很窄的一条路基边上，真正的遗迹现象，比如墓葬，没有发现。但是，孙国平了解到，自己租住的房子边上，有一块地形"看起来不错"。根据他的工作经验，这样的地形

发掘现场

可能会发现比较好的文化堆积。

果然，略经探掘，考古队员在距离地表不到 1 米的地方，发现了陶器，以及往往在良渚文化墓葬里才能发现的石钺。

考古队员扩方后，又发现了两座崧泽文化晚期或良渚文化时期的墓葬，尽管保存得不太好，但对富阳来说，是一个空前的突破。以前在富阳境内，只发现过零星的良渚文化遗物，没有发现过完整的良渚文化墓葬和遗址。

那年，还有一个更大的突破——考古队员发现了几块小小的碎陶片，专业名字叫多角沿豆盘和牛鼻形器耳。

多角沿豆盘

豆，一种盛食器。良渚文化的豆很多，而距今 6000 年的马家浜文化有红陶豆，跟良渚文化的黑陶豆很不一样。马家浜文化里还有一种特殊的陶豆，数量不多又比较典型，只有在杭嘉湖地区的马家浜遗址，以及同属于马家浜文化的桐乡乌镇的谭家湾遗址中发现过。而在瓦窑里遗址发现的这块碎片，和这两处的几乎一模一样，为多角沿豆盘的口沿碎片。

孙国平说，由此可以断定，6000 年前，马家浜文化在富阳已经出现了，富阳的历史由此至少可以提前到 6000 年前。这在富阳的考古发现和地方的文献记载上，是一个很大的推进。"我也感觉比较意外。原来传统认识上，马家浜文化分布就在杭嘉湖地区，再加上苏南地区。所以在富阳，能发现典型的马家浜文化遗物，也是本地区考古发现的一个突破。"

此地离现在的富阳主城区隔着富春江，大概有 6—8 公里，不算远，以前是一个民房很密集的村庄，叫亭山村瓦窑里自然村。

2016 年和 2017 年的发掘是小范围的试掘，大概一两百平方米。2018 年 6 月，浙江省文物考古研究所正式定点发掘，发掘面积增加到 2000 多平方米，位于

2016 年、2017 年发掘区的南北两侧。

尤其是南边靠近铁路路基的发掘区，发现了比较密集的崧泽文化至良渚文化早期的墓葬 20 多座，这是 2018 年最主要的发掘成果。

"2016 年和 2017 年只小范围发掘了 3 座墓葬，保存不太好，但年代和文化面貌是比较清楚的：崧泽文化晚期到良渚文化早期。2018 年的发掘，墓葬数量增加到 20 多座，分布也比较集中，构成了这个时期这个区域的一片史前文化墓地，距今 5500 年到 5000 年。"孙国平说。

崧泽文化晚期至良渚文化早期墓葬

除了史前墓地，这里还发现了多处砖窑，也就是说，这里有墓葬区，也有石器加工场所等。

这两块地方为什么会连在一起？

你可以把此地看作瓦窑里古村落，墓葬区和作坊区都属于古村落的组成部分，或者说龙门山脉北麓古村落的一部分。

那么，富阳人的生活区在这里吗？

孙国平说，考古调查的勘探手段在山坡环境下很难有效进行，所以对瓦窑里遗址整体的范围、布局，很难通过考古钻探调查的手段来探明。"目前，我们只知道瓦窑里遗址的墓葬区和石器加工区，但是根据地形的判断，

崧泽文化晚期至良渚文化早期墓葬

粗放的石器

当时人们居住的地方，应该在离墓葬区不远的山脚下，在富春江和龙门山麓的缓坡地上。"

瓦窑里遗址最近处离富春江只有 3 公里，往南边走，就是龙门山脉，当时的人们就生活在龙门山脉和富春江之间的山坡地上，依山傍水。用方向明的话来说，瓦窑里是良渚古城刚拉开帷幕时的"富春山居"。

那么，五六千年前富阳人的生活水平怎么样？

20 多座墓葬的随葬品以陶器为主，少量为石器和小件玉器。陶器基本器型是鼎、豆、罐、过滤器，比较简单，种类和数量都比较少。跟同时期杭嘉湖地区史前文化居民相比，日用品相对粗糙和简陋。

那个时期富阳人的生活状况，原来是很不清楚的，材料很少，现在有了这样一个遗址，对富春江流域那个时代先民的生活状态、社会发展水平，也有了一个比较清楚的认识。

还有一件特殊的东西要提一下。

在 20 多座墓中，考古队员在大多数墓葬中发现了夹砂红陶过滤器，这种陶器成了墓主人的"标配"。这在全省同时期的考古发现中是不多见的随葬品。

孙国平说，陶过滤器在杭嘉湖地区有少量发现，但是基本上没有在墓葬中发现过。而在瓦窑里遗址，过滤器是作为主要随葬品出现的，非常独特。如果要分析原因，需要后期通过科技考古手段来检测。

其中一种可能性，就是这是富阳人爱喝酒的证明。

过滤器，我们原来认为它的功能是做酒的一种辅助工具。就像甜酒酿一样，要把酒酿中的饭粒和酒分开，需要一种过滤的工具。这种过滤器，它有特殊的构成，两个口子，一个小口，一个大口，我们推测小口是倒酒进去，下面的大口是为了存酒用的，小口部分是为了过滤酒糟，所以我们把它叫成过滤器。这么多墓葬中都出土了过滤器，而且其用途判断不错的话，也许可以推测，瓦窑里先民对酒有比较普遍的崇尚或爱好。

陶过滤器

孙国平说，如果饮酒是普遍风尚，或许可以进一步推测，当时除了开垦山地以外，瓦窑里先民也许还种田，生产粮食。

富阳人的石器，也有比较明显的地域特色。

考古队员发现了两处石器制作加工遗迹，出土了为数众多的残石器和石器半成品，以及部分钻芯、磨石工具等与加工石器有关的遗物。这些石器体量大，厚重，加工也比较粗糙。

把周边自然环境条件联系起来，孙国平提出了一个概念。他认为，这里的古富阳人比较明显地表现出已善于经营 "史前山地农业" 的生产技能。

因为人们在山坡地上生活，或者说在山地丘陵环境下经营农业，就要开发适合山地农业的早期生产工具，这样的农具在瓦窑里遗址就有不少发现，比如石锄、石斧，基本上可以用到山坡地的开荒。这在其他遗址中还很少发现。

因此，刚说到过滤器跟古富阳人饮酒有关，孙国平也有另一种更有意思的假设和理解：如果瓦窑里周边的环境不适合种田，而瓦窑里石器加工区生产的石器或许可以用来跟杭嘉湖地区做些商品的交换，从外地引进大米。

"富春江原始聚落的居民，为了适应山坡地的环境，已经开始制作和利用适合山坡地农业的生产工具。这是新石器时代晚期聚落拓展，或者说浙江地区的史前先民从那个时候开始了往浙江南部多山地丘陵地区拓展生存空间、经营多样化农业的步伐，浙江的史前社会从那时起就变得更加多元起来。"孙国平认为。

瓦窑里遗址的发掘，还有一个重要意义，孙国平是这么写的：

更加确定富春江两岸沿江区域，是浙江史前文化的重要组成部分，是浙北史前文化向浙江中部和西南部地区传播的重要通道。

以前浙江史前考古的重点，集中在杭嘉湖地区和宁绍地区，意味着浙江先民在史前时期或者新石器时期开拓的重点区域，在杭嘉湖地区和宁绍地区。而更往南，在浙江南部以山地丘陵为主的环境下，我们发现的遗址，以前比较少。实际上，在新石器时代已经开始，钱塘江以南大片的山地丘陵区，有不少先民的生活遗迹，而我们现在逐步往这些区域开展考古工作后，对这些区域的文化来源、文化面貌、整个社会发展水平，也慢慢有了一些了解。

2018 年的发掘，还有一个很有意思的地方。考古队员们发现了商周时期的小型土坑墓（随葬少量印纹陶、原始瓷），汉至六朝砖室墓、土坑墓和宋代土坑墓，这说明瓦窑里遗址一带一直是富阳范围里一处稳定的历史聚落区。6000 年，在这数万平方米的区域里，不同历史阶段的先民都选择在这里生活，留下了不同阶段丰富的历史遗迹。

我们可以根据考古发现，把瓦窑里的各个时代再串起来梳理一遍——

此地早期有 6000 年前马家浜文化遗物；稍晚一点，有 5000 多年前崧泽文化时期的遗物，又有比较明显的良渚文化的墓葬和遗物；良渚文化之后，西周、春秋战国时期的遗物也比较多；商周时期的土坑墓的发现，也有地域特色。

到了汉至六朝时期，遗址中发现了几座土坑墓、砖室墓，还有陶窑，遗物中有原始瓷器、陶器、铁器、铜器。

汉晋时期的陶窑

到了唐宋时期，也发现了一些墓葬——尽管是比较简单的百姓墓葬——还发现了一些作为随葬品的青瓷器。

而考古队员发现的两座明清时期砖瓦窑遗迹，从结构、保存状况和形态来说，是属于比较少见的。从汉至六朝时期的陶窑，到明清时期的陶窑，都有发现，说明这个地方一直延续着专业化的陶器和砖瓦的生产，与当地自然村的名字“瓦窑里”正好契合。而如今的富阳，是专业化造纸基地，所以，制作陶器、瓷器，也是富阳这一带先民传统的生产手段、产业方向，说明此地有着深厚的历史渊源，这在考古发现上得到了证实。

为什么不同时代的富阳人都选在此处定居？

明代前后的圆形陶窑

孙国平说，除了跟这里好山好水的地理环境有关，从文化关系上来说，它临近我们浙北的史前文化核心区：余杭、桐乡、海宁。"核心区有辐射功能，良渚可以说是一个早期国家，良渚发达的社会形态，对周边地区肯定会有所影响，一方面是文化因素的传播、物产和技术的输出，另一方面是人口的迁徙，族群的往外拓展或扩散。"

刚才说到的瓦窑里出土的过滤器，已成为良渚文化核心区及密切关系范围的标志物，不仅是良渚文化通过富春江、浦阳江河谷向浙西南的扩散，更是良渚文化中心直接影响和控制区范围扩大的反映。

所以，瓦窑里遗址的考古成果，也是良渚文化核心区以外地区的一个重要发现。孙国平指出："如果从富阳城市发展的地理位置来看，有了瓦窑里遗址——不说杭州，就说富阳区，整个文明发展就是沿着富春江起步的，它也是富阳城市的源头，目前最大的证据就是瓦窑里遗址。"

写于 2019 年 3 月 22 日

良渚人的阡陌交通

6000 多年前，他来这里种水稻，种得好好的，海水来了，稻田被淹。

过了很久很久，她也来种水稻，结果又被淹了。

5000 年前，又来了一个他，继续种水稻，结果，海水又来了，水稻田再次被淹。

这是一个真实的故事。2020 年 12 月的一天，一位住在浙江宁波余姚的考古学家爸爸对儿子说。

"这是一个循环了 2000 年的悲剧吗？"儿子问。

懂得有点多啊。爸爸看着他："但你可以换个角度想，这块地方，为什么被人类一次次选中？你的祖辈来了又走，走了又来，即便一次次流离失所，人也好，土地也好，依然生生不息，繁衍至今。"

"那现在怎么样了？"儿子又问。

"现在……"爸爸笑，"现在，这块坚忍不拔的地方，被我们发现了啊。所以故事，就不只是故事了。"

一片沉睡了 6000 多年的古水稻田，考古学家叫它施岙遗址古稻田，这当然跟它所在的地方有关——宁波余姚三七市镇相岙村施岙自然村西侧，隐于一片幽静山谷之中，而且，离我们熟悉的主体为河姆渡文化的田螺山遗址，最近的地方，只有

400米。

说这个数据的意思是，这片古稻田和河姆渡人的生活有什么关系？

河姆渡人还来不及回答，良渚人抢答了。

水稻田里另一个更重磅的发现，让考古学家——尤其是良渚考古人有点兴奋，继2009年杭州余杭茅山良渚水稻田之后，今年，再次发现了良渚时期的水稻田，而且是大面积的，自带道路设施和灌溉设施，呈"井"字形，跟我们现在的水稻田已经很像了。

更重要的是，这片良渚时期的水稻田，在余姚发现了。

目前，全国已经发现良渚文化遗址1000多处，核心区，当然是以良渚古城遗址为中心，面积约3.65万平方公里的环太湖地区，光是杭嘉湖地区就有700多处。而余姚所在的宁绍地区，属于良渚文化的外围区，离良渚王国比较远一点。

难道，这里才是良渚王国的"国营农场"？

别急着回答。脑洞，当然可以开大一点，但是，所有的猜想，需要回到考古学家的田野里，在泥土里，找到实证。

1

一种灰褐色的淤泥。

看到这坨淤泥的时候，王永磊心里已经有底了，这是植物的残骸。

考古考古，往往考的是土、泥、泥炭层、洪水淤积层——这些我们普通人不在意的东西，才是考古人最珍视的宝贝，它们是会说话的。

这种颜色的淤泥，含有很多腐殖质，说白了，就是植物的残骸。

大家围着看，像的，像水田。

为了配合相岙村地块土地出让

河姆渡文化四期水稻田

郑云飞博士在取样

良渚文化时期水田土壤筛选出的水稻颖壳、
小穗轴和杂草种子

建设，2020 年 1 月开始，浙江省文物考古研究所对此地做了先期勘探。此前，王永磊在隔壁田螺山遗址做调查勘探，钻探出来的土，也是这种样子，应该就是水稻田堆积。

出让地块的面积是 32 万平方米，而考古队员勘探发现，史前古稻田堆积分布面积有 8 万平方米，面积大得超过想象。

郑云飞取了一些土样做浮选，放到显微镜下一看，出现了一幅好看的画面，像剪纸，而在科学家眼中，这是关键证据——水稻的颖壳（稻谷壳）、伴生杂草（水田里陪伴水稻生长的小伙伴），以及小穗轴（判断栽培稻和野生稻最为可靠的依据）。

这些，都是稻谷的遗存。

最后，郑云飞又拿出了硬核证据——做植硅体检测。结果，稻田堆积中水稻植硅体密度在 1 万—2 万粒／克，而我们一般确定水稻田的标准数据是 5000 粒／克。

远高于标准。

这是一个板上钉钉的事实：我，是一块水稻田。

以往，考古学家对宁绍地区史前稻田的认识，是基于田螺山遗址古稻田的小规模发掘获得的，并不充分。这片水稻田的发现，显然是一份新材料。但是，它保存得好吗？能否让我们看到史前人类的水稻田究竟什么模样？

2020 年 9 月起，在先期勘探基础上，经国家文物局批准，浙江省文物考古研究所联合宁波市文化遗产管理研究院、余姚市河姆渡遗址博物馆进行了考古发掘。

结果，有些意外，发掘揭露了史前三个时期的大面积的规整块状稻田。

什么意思？

河姆渡人的先头部队先来种地了——第一期稻田，属于河姆渡文化早期（约公元前4300年以前），发现了疑似田埂的凸起土梗。

河姆渡文化四期路

然后呢，过了1000多年，最后一代河姆渡人也来到这里种地了——第二期稻田属于河姆渡文化晚期（相当于崧泽文化阶段，公元前3700—前3300年），发现了人工田埂和自然原生土埂。

良渚文化时期路

又过了400多年，这片水稻田最后的辉煌，最后的开发者来了，是良渚人——第三期稻田属于良渚文化时期（公元前2900—前2500年）。

在同一个遗址内发现三个时期的水稻田，从距今7000多年一直延续到4500年左右，持续了2000多年，而且结构完善，

良渚文化时期木构路

面积如此大，这在目前为止中国乃至世界发现的早期稻田遗址中，是唯一的，也是面积最大的一处。

2

我们来说让考古人比较激动的良渚时期的水稻田。

小时候写作文，尤其是描述田园风光，经常会用到一个词：阡陌交通，鸡犬相闻。这八个字，蛮好用，但有点虚，有时候只是为了描绘一种闲暇的乡村生活场景。

良渚人又要"傲娇"了，5000年前，我们就已经"阡陌"了好吗。

是的，这八个字的实体版，如今在余姚的这片山谷里，悠然可见。

我请一位种水稻的良渚人来给大家讲讲吧——

刚才，这位考古学家爸爸讲了一个我的祖祖辈辈坚忍不拔在此种水稻的故事。这个秘密，终于被你们在剖面上发现了。我也是听爷爷说起的。

当年，海水来了，没法耕种，人们只好走了。海水退下，又形成湿地环境，祖辈们又看中了这里，种植水稻。前前后后起码有三次。在整个历史长河中，这里的环境变化对我们的生活产生了很大的影响。如果不是因为受到海平面的波动影响，这里是一个很稳定的生态系统，非常适宜人类居住和耕种。

上一辈的"崧泽人"离开了之后，我们来到了这片山水环绕之地，这里实在是太适合生活和种水稻了。

我们重新平整土地，把田划分为长方形或者正方形的一个个田块，纵横交错，类似于"井"字形，跟你们现在的稻田很相似。而且，田块的面积非常大，最大的一块有1900平方米，最小的也有700多平方米。

更重要的是，为了方便日常农事操作，我们开发了你们说的阡陌——农田里的道路系统，凸起的田埂，南北东西向纵横交错，组成"井"字形结构，明确的田埂（局部区域铺垫木头）有22条，宽1—4米，间距在15—40米之间。

除了阡陌，我们还贴心设计了灌溉系统。

你们是不是发现，从一块田埂到另一块田埂，不能相连，中间有

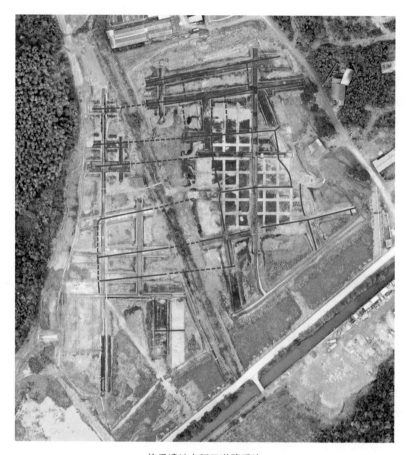

施岙遗址水稻田道路系统

小缺口？是的，这是我们留下的小心机——灌排水口。灌溉的时候，把田埂弄个豁口，水就可以从一块田流到另外一块田里去，用于堵水、灌水、排水，现在水稻田的灌溉也是这样。

而你们之前在余杭发现的茅山水稻田，缺少了东西向的田埂，只发现了南北向的田埂，还画不了"井"字，我们可以哦，而且年代比茅山还要早。

那么，水稻田是什么时候被废弃的呢？

考古队员在稻田上面，发现了泥炭层，茅山水田也有。

什么叫泥炭层？

王永磊正在做考古发掘的村子里，也种水田，水田边上有一片树林，树叶落下，地上的草烂了。春天长，冬天枯，时间久了，就形成了泥炭层。而在施岙水稻田的泥炭层上面，就是一层洪水淤积层，和茅山水田一样。测年显示，这层泥炭层距今 4500—4300 年。

这便是它的废弃时间，使命终结。

王永磊

3

听完了这位良渚人的自述，你是不是对余姚这块水稻田有了一个直观的感受？良渚人设计了一套比较完善的稻田系统。

良渚人的主食，就是稻米。这是良渚文明区别于中国及世界其他文明的重要特征之一。稻作农业，是良渚文化发展的根基，是国之根本。用世界遗产委员会的表述，良渚是"一个新石器晚期以稻作农业为经济支撑、存在社会分化和统一信仰体系的早期区域性国家形态"。此前，我们的证据主要有两个，一是茅山遗址的水稻田，二是古城里发现的粮仓。

郑云飞说，现在有了茅山遗址和施岙遗址两个良渚文化时期的水稻田，更加可以说明，农业生产在良渚整个社会经济发展中占有重要的地位。余姚并不是良渚文化的中心区域，还有这样大的水稻田，说明宁绍地区在良渚时期的稻作农业也相当发达。这也为我们认识中国水田农业发展的历史，增加了新材料。

上海博物馆副馆长陈杰说，中国最早的稻田考古工作始于 20 世纪 90 年代马家浜时期的草鞋山遗址，田块面积较小，到了崧泽时期有所扩大，仍然不过是 100 平方米的小块水田。但是从施岙遗址来看，至少在崧泽时期就已经是大田块管理了。这样的三层水田对于了解早期的水田耕作技术是一个非常好的样本，也反映了时代的变化。

当然，此地还不止这一处水稻田，这处定义为"目前发现的世界最大和最早的史前水稻田"，并非特殊现象，而是普遍存在。

考古队员初步钻探发现，附近的古稻田总面积约 90 万平方米。根据姚江河谷调查勘探和宁波地区考古发掘成果来看，这一区域，在山前平原地带，普遍存在古稻田层。

北京大学考古文博学院副教授秦岭说，这处水稻田发现的意义，恰恰不在于多特殊，而在于一窥全豹的普遍意义。"这个发现，可以帮助我们了解宁绍地区的水田结构特点，进一步讨论整个长江下游早期稻作农业的不同形态，及其同社会发展的关系。"

我们知道，良渚古城内外还没有发现明确的水田遗迹，考古学家还在努力寻找。居住在城内的良渚人，很可能不耕种水稻，"城里人"并不从事农业生产，那么，城里如此巨大储备量的水稻从哪儿来？

在余姚这处水稻田发现之前，NO.1 是茅山遗址，人们认为，它可能是良渚王国的"国营农场"。但现在情况发生了改变。

余姚发现了这处大面积的水稻田，比茅山水田还要大，年代也早一点，是不是直接供应给"城里人"？

这只是一种猜想。

秦岭认为，宁绍地区整体在良渚阶段的社会发展，获得玉器（权力）等社会资源的能力，跟环太湖地区目前看无法并论。因此对施岙良渚文化水田的认识，需要在本身综合研究的基础上，同茅山水田至少在各方面比较和分析以后，才会更有底。

王永磊说，目前对良渚文化时期稻田的结构已了解得比较清楚，接下来会继续对河姆渡文化晚期和早期的稻田进一步发掘，了解这两个时期稻田的格局，在一块区域，较完整地揭露一片河姆渡文化早期、晚期和良渚文化的稻田。

写于 2020 年 12 月 19 日

石头记

良渚古城像一个圆角长方形，我们看两个对角——凤山（在西南角）、雉山（在东北角），正好呈对角。人们利用两座自然山体作为古城的天然"角楼"，修筑四面城墙，围成一座严密的城。

良渚古城的发现和确认，最关键的证据，是良渚城墙遗址的发现。

1985年，刘斌从吉林大学考古专业毕业，他是班里被分到最南边的学生，此前，他从来没到过南方。

毕业前，他专门去请教自己的老师，著名考古学家张忠培先生：我到了浙江，工作努力的方向是什么？

今天，他还清楚记得张先生的话：长江下游是个独立的区域，文化面貌单纯，做考古是块好地方，可以很快地熟悉入门，你要好好干。浙江的牟永抗先生等都是有学识的考古学家，要好好向他们学习。

我曾经问刘斌，这十多年来，如果要说个人，你的收获是什么？

他说：科学。

一开始我碰到什么就挖什么，通过良渚这么一个案例，我越来越觉得，我们的考古，是科学的思维，是科学的考古，这对我来说，是非常大的收获。很多人碰到一个问题，不会去追那些牵扯出来的头绪，所谓千头万绪，就要把所有问题做实，做透。

张忠培先生说的话，刘斌一直印在心里：被材料牵着鼻子走。

什么意思？

发现了石头，然后怎么办？怎么样去读懂石头？这些材料带给你的信息又是什么？

2006 年 6 月，刘斌带着考古队在瓶窑葡萄畈遗址进行试掘，发现了一条良渚文化时期的南北向河沟。他感觉有戏。洛阳铲一把下去，在 3 米多深的地方，碰到了石块。

如果要说良渚古城发现的瞬间，上面这段话似乎就可以说完了——对，不是玉器，也不是陶器，只是一层石头，没有任何惊心动魄的戏剧性场景，谁都不会想到发现的是一块古城的石头。刘斌没有放过这层石块。他开始破案——

石头是在 3 米多厚的黄土堆积下发现的，而且中间没有间隔，说明是一次性堆上来的，说明这些石头应该是 3 米多厚的土的一个基础，很有可能是大堤或者城墙。那么，它究竟是大堤，还是城墙？

2007 年 6 月，考古队终于在河池头村高地下面发现了第一片西城墙的石头。但此后，线索又断了，尤其在找到北城墙接到雉山上后，石头又消失了。

考古队员继续追着石头跑。他们几乎翻遍了从雉山、前山到旧 104 国道之间南北 1000 多米长的范围，最后终于在金家弄村北面的一块农田里，钻探到了下面的石头。

东城墙有了！

它的发现，也使得原来的北城墙和西城墙被初步确立为城墙，而不是苕溪大堤。接下来，南城墙也找到了，东起小斗门村西，西至东杨家村与凤山东坡相连。

一座东西约 1700 米，南北约 1900 米，总面积 300 多万平方米的四面围合的良渚古城，真真切切地摸到了。它超出了人们以往任何一次对良渚文化的认知。

如果沿着城墙走一圈，6 公里，大约需要两小时。

良渚博物院里，有一块特别的墙皮，我们能够清晰地看到它的土质，黄土

刘斌在良渚古城北城墙遗址

夯筑，土色之间有所差异。显然，黄土来自不同的地方。

这是良渚先民一层一层往上堆筑的痕迹。墙皮，取自良渚古城北城墙遗址。展厅的墙皮下面，堆着一块块约足球大小的石头，自然风化，未经加工，良渚人直接铺设在北城墙底部，加固基础。

6公里长的城墙底部，铺满了这样密密匝匝的石块。远古时代，古人以铺石构筑墙基，迄今为止，仅此一例。

浙江的考古学家和地质学家把古城四面城墙探沟所有暴露出来的石头，摸了个底，一共10526块，一块不落，每一块都有编号。

良渚人从哪儿找的石头？

石头，在良渚人心里分量很重，良渚古城的修建中，随处可见城墙铺底、石坎修筑等，都需要用到大量石材。石块的采集、搬运、装卸、铺装等过程，全部为人工作业。

专家对这10526块石头进行了全面鉴定和工程学研究，鉴定它们的质地、磨圆度、块度，然后做成数据库，从一个侧面了解良渚古国的规划水平、人口规模、控制面积、社会分工等等问题。

许红根工程师将周边 220 平方公里范围内的山系重新调查，填好高精度岩石分布图，进行岩性比对，再确定石源区域。

2013 年，他们模拟良渚人做了一次搬运石头的现场试验。眼前一座山，横亘蜿蜒，名大遮山，在良渚古城北面 3—4 公里，考古队员把目标锁定在它身上。为什么？

人不会大老远去搬石头，一定优先选择较近的地方。良渚古城不到 10 公里的范围内，主要有属于天目山余脉的大遮山、大雄山、窑山等一些小的山体。而大遮山南坡和大雄山北坡等离古城不到 5 公里，最关键的是，这里发现了很

模仿良渚人采集、搬运、铺装石头的实验（2013 年）

多和城墙铺垫石类似的岩石。

石头与石头，命运不同。

一块从山上直接采集的石头，棱角分明，叫棱状石头；从山上滚落，棱角磨掉一些，那就是次棱石头；如果它又掉进了小冲沟，有了磨圆的机会，就变成次圆石头；要是有幸流入大江大河，那就是圆圆润润的鹅卵石了。

良渚人善于观察，自有判断。

如果良渚人直接在很硬的基岩上砸，石头的刃口，应该非常锋利，有点割手的感觉，而城墙大部分石头并不锋利。这说明，他们不是硬撬下来的，专业说法叫开采，而是石头滚落之后，直接捡的。

也有例外，北墙发现一片铺底石，非常锋利。只要是人工开采的，一定有棱角，难道这些是他们用工具硬砸下来的？爬上东面的另一个山坡，考古队员拿着棍子，准备模仿良渚人撬石头。没想到，用手轻轻一扳，西瓜一般大的石头，轻松滚了下来，尖尖的棱角，刺眼。

"这就很容易解释北墙的石头为啥有棱角，却没有人工痕迹。"浙江大学地球科学系教授董传万摸着岩块断面上交错的裂纹说，"受构造应力作用，完整的岩石被切成了大小不等的碎块。所以，他们当时所付出的劳动，不像我们想象的那样复杂，只要沿着裂纹一扳，很省力。"

一个人一次搬一块石头，我抱起来觉得有点重，但也没问题，良渚的男人应该更轻松。古城的铺底垫石有了身份鉴定：绝大部分采集磨圆度为次棱和次圆等级的自然散石，少有棱状的人工开采痕迹。只有在坡脚和冲沟的某一段，才会出现圆度组合的石头。这说明大多数石头只经过了短距离的自然搬运。因此，我们可以推断出某种石头来自哪座山的哪条山谷的哪个位置。

北城墙的石料来自城北的大遮山南坡，南城墙的石头来自城南的大雄山北坡。

董传万说，别的来源都有线索，只有一种石头，还需要继续找来源。考古队员王宁远问是哪种石头。董传万说，萤石，总数是3块。

在一万多块石头里找到了3块，可见研究工作的细致。

良渚时代没有车，交通工具是舟和竹筏。良渚人会怎么选择，路线怎么样，一船可以装多少石头？

考古人员还发现，城墙垫石铺装存在分垄现象，每一堆性质一样的石头，可能是一次运输的量。这在南城墙最明显，南城墙的揭露面分为南北两端，南段按岩性可以分为7垄，北段分为3垄。大垄面积4—5平方米，重1.2吨左右；小垄面积2平方米，重500—600公斤。说明石头从不同的地点运来，立刻铺装，而没有混合备料，不"混搭"。这为我们计算良渚人的工作量提供了重要线索。顺着河流，撑着竹筏，运上一船石头，到达城墙工地，开始铺石。看起来浪漫，实际上很累。考古队员参考了如今双溪漂流竹筏，单筏是10根竹子拼在一起，坐5个人左右，运载量在600公斤左右。两个单筏拼在一起就是双联竹筏，20根竹子，可以坐10人左右，运载量在1200公斤左右。经过换算，南城墙小垄的垫石总量和单筏吻合；而南城墙大垄的垫石重量和双筏一致；而独木舟的运输量只够运小半垄石头，只有竹筏才具有这种承重能力。

所以考古人员推测，竹筏，尤其是双筏（偶尔用单筏），是良渚人运输石块的主要工具，尺寸大概2米多宽，8米多长。这在良渚古城内外的河道里，畅通无阻，稳定性好，修修也方便。不像独木舟，载重小，稳定性差，破了还要砍树修补，很麻烦。

许红根根据遥感影像和地质考古钻孔，基本复原了良渚时期的古水系，选择采石点与城墙的最短水路，恢复运输线路。最后进行采石、搬运、铺装的全过程实验考古。

如果按实际情况，从山脚到城墙，有4—5公里路程。为了计算方便，考古人员模拟了100米路铺2平方米的石头需要花多久时间，再通过换算，便能知道一个人一天的工作量。如果不吃不喝，理想状态下，一个人完成一船石块的采集、运输和铺装，大概要做9个小时，跟现代人的工作时间差不多。而铺完所有石头，总用工量为8.4万工。

除了铺石，还有工程更为浩繁的堆土，这才能完成城墙的修建。良渚人每天工作量巨大，加班绝对是家常便饭。北山采石，船载以入，这8个字就能说完的石头记，考古和地质学家花了4年。

写于2019年12月8日

第 二 章

构建历史和证经补史，不是对立的关系。从汉六朝到宋元历史时期，即便留下了白纸黑字，文献之外，考古学依然可以突破文字历史，重建人的"史外史"，让历史更丰满，重新发现意义和秩序，让我们更接近历史的真相。

"姑蔑"族并非空穴来风

此地叫孟姜村。

村子跟孟姜女没什么关系，但不简单。

"看得我有点蒙。"

说这话的，是徐天进，北京大学考古文博学院教授，他拿着手机特写一枚玉玦，过了会儿，又盯着两件青铜车马器，走不动了。

蒙的不止徐天进。

12月5日，全国各地考古文博界很多大咖学者，来到了浙江衢州的这个村子里，具体定位：浙江省衢州市衢江区云溪乡孟姜村。

登上村子南部一块凸起的冈地，站在最高点，大风吹得人迷了眼。不远处的衢江，缓缓流淌。

所有人的目光，都聚焦在眼前这座土墩墓上——标志性的"人"字形木椁，虽然塌陷严重，不太看得出"人"字了，但保留最好的部分，依然"有型"。考古队员推测，木椁可能采用竖向的木板结构。

这个看起来不怎么好看的"人"字形土墩墓，为什么让专家们走不动了？

1

和庙山尖几乎一样——看到这个"人"字墓的时候，专家们有相同的反应。

庙山尖，也是一座土墩墓的所在，在另一个村——棠陵邵村，距孟姜村东北大约 1.5 公里，坐落在靠近庙源溪的一连串南北向冈地上——没错，它也在高高的冈地上。

这也是一座西周时期"人"字形浅坑木椁墓。2018 年，它入选了浙江省重要考古发现榜单，惊到了很多人。

为何惊到？眼前的青铜车马器，就是答案，来自庙山尖土墩墓。

虽然多次被盗，墓里仍然出土大量随葬品，尤其是青铜器，多位于墓室边缘，包括剑、戈、镞等兵器和铜削等工具，以及龙首形钩、铜泡等构件。

越的墓葬中怎么会出现车马器？有些器型，甚至是第一次见到，专家们也无法确定它的功用。

车马器出土现场

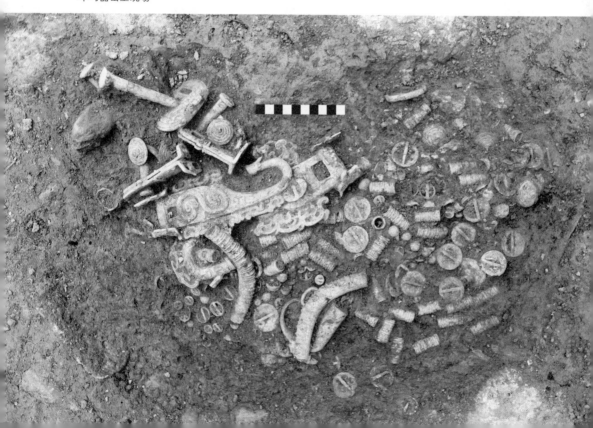

暂时还搞不清做什么用的车马构件，反正看起来很厉害就是了。

关于庙山尖土墩墓的重要意义，是这样定义的：它是迄今浙江省发现的西周时期规模最大、等级最高的土墩墓。但这座西周高等级大墓，怎么会孤零零地出现呢？大量青铜车马器随葬怎么解释？本地的还是外来的？庙山尖这一区域，属于《左传》等文献记载的"姑蔑"范围，墓葬等级又那么高，这里是否就是"姑蔑"所在？

它留下了一点余绪，一些困惑。考古的意义，就在于不断发现问题，探索未知，揭示本源。

果然，这些遗留问题，在一年后，有了新的线索。庙山尖山脊和衢江沿岸，不止庙山尖土墩墓一处，这里分布着一个西周时期的土墩墓群。

为了配合庙山尖土墩墓的发掘，考古队员对衢江边的几座土墩墓进行复查，发现被严重盗扰。2019 年 11 月，经国家文物局批准，浙江省文物考古研究所联合衢江区文化和广电旅游体育局，对孟姜村南部的三座土墩墓进行抢救性发

三号墩周边环境航拍

掘——孟姜村高等级墓葬群出现了。

请注意，是一个墓葬群，不止眼前这一座土墩墓，我们称它一号墩。离它直线距离不到 200 米，肉眼可见的高台，那是三号墩。200 多米之外，还有一个二号墩。三座土墩墓呈三角形分布，年代为西周早中期，距今 2900 多年，它们和此前的庙山尖土墩墓，属于同一个族群。

2

一号墩、二号墩、三号墩，三座大墓的取名有点粗暴，好在易懂。其实，村民很早就给它们取了本名，一号墩叫和尚山，三号墩叫大牢呑。

每到端午，村里的年轻人常常要到和尚山上打一架，此地习俗，消灾之意。2017 年以前，一号墩附近还没有修路，遍布高台地，密密麻麻的树林，所以，很少有人会往偏僻的后山跑。只有端午打架的时候，才会去那儿。三号墩就更远了。

孟姜村的特别，不是第一次发现。

1983 年，金华地区文管会配合基本建设的需要，发现衢江、云溪两江汇合处的西山大队四周，有八个土墩。我们回看当年考古简报里的描述："普查之后，当地业余文保员蒋学琴同志，在群众取土建房的大墩顶土墩上，发现有木炭层和鹅卵石，及时向地、市文管会反映。"

大墩顶，就是西山土墩墓。离三号墩不远，那边有一棵歪脖子树。再加上这次发掘的孟姜一、二、三号墩，是衢州市境内发现的最为集中的一处土墩墓群。墓群东临庙源溪，西临邵源溪，南临衢江，被三条河流包围，形成了一个相对独立封闭的空间。

特殊的，当然不止地理环境。我们来看这三座土墩墓的埋葬方式。

先说说什么叫土墩墓。

这是先秦时期江南地区很流行的一种墓葬形式，外观看起来像个馒头，用专业说法——地表以上明显隆起的馒首形土墩。怎么做呢？人们在平地以上直接营建墓葬，再封土成墩，不挖墓穴。这和中原地区的墓葬传统"不封不树"

完全不同。

孟姜村一号和二号墩的做法，是在基岩上堆筑浅坑，墓底铺大量的鹅卵石作为棺床——这是三个墩的标配，也属于越人的埋葬习俗，和庙山尖土墩墓一样。

但浙江省文物考古研究所助理馆员张森发现，这个"人"字木椁有点特别。

他对比了其他"人"的尺码，比如萧山柴岭山 D30M1（西周晚期）、江苏江阴周庄 D3M1（春秋中期）、东阳前山 D2M1（春秋中晚期）、安吉龙山 D141M1（战国早期），以及最著名的印山越王陵（春秋晚期），

一号墩的"人"字形椁顶

同为"人"字椁家族,但这些"人"都是瘦长的。我们来说最"胖"的好了——印山大墓，墓主人允常，越国第一代国王，也就是勾践的爸爸。

印山大墓长 34.8 米，宽 6.7 米，是以上"人"字椁里最大的，巨大的枋木，三面髹漆，毕竟人家是王陵。

谁知道，孟姜村的土墩墓破了纪录。

一号墩宽 7.6 米，三号墩宽 7.8 米，比印山大墓还要宽大很多，而庙山尖土墩墓也有 6.2 米宽。也就是说，这几座"人"字椁的形状偏胖，和以往发现的狭长"人"字椁不一样。

二号墓因上部土墩被破坏严重，填土里没有见到明显的葬具痕迹，但是，考古队员通过浅坑的墓葬形式，及墓葬底部填土所见"人"字形来推测，二号墩可能也采用"人"字形木椁。

我们再看防潮神器。

一号墩残存的"人"字椁外面，可以看到黑黑厚厚的一层。是木头？不，

一号墩"人"字椁及浅坑

是木炭。

印山大墓也一样，墓椁底部垫了厚度达到 1.65 米的木炭，墓室外面还包了 140 层树皮，树皮外又填了 1 米左右厚的木炭，整个墓坑再用青膏泥填筑。

一号墩的"人"字椁抵住坑边的石头，椁上及坑边铺炭，坑南北两侧铺设大长条形木炭封坑边，坑底铺设大块鹅卵石做棺床。

二号墩底部铺了卵石，三号墩没有铺炭层，但浅坑里填满了红烧土。

积石、积炭、铺红烧土，都是为了吸水、防潮，三座墓选的神器不同。

3

宽大的"人"字椁，还不是最特别的。

眼前的一号墩，一个个巨大的盗洞，突兀。再看俯瞰照片，千疮百孔。

三座土墩墓被盗严重，看盗洞的数量——一号墩 38 个，二号墩 20 多个。三号墩虽然只有十多个，但是中心部分被挖机破坏，将近三分之一被挖掉了，一个蜿蜒曲折的大坑，非常明显。

破坏如此严重，但眼前，一柜子又一柜子的"首饰柜台"，让专家再次走不动。

"各位专家，时间差不多了，我们去下一个地方。"那天，工作人员催了几次，大家围在柜台前不肯挪步。

尤其是玉玦——语言在它面前，缺乏说服力。

玦，就是耳环。

世界上最早的玉玦，出土于内蒙古敖汉旗兴隆洼遗址，距今8000多年。中国社会科学院考古研究所所长陈星灿写过一篇文章，讲玉玦怎么佩戴的问题，因为有些玦的缺口咪咪小，只有2—3毫米，怎么卡在人的耳垂上而不会痛死？他请教了华北农村戴耳环的老太太，老一辈人用手捏两颗绿豆在耳垂的某个部位的内外两面反复搓磨，被磨的地方往往会变成透明如纸的凹坑，这样就方便穿孔，也不痛。

三号墩航拍（中间一个大洞，破坏明显）

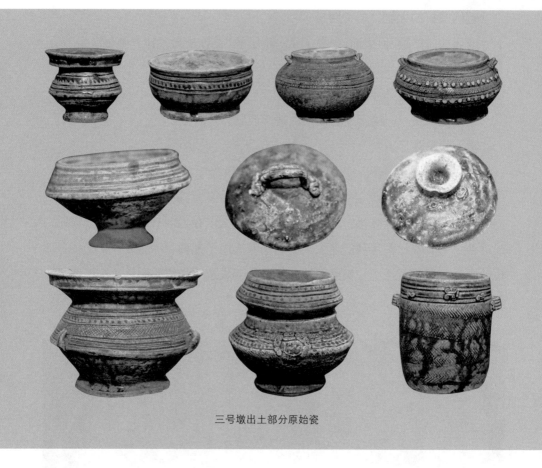

三号墩出土部分原始瓷

张森说，一号墩目前还没有清理"人"字椁及以下部分，但是，在墩体填土内，就发现了云雷纹、方格纹印纹硬陶片，尤其在盗洞里筛出了很多玉玦、原始瓷豆残片、玉剑首等。"因为玦是身上的配饰，我们判断应该是棺的位置。"

三号墩同样被盗扰破坏严重，但考古队员把扰坑及盗洞内的填土全部过筛，看数字——发现了30多件玉石器，100多件陶纺轮，1000多件陶网坠及多件完整的原始瓷器。同时在墓坑底部发现有玉石饰品、铜镞、铜底座等器物，以及多处成组堆放的陶纺轮，及原始瓷器，目前出土原始瓷器100多件。

玦，不止数量多，还有一个重要特点，类型丰富，有角玦、偏心玦，当然还有正宗的同心圆玦。

一号墩出土的玦，一串一组出土（此为复原后）

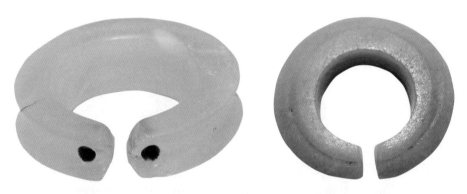

一号墩出土的玦

玉玦出土现场

二号墩的偏心玦出土现场

1983年衢州西山出土的玦，就是成组有角玦，这也是商周出土成组环玦的第一例。到了春秋，玦的形态发生了变化，东阳前山春秋大墓出土了很多神兽（有头有尾巴也长角）造型的有角玦。

而庙山尖、孟姜村出土的玦，是偏心玦——顾名思义，圆心偏了，这也是南中国地区迄今发现最早的偏心玦。

这种特殊形制的玦，很有辨识度，徐天进和方向明都想到了滇国，在滇国王一级的大墓里，偏心玦往往成组成串随葬，我们叫它成组耳饰环玦，一直要用到战国、西汉。

衢州这几座大墓也一样，玉玦单品小而薄，而且成组成串，挂在耳朵边垂下来，属于精致男孩女孩的首选。材质也可以选择，有石英，有水晶，还有绿松石。这种精巧的耳饰，在整个南中国地区属于流行风向标，而且影响范围很广，绵延流长。

那么，此地的玉石器如此发达，哪里产的？加工的中心在哪里？金衢地区是否就是一个大型制玦地区？

4

这位墓主人喜欢玦，也有收纳的习惯。

这边，一组收纳规整的青瓷小杯子，那边，四个大罐子成组摆放，两个豆叠在一起。此人是处女座的吗？

除了玉石器，三号墩里还有很多原始瓷，摆放极具特点，专业说法：集中埋葬，大多成组分区堆放，体现了一定的器用制度。

张森说，清理墓坑时，在距鹅卵石床面约 70 厘米处，就发现一组原始青瓷杯。而且，杯子摆放的位置，应为坑内椁外的红烧土填土内，随着"人"字椁塌陷掉落。

二号墩是三个墩里破坏最严重的，但随葬器物依然丰富，墓坑底部石棺床上，又发现收纳好习惯——陶丸，约 35 个一组堆放；陶网坠，约 240 个一组堆放。

张森说，原始瓷和宁绍杭嘉湖地区相比，又有地方特点。比如器型上，出现了带单把的小壶，其他地方没见过。釉色也不一样，青里泛白，"厚釉和薄釉同时都有，但在浙北地区，比如安吉地区主要出土薄釉的原始瓷，厚釉的很少"。

三号墩不止有收纳，还做了隔断。

在它的东端靠近墓壁处，考古队员发现了一处长方形结构，边缘摆放着一排排大块的鹅卵石作为隔断，非常规整，里面就是主墓室，外面摆放器物，此

张森（左）

处需要派出专业名词：外藏椁。

"我开玩笑说，这是江南地区最早的外藏椁，从现场看，确实有外藏椁的性质。这几组器物，各有不同，有些以杯子为主，有些以豆为主，看起来似乎有边界，或者是装在篮子里，相同的器类又有分区的原则，不排除这几个墩子存在丧葬时期器物的交换圈。"中国社科院考古研究所副研究员常怀颖说。

我们再回到之前让专家惊叹的那些庙山尖的随葬品。玉器也以成组玉玦为主，另有玉管、玉璧、玉珠等。而地域特色鲜明的青铜剑戈、青铜组件，引发了一个问题：这里怎么会有车马器出现？

"在我们传统认识中，越的墓葬中不可能出车马器，这儿却出了。所以，这里是一个特点鲜明、集中的区域，可以说，是在大的越文化框架内的一个独立单元。"田正标说。

"这是一批全新的材料。"上海博物馆副馆长陈杰说，"这里以丘陵山地为主，不适合马车的行驶，为什么会有车马器的出现，而且不是孤立，是否中原的一些传统到了这里？这说明南方地区和中原地区的互动关系，也是考古所揭示的重要问题。"

三号墩器物坑

"这些青铜器是怎么过来的？"曹锦炎认为，这些青铜器不可能在浙江本地制造，更接近皖南风格。

5

无解的，特殊的，更是有意思的。

不是说我们从发现里得到了肯定的回答，而是这批墓葬给我们提出来的新问题，价值更大。我们没看明白的部分，才是更重要的价值。

2018 年，徐天进第一次来庙山尖土墩墓，他的直觉——这是近些年来整个南中国地区先秦时期最重要的考古发现。"今天看完这几个土墩墓，这种感觉更强烈了。很多全新的东西，过去没见过。颠覆了很多过去传统的认识。衢江的高等级土墩墓出土的这批青铜器，是不是本地产的？我也觉得可能性不太大，同时还有另一个问题，我们现在看到的随葬品几大类，玉石器、陶瓷器，也就是手工业的问题，它们又是哪里产的？"

常怀颖说，以独立的墩子为高等级贵族埋葬的习俗，一直延续到安吉八亩墩，这应该是以南方地区为代表的独立陵园制度起源的雏形。"因为周边没有看到有小型墓葬迹象，也不知道当地墓葬等级的差别，但如此突兀地出现集中土墩墓的埋葬，显示了有一群身份比较高的人，在相对集中的年代，相对集中的区域，集中地用同样的埋葬习俗的行为。"

好了，我们来打包总结一下孟姜村三个土墩墓＋庙山尖土墩墓的独特之处——

整体墓葬风格仍在越文化的范畴内，但随葬品风格独特，精美的玉石器、造型纹饰华丽的青铜车马器、青铜兵器、成组堆放的原始瓷器、陶纺轮、陶网坠以及宽大的"人"字形椁，独特的土墩营建方式，体现了独特的区域文化风貌。

根据出土器物及形态，三座土墩应为西周时期越地的高等级贵族墓葬，以衢江区为中心的区域内，大型土墩墓集中，文化面貌统一，土墩营建方式较为一致，应是同一文化的高等级墓葬的集中埋葬区，证明了衢江地区在西周早中期是一个明确的区域政治文化中心，是越地文化的一个重要源头。

《左传》《逸周书·王会解》《国语》《吴越春秋》等典籍中，有这样的只字片语："见姑蔑之旗""於越纳姑妹珍""西至于姑蔑""至于姑昧"。《路史·国

三号墩墓道及甬道

名纪》："姑蔑，一曰姑妹，大末也。"《越绝书·记地传》："大越故界，浙江至就李，南姑末、写干。……姑末，今大末。"在商周时期越地西部，存在一个名为"姑蔑"的族群。

姑蔑，非空穴，不来风。

专家们认为，根据考古发现，结合文献记载，此地应是姑蔑所在，庙山尖、孟姜村等大型土墩墓应为姑蔑王一级大墓。

目前，衢江地区共发现商周时期遗址 19 处，主要集中在衢江北岸地区，但还没有发现与土墩墓群相匹配的高等级中心性聚落。张森说，接下来，将以此次衢江区高等级土墩墓群的发现为契机，首先开展衢江北岸邵源溪、庙源溪流域及其周边区域约 150 平方公里的考古调查勘探，探明土墩墓、聚落遗址、手工业遗址的分布范围及布局结构，寻找高等级聚落。

写于 2020 年 12 月 19 日

八亩墩猜想

2019 年 10 月 31 日上午 9 点，我站在一座距今 2500 年前的春秋晚期大墓的"心脏"：墓主人的棺椁前。

我的心脏也跳得厉害。

长方形的独木棺里，大片黄土中，星星点点的绿，晶莹剔透的绿，纯正的绿松石的绿。

惊艳二字，此时显得肤浅，不及亲眼所见之万分之一。

先报告下我的定位：浙江省安吉县递铺街道古城村，距离安吉县城 20 公里的龙山山间。远远望去，在一座海拔 41.8 米的小山之巅，矗立着一座像金字塔形的大墓，如此高耸，有一览众山小之气势。

这一天，从早上 8 点半到晚上 6 点，来自国家文物局、北京大学、中国社会科学院、国家博物馆和山东、陕西、四川、湖南、江苏等地近 50 位文博考古界大咖，聚集到了安吉，这个秦汉时期的浙江"省会城市"——鄣郡郡治的所在。大家就为了一件事——一座发掘了 4 年，沉睡了 2500 多年的越国高等级贵族墓园，终于揭开了面纱。

它的名字，不起眼，你可以叫它八亩墩，但它有一个标准编号：安吉龙山 107 号古墓葬。

这是全国重点文物保护单位安吉龙山越国贵族墓群中规模

龙山 107 号墓园航拍

最大、等级最高的一座完整墓园，编号 107。

每次一有重大发现，很多人都会来问我：到底重要在哪里啊？有时候，往往是一言难尽的。但这个大墓，或许我可以先粗暴地摆出两个关键词：仅此一例，首次。

什么都不说，你应该已经了解到它的分量了。

先说卡司。2016 年 3 月，国家文物局批准了 107 号墓葬的抢救性发掘方案，颁发发掘执照，并列入"十三五"期间国家文物局重点资助项目。

这 3 年以来，无论发掘前，还是发掘中，已经多次召开专家论证会。还有一把重要的尺子——这是近 20 年来，继绍兴印山越王陵发掘之后，浙江越文化考古另一项重大发现。

估计很多人对印山大墓的名字有点陌生，但墓主人的儿子，你肯定知道：勾践。印山大墓的主人允常，是越国第一代国王，也是勾践的老爸。

1996—1998 年，印山越王陵发现后，很长一段时间，考古发现了一些贵族墓，但级别还不到最高，而如今，八亩墩的发现，可以和越王陵 PK 一下了。

你应该已经感受到八亩墩强大的气势了。那么，墓主人究竟是谁？这是目前"八亩墩猜想"中最大的悬念。

悬念固然可以猜想，但实际上，八亩墩在 2500 年后还"活着"，并不容易，首先，这是一个劫后余生的故事。

1

这次发掘是抢救性发掘，因为出现了恶劣的盗墓。

先看两个洞，你就知道它伤得多重。2011 年、2014 年，八亩墩墓两次被盗。

这是 2011 年的盗洞，一看形状，考古队员就知道是人为挖的。浙江一带人工挖的盗洞都是长方形的，连尺寸都相似，大约 60 厘米 × 110 厘米，也就是一个人刚好可以过，两边有脚窝，类似攀岩，可以爬下去。

2011 年盗洞

已经在安吉驻扎了 20 年，八亩墩大墓的发掘领队、浙江省文物考古研究所研究员田正标，和安吉县博物馆老馆长程亦胜等人顺着这个盗洞爬了下去。深 8.5 米。到了底下后，土比较干净，还好，没有盗到墓底，对墓的扰动没有太大的影响，也没有碰到关键位置。"如果到底了，有机质东西朽烂后土会比较杂，这也跟现在发掘的情况吻合。"田正标说。

如今，八亩墩主墓的深度为 9.5 米，也就是说，还留着不到 1 米。

田正标

本以为幸免于难，谁知又有第二次，这次几乎是致命的。

2014 年的一天，很多村民听到山上传来很响的声音，以为是放鞭炮，实际是盗墓的爆破声。

这个盗洞是圆形的，底下也不规则，这是爆破的痕迹。最要命的是，盗墓分子居然横穿而过。也就是说，先一竖，再一横，可以想象，墓葬经历了怎样的致命一击。

从后期拼复的现场碎片，以及案件侦破后追缴回的 4 件精美的原始瓷器，初步判断墓葬时代为春秋晚期。但这还反映出一个遗憾的信息——这次盗墓已经到墓底了。

也就是说，八亩墩现在伤得最重的地方，就是 2011 年第一次盗墓没有挖到底的这部分。

到底伤得多重？

请跟我回到现场，回到开头大墓的心脏地带。

这是绿松石冠饰，一根簪子穿

2014 年盗洞

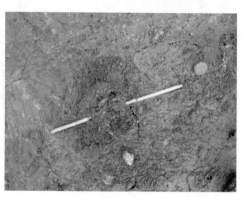

绿松石冠饰

过，成为一个完整的髻，旁边还有耳饰，仔细看，两边对称，两端是流苏，可以推断，这里是头部，朝东。

这是 4 年来，八亩墩大墓的最新发现，也是非常重要的发现，就在 2019年 9 月底。

"当时挖到 8 米多的时候，真的有点灰心。"浙江省文物考古研究所研究员黄昊德回忆，那几天，可以说，有点心惊肉跳。

虽然知道第二次盗墓已经到底了，墓室主要的地方，全部都被"咬"过了，但大家反而更仔细，每一个动作，几乎以毫计算。

当发掘快接近墓底还剩 30—40 厘米的时候，每隔 5 厘米，考古队员就要刮一次面，刮一次，观察一次，观察整个盗洞究竟扰到什么程度。

但每一次刮，都没东西，就快要到底了，田正标说，会不会盗墓分子已经全部翻遍了？

在接近底层的时候，靠近墓坑，椁室和盗洞连接的地方，田正标突然觉得有点苗头。

考古队员在清理的时候，没有一直清到底，还隔了一层淤土层，没有挖掉。

什么意思？

因为盗墓，在墓葬坍塌之前，地下已经形成了一部分淤土，有好多东西就在坍塌的过程中陷入淤土中。他觉得，可能还有戏。

但实际上，清理到棺时，并不是在淤土中，就在棺底，一点绿色，一颗绿松石出现了，安吉博物馆馆员柯安顺一眼看到。

"有一颗！"

"又有一颗！"

"那里有两颗！"

这块区域，居然正是盗墓伤得最重的地方，它离绿松石冠饰，只剩不到10厘米。

只差这么一点点，或许我们就无法看到它了。这是偶然。

但还有一个必然。如果没有考古人如此细致的清理，一点一点发现，不放过任何蛛丝马迹和希望，也许这些比米粒还小的透露墓主人重要身份信息的绿松石，也没有机会"复活"。

一般我们会把盗洞的扰土全部清理完后，才清下面的土，那么很可能下面的土就清理掉了。所以我们最后清理的时候，非常慎重，非常非常仔细。

最后，绿松石的髻，冠式的形状，对称的流苏，一一露出。"这对复原它的冠饰有很重要的意义。"

绿松石在越墓中出现，并不是第一次。

东山前山越国贵族墓就出土了大量绿松石串饰。八亩墩大墓里的绿松石为管珠类，非常细小。除了头部的簪子、髻、冠饰，还有大量细碎的珠，半粒芝麻大，却每个都有穿孔，可能是穿缀在当时的服饰上，尤其在胸部位置比较多。可见它的精细程度，不是一般人可以享用的。

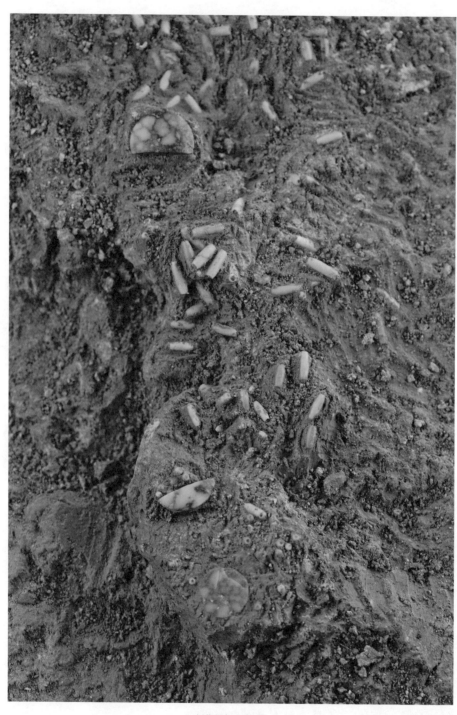

主墓绿松石组饰

当时在清理绿松石时，田正标就非常困惑：这个怎么搞啊，取土的动作稍微大一点点，就会把这些珠珠带掉。所以，独木棺的头部和胸部这块面积，只有2平方米，就发掘了十多天。考古队员用牙签，把绿松石一点点剔出来，而不能用刷子等等，如果用刷子，一刷就刷掉了。

"首饰盒"出土现场

墓主人是谁？谁戴？是女的？但是，越地男子也佩戴冠饰。

棺外，还发现了一只螺旋纹的盒子，漆木器可能性比较大，里面都是精细的绿松石管珠。可以说，这是一只首饰盒。

很多专家倾向于墓主人是女性，上海博物馆研究员宋建说，甚至可以大胆猜想，会不会是一位女王？

"不能就因为出现了一个绿松石，就认为他是女的，难道有30多个男人给她陪葬吗？"国家文物局前副局长童明康开了个玩笑，大家都乐了。

就像专家说的，这是一个"八亩墩猜想"。

别急，我们暂且按下不表，故事才刚刚开始。

2

2016年10月，八亩墩发掘正式开始。

抢救，不仅仅因为这个区域最大的墓被盗，需要抢救性发掘，更重要的是，"我们希望它能解决一些问题，将龙山107号贵族墓园的发掘纳入安吉古城大遗址考古课题内，在整个墓园揭露的同时，开展以城与墓的连接为主线的大范围勘探工作"。

我们先来搞清一个概念，安吉古城遗址和八亩墩大墓，什么关系？

【小课堂】

安吉古城遗址是早期越国的重镇和秦鄣郡郡治，是长江下游地区的政治、经济、文化中心之一，也是迄今已知太湖南岸及浙江地区同时期保存最好的越国城址。它历经东周、秦朝、两汉、两晋，跨度长达七八百年，已考古出土印纹陶器、原始瓷器及建筑构件板瓦、筒瓦、瓦当等大量春秋战国至两晋时期的珍贵文物，文化更迭频繁、内涵丰富。

安吉龙山古城遗址是继良渚遗址之后，浙北西苕溪流域最重要的考古发现之一，被誉为浙江古越文明之光。这里可考的历史最早可追溯至 2500 多年前，是国内除了绍兴外，另一个研究越文化的重要区域。

2011 年，安吉古城和良渚、上林湖等都入围了国家《大遗址保护 "十三五" 专项规划》。

而八亩墩大墓，就在城址的东南方向，距离非常近，只有 850 米，只隔了一座山。

那么近，必然要问个为什么，墓和城，什么关系？

这些年，考古队员在安吉古城外围，陆续发现了三个非常集中的墓群：龙山墓群、笔架山墓群、上马山墓群。但从等级上来说，龙山墓群无疑是等级最高的墓群，目前总共发现了 268 座墓，而八亩墩，也就是 107 号墓，就属于龙山墓群。

首先，它离古城非常近，只有约 850 米，最重要的是，墓群里发现了一批体量非常大的墓葬，且封土形态大体呈覆斗状——你可以想象一个斗倒扣下来的形状。这种形制，绝不是一般人能享用的，平民老百姓就堆一个土包。

最有意思的是，八亩墩，对面还有一座九亩墩，是龙山墓群里等级最高的两座大墓。这两个紧贴着的双胞胎，墓葬体制，包括周边陪葬墓的布局，几乎一样。也就是说，如果我们认定八亩墩的级别是什么，那九亩墩也八九不离十。

会是夫妻墓吗？田正标说，有这种可能性，还有一种可能，如果是王侯一级，那就是两代人。而且墓葬体量大小一样，身份等级应该差不多。

其实，八亩墩的发现很早，因为它太明显了。

白色半透明保护棚像一顶帽子，戴在顶上，远远看去，这个大墓遗世独立，傲视群雄。

20世纪80年代，安吉县在调查中就发现了龙山墓群，其中最先发现的，就是八亩墩和九亩墩，它俩就在山头，一看就看到，特别明显的金字塔形状。

所以，从这个角度来说，八亩墩已经是个幸运儿，这么大的目标，按道理在历史上早就被盗空了。但如今，形制和墓园结构保存得非常完整，而考古队员在发掘之后发现，它在漫长的历史中，还真的没有被盗过，只有2011年和2014年两次打击。

4年发掘一个大墓，时间为什么这么长？

> 我们不是抢救性发掘一个大墓，而是完整揭露整个墓园，覆盖范围有35000平方米。

更难得的是，墓园结构这么完整——墓园由主墓、外围陪葬墓、隍壕三部分构成（三部分什么意思，下面会讲到），包括隍壕在内的墓园总面积达35000平方米。

隍壕西北转角（东南—西北）

因此，这是一个要素齐备、相对封闭的高等级贵族墓园。截至目前，这种墓园结构在江浙地区乃至全国，都非常罕见。

其实，浙江发现过很多春秋战国时期的越国高等级墓葬。比如也是在这个龙山墓群里的龙山141号墓，还有长兴鼻子山也有一座墓，出土了整套原始瓷乐器。东阳前山贵族墓也是，数量还挺多。

但是，以前我们都是抢救性发掘，也就是说，八亩墩被盗了，我们只发掘中心这个大墓，那就比较简单。实际上，对整个墓园如此完整的揭示，八亩墩是第一次，我们把整个墓园范围全部翻了一遍。

这绝不是很简单的像翻书那么"翻一遍"。

刚才，我们说到墓园三结构，目前发现了31座陪葬墓，分为两圈，包围着中心主墓，众星捧月。而且还两两对应，太规整了，布局那么严谨，显然是在告诉你，此地很特别。

而隍壕，围绕山体一周。

印山大墓也有，你可以理解为护城河，相当于边界。"同时我觉得它不仅是边界，也是等级的象征。除了浙江印山越王陵有隍壕，这是第二座，而且非常规整。"

在现场，我看到了两座陪葬墓，一墩一墓，墓底葬具已经完全朽烂，不过陪葬墓形制还不一样。

一种是石床墓，坑里面铺了一层石床，墓室的后方堆成三角形，推测可能是人字坡，和印山大墓形制一样。这种底下铺石床的陪葬墓发现了22座，占了大头。

还有一种陪葬墓，就是土坑墓，没有石床。

而且，陪葬墓出土陶、瓷、玉、石等随葬器物346件，其中原始瓷器反映了越国原始瓷的最高水平。

"越国，春秋晚期到战国，原始瓷的质量是非常高的，胎釉结合得非常好。而我们在主墓和陪葬墓里还看到了和同时期的器物不一样的形制，比如盅式碗，越国贵族吃饭用的碗，碗的深度，春秋晚期流行一种深度，一种形制。但在这个墓里，却出现了特例，两种深度的碗都出现了，两者共存，比如像8—10厘

原始瓷碗

米深的碗，以前没有看到过。"田正标说。

我们就会思考，它为什么会出现在这里？这两种盅式碗是一样的吗？是同一种用法吗？

"因此，我们就需要探讨，外围这么多规整的陪葬墓，和中心主墓，到底什么关系？"田正标说。

难道真的是 31 个男人给一个女人陪葬吗？当然是个玩笑。

"这是我们以后的研究方向。"因为它的独一无二，此前没有任何参照和范例，这是一个"新鲜"的实物，太珍贵了，可以得到大量以往不知道的信息。

陪葬墓的布局，跟主墓一致，但它的随葬品不是非常丰富，差距非常大。

比如中间主墓体量大，出土的陶瓷器非常多，还有玉石器，外围还有器物坑。但是，陪葬墓很简单，随葬品就是越墓中常见的硬纹陶、原始瓷，当然，和其他越墓比较，品位要高一点，但数量也不多。

3

有意思的证据，太多了。

穿过主墓的墓道，一抬头——墓道壁面及底面，发现了立柱、篱笆和横撑木。你可以理解为一根根木头把墓壁撑住。

这是八亩墩大墓除了独一无二的墓园结构之外，第二个让考古队员惊喜的重要收获。

这太奇怪了。

考古队员在发掘主墓的过程中，非常疑惑：这个墓，到底是挖了一个坑，还是堆了一个坑？

这个问题，对普通人来说，可能并不太在乎，但对研究越墓葬俗来说，是至关重要的信息。

田正标说，江南地区吴越墓研究的专家，其实都带着这个问题在做研究。20 世

主墓墓道支撑木与封门墙

纪 80 年代，江苏曾经有这样的例子，在墓壁上发现了这种独特的痕迹。但当时，没有人讲这个过程，也没有提出来是为什么。

八亩墩主墓的墓口很高，在距墩顶 3.5 米层面发现东西向"甲"字形墓坑，前期勘探是 5 米以下才到墓口。

什么意思？

原来我们一直觉得越墓的土坑非常浅，几乎可以成为越墓的特征。发掘八亩墩的过程，田正标觉得，未必。

而且，从墓葬的营建过程来看，这个坑不是挖出来的，而是堆出来的。主要的依据就是刚才说的，墓道壁面及底面，发现了立柱、篱笆和横撑木的痕迹。立柱是包在墓道边上的堆土里的，"所以，从叠压关系来说，先有立柱，再来堆土，明显有先后顺序。这是发掘的重要收获"。

还有一个有意思的地方。

主墓土台的上面，是一条一条的夯土，和绍兴印山的营建结构完全不同。印山的大墩，是整体从下到上一层层堆上去的，八亩墩的夯土，一块夯，一块夯，一块块拼起来夯的，这种夯土技术有一个专业名称：分块版筑。

田正标前些年在安吉古城边上发掘另一座小城时，发现已经使用了这种技术，年代上跟八亩墩可以对应起来，说明在这个区域里流行这种技术。

但，田正标又发现另一个关键问题，这种夯土技术，和印山大墓完全不同。

那是不是说明墓主人的身份，尽管高级，但高不到顶端？还高不到越王的级别？

接下来，有请八亩墩和印山大墓，再 PK 一下。

八亩墩大墓海拔 41.8 米，跟印山王陵几乎一样：41.5 米。居然连落差都差不多，印山王陵的顶部到平地，落差 20 米，八亩墩也是 19 到 20 米。

但两者的体量，是不能比的，印山的墓坑墓道加起来 100 米，八亩墩这个墓葬加起来只有 20 多米。

田正标一直在思考，两者虽然不同，但可以从不同的方面去解释。

比如，区域不同。绍兴是越国的中心区，那么按照越国的疆域来说，安吉是边缘区。如果越国的历史要重写，那么这个地方，是不是比允常、勾践称霸的年代更早一些，所以国力相对更弱？

还有一些发现。

比如墓室与墓道之间首次发现了草包泥垒筑的封门墙。

也就是说，墓埋葬完后，人退出来，把门封掉，把墓填死。

这种草包泥的堆筑技术，和良渚人堆水坝的草包泥是不是一样的？田正标说，良渚的草包泥是一块一块的，大小比较接近，但这里的草包泥，能看到一块块的，但大小不一样，土还不一样，有黄色的，有褐色的，有灰色的，有深灰色的，还要继续做一些分析。

这里作为墙，是无疑的，但显然，这里非常特别，跟一般的做法完全不同，是精心设计过的。

一切指向，都在往那个高处走，考古队员一直在等待更重量级的发现。

4

墓外，果然天外有天。

器物坑的发现，是八亩墩大墓的第三大重要收获和亮点。

器物坑在越墓里，尤其是高等级墓葬中，是一种标配。八亩墩发掘过程中，考古队员一直心心念念着要找到它，这样才能证明它的高等级。

直到最近，在发掘的最后阶段，它终于露头了。

我在一个"半山腰"的位置，看到了它，壮观——这个词很虚，但如果到了现场，你会感同身受——喔！

不仅是它的样子——很长的长条形坑，像一条长龙，有 23 米长，只有 1.3 米宽，沿着坡度延伸，"我们没有发现过这么长的器物坑"。这是迄今为止发现的规模最大的越墓器物坑。

主墓外围器物坑局部

印纹硬陶罐

主墓出土原始瓷器

最壮观，也是最重要的是，坑里放了什么——坛坛罐罐，泥制陶和夹砂陶器，有印纹硬陶坛（器物表面密密麻麻的印纹）、罐，原始瓷器等等，体量很大，像腌菜的缸。

壮观的是，它们摆放得非常整齐，两个一排，三个一排，还带着盖子。

这意味着，它们里面装着东西。这样明确用来盛东西的大坛子，目前发现了 70 多件。

什么东西？

考古队员发现，里面有好多淤土，这些淤土是什么成分，还要做进一步分析，但可以肯定，里面原来装着东西。

目前，考古队员只在两件很大的带盖印纹陶器里发现了东西，一件里面装着牛骨，另一件装着海产角蝾螺。还有一件，盛放着液体（什么液体不明，还需检测分析）。

此时，我们可以略开下脑洞，吐骨头的罐子，盛海鲜的大缸，难道，这是"长桌宴"，或者仓库？

器物坑内成组原始瓷器

除了大坛子，我还看到了一系列像我们炖汤、炖燕窝一样大小的盅，也带盖子。"釉真好啊，满釉，胎薄，到底身份不一样。"专家们在现场感叹。

这对我们研究越国贵族墓器物坑的埋葬制度，非常重要。比如，它里面到底放什么东西，后期我们可以通过科技的手段得到结果。之后，我们可以做一个排序，比如排在前面的是放什么的，排在后面的是放什么的，这就代表着一种制度。这样高等级的墓葬一定有它的制度。

到底这个器物坑什么用？会不会是后院里的仓库？会不会跟祭祀有关？

田正标说，越地礼制化的进程跟中原相比，相对落后，不一定能够和中原同步。但这不代表越国在称王以及称王之前这段时期，完全没有礼制。

八亩墩的发掘，我们可以说，它有礼制，不管是墓园结构，还是独占山顶的地位，都在显示它的地位，是有制度的。因此，器物坑里的这一套东西，应该是按照当时一套制度摆放的。

它代表了越国最高等级墓葬的规制。至于是不是王侯一级的规制，最后，我们还要用结果说话。

知道等级非常重要，这样我们才能知道社会面貌，"人以群分"究竟怎么分。就像良渚墓葬，我们就知道了良渚王用什么，平民百姓用什么，越国墓葬也同理。

"到越国春秋晚期，尤其到了战国，受中原的影响更大，开始更多强调等级、礼制，随葬品也不一样，以原始瓷的鼎、豆为主，跟中原紧密接轨，只不过中原有铜器，我们有原始瓷，就是最高等级原始瓷。"黄昊德说，"比如在器物坑里就发现了 7 个泥质陶鼎，就使我们联想到了中原的用鼎制度。那么我们就可以去做对应。我们在墓园中继续发掘其他墓，低一等级的墓，包括普通老百姓的墓，我们在龙山墓群里就可以划定区域，有些区域的墓非常小，在这些区域做一些工作，我们就能够对越国的社会结构，看得更清楚。"

为什么器物坑发现得这么晚？

先看地形。

我在器物坑前蹲着，有点陡。这个位置在主墓"脚下"，山的北坡，刚好在一个杭州话说"截里沟咯"（意为坑坑洼洼）的坡度上，北边高一点，南边低一点，一个"半儿不接"（意为不上不下）的位置。而北坡又非常陡，这个区域，刚好有许多山体风化的磨砂岩冲刷下去，把坑口覆盖掉了。

"真的很难发现，这是很折磨人的事情，我们一直希望找到，还好，找到了，还算好。"田正标说。

墓园完整，营建过程如此复杂、考究，又处于山头之上，那么大的劳动力不是一般人可以支配的。

田正标做过计算，大墓的土方量很大，壕的土方量有两万立方米，大墓也是两万立方米。说明这个墓主人拥有很高的身份，才能够调动如此庞大的劳动力。

因此，对龙山107号越国贵族墓目前的定性如下：八亩墩为春秋晚期越国高等级贵族墓，墓主人不排除越国王侯一级的可能性，处于越国高等级贵族墓发展历程的关键节点。

5

这个关键节点怎么描述？

是否就在允常称王之前，它的国力确实还没有到那种地步，无法和中原王侯级别的墓葬比较。

考古专家非常谨慎，这个墓定义为"墓园"，但也有专家表示，会不会是王的陵园？现场，专家们提出了好多猜想：王、侯、国君、高等级贵族、王后……

会是允常爸爸，也就是勾践的祖父夫镡的墓吗？

八亩墩的重要性，在当时的时代，是一个重要的时间节点，可以

陪葬墓

说是时代转折点。我认为它比允常的时代要早一点点，反映了越国称霸前的礼制葬制葬俗，社会发展的状态。

田正标认为，允常和他的父亲夫镡这一段时期，在越国是转折点。为什么到允常时能称王？在这之前的历史是怎么样的？现在还不能下定论，有很多可以探讨的地方。如果能够确认这个区域，就是允常之前越国的一个中心，包括这个墓，如果是他父亲的墓，是一个王陵，那么这个区域对于越文化的研究来说就非常重要。

允常称王开始，越国发展开始非常强盛。而八亩墩，有这样的规制，却没有出这么高等级的东西，我觉得也可以理解，因为它处于时代的转折点，我们希望继续做工作，尤其是不同等级的墓葬，不一定要挖这样的大墓。

有那么多猜想，还无法下结论，是因为目前还缺少铁证。

所有指标几乎都达到标准了，但要明确实证墓主人的身份，目前大墓还没有找到绝对重量级，且能盖棺定论的随葬品。

"通常我们认为墓葬达到一定的级别，这时候会出现一些重要的标志，比如玉覆面，代表墓主人身份主配的一套东西。墓志铭，青铜器上'某某人之器'，也没有发现反映等级意义和礼制意义的乐器，所以，现在还没有到下定论的时候。"田正标说。目前发掘进入尾声，但还没有结束。

11月，考古队员将继续清理墓外器物坑及其他墓园范围内未完成的发掘工作。

11月上旬，包括绿松石在内的墓底特殊遗迹，这些精贵的器物，将统一"打包"移至新建的安吉考古保护中心，开展实验室考古清理及研究。

11月中旬，考古专家将全面提取器物坑内器物内外样本，对器物内原有存储物着手进行相关检测。

"很震惊，很兴奋。"北京大学教授、夏商周断代工程首席科学家李伯谦说，根据目前的这些材料，从历史学的角度，对越国历史的研究期待新的结论，肯定是有的，过程恐怕不是一年两年可以弄清楚的。

保护更重要，我们在建遗址公园，这是很必要的，我们发现的不只是 107 号大墓，周围还有很多墓葬，很多石室土墩墓。对安吉来讲也是千载难逢的机会。今年良渚申遗成功，浙江考古界令人瞩目，我期待有更多发现。良渚是五千年前的早期国家，后来的发展根据文献记载，在越国强大起来，争霸，但面貌不是特别清楚，只有考古工作做到一定程度，才有真凭实据。

6

"请大家对这个考古队进行奖励！"晚上 6 点 15 分，一天的研讨结束，李伯谦先生有感而发。

"田老师，这是不是你在安吉 20 年来做的等级最高的墓？"我问。

田正标说了一句话："如果按照我个人总结的话，我以后也不会挖这么大的墓了，我觉得是一个终篇。我觉得 20 年不是资本，只是机遇，也是跟安吉的一种缘分。"

田正标说，做完这个墓葬后，主要工作会交给年轻人继续完成，"这也是梯队的培养，也是一种传承"。

写于 2019 年 10 月 31 日

【小课堂】

八亩墩大墓有多重要，还有一件事可以印证——它带动了安吉考古保护中心的建设。

根据国家文物局指示及按照国家大遗址考古的要求，发掘107号墓葬的同时，必须建设考古保护中心，在考古保护中心建成之后，才可以进行主墓发掘。在浙江省文物局的领导下，安吉县人民政府与浙江省文物考古研究所商定，由双方合作共建浙江安吉考古保护中心。中心建筑由安吉县政府出资兴建，建成后交付浙江省文物考古研究所使用。室内办公及保护设备由考古所购置。安吉考古保护中心于2016年10月开始设计，2017年11月正式动工兴建。同时，绿城也作为企业参与共建。

这种遗址公园的建设模式，也走在全国前列——地方政府、企业、考古所三者合作，或许能为遗址公园的文物保护提供一种浙江经验。而这个保护中心，也是良渚遗址保护中心之后，浙江第二个保护中心。

保护中心建筑面积约6000平方米，内分实验室考古、考古资料整理、文物库房、办公、资料信息、学术交流等功能区块，是一个集考古研究、科技保护、文物储藏整理、学术交流于一体的综合体。目前，中心主体建筑和内部装修已经完成且交付使用。中心的办公、文物库房设备省考古所也已经采购完毕。考古保护中心将是安吉古城国家大遗址考古及文物保护的基地，这里将成为浙江吴越文化研究基地、南方有机质文物保护中心乃至浙江商周考古工作的重要平台。

他她她

2000年前，他的棺里放了两长串五铢钱，还有一把铁剑。

"这种埋藏铜钱的方式，还是第一次看到。"围着他的棺椁，浙江省文物考古研究所的考古专家们，还有北京大学考古文博学院教授徐天进，目光投在了棺里的两串五铢钱上。

嗯，2000年前，他，还算比较有钱。但是，身边的她和另一个她，怎么没钱用，一人只有一面铜镜？

三棺合葬

墓地发掘现场

2020 年 4 月中旬，浙江省文物考古研究所和长兴县博物馆在长兴碧岩土墩墓葬群的发掘中，发现了一处保存比较完整的西汉时期独木棺，而且是三棺合葬，一男两女。

为了配合长兴图影太湖度假区管委会开发建设，这个墓葬群已经发现了720 多座汉墓。但是，南方地区气候较为湿润，土壤偏酸性，埋藏条件差，棺椁不容易保存。所以在浙江地区发现汉代独木棺很少很少，汉墓的棺椁能保存下来的不多，独木棺就更少了。以前这里发掘过的三棺合葬都只剩痕迹。

这是浙江地区发现的汉墓中，至今保存最好的一处独木棺，可以说是独一无二。

三棺合葬，三棺并列。

正因为太难得了，5 月底，浙江省文物考古研究所把这"一家三口"整体打包到了新建的浙江安吉考古保护中心，开启了省考古研究所首例实验室考古项目，进行精细发掘。

从 6 月 29 日开始，考古队员对独木棺清理了十多天。最珍贵的木结构棺椁保存情况怎么样，如何保护？

1

头顶，摄像头正在工作。

从这"一家三口"进入"新家"的那一刻开始，延时摄影也启动了，像记录花开花落的全过程一样，独木棺的"一举一动"，考古队员的每一个清理动作，全程记录。

王宁远说，此前在现场已经采集了独木棺的信息，给他们做了全套三维扫描。木结构棺椁脱水之后，还会再扫一次，看看是否有变形。墓葬里的有机质、漆木器等，都会做不同方向的研究和检测，比如罐子里的土，也要做各种分析。

这跟现场做应急保护不一样，野外的工作条件做不到这么精细，请专家来也不方便，时间等不了，现在放到实验室后，就可以慢慢做，慢慢抠，目前还没有出乎我们的意料。

套箱中，棺已经打开。

爬上梯子，一眼就看到了最左边这个棺两侧的两串铜钱。一串长1.9米，另一串长2.03米，串得整整齐齐，细细一长条，摆在棺的两侧。他的身上还零星放着几段铜钱——他，包括她和她，人骨已经朽烂无存。

发掘领队、省考古所研究员徐军说，我们发掘了那么多汉墓，这种铜钱的埋葬形式，还是第一次看到，以前大部分只放在身上。

虽然没有海昏侯墓里金光闪闪的钱震撼，但它胜在特别。这位墓主人的身份，之前已经基本判定，是平民百姓，自耕农之类，不算特别富，但有点小钱。如今棺里的两串五铢钱，也可以进一步证明。

"是五铢钱，一般汉墓里不到王莽，肯定是五铢，王莽之后做了币制改革会有一些王莽币。"徐军说。

之前在野外，考古队员判断三个棺的墓主人是一男两女，但怎么

独木棺内的两串铜钱和铁剑

排序的，还不知道，现在答案揭晓了。

徐军（右）

跟我之前想的不一样，不是男的在中间，女的两边各一个，而是男主人在最左边，当然也是上首，头部朝西，也就是边箱位置。两位女主人的棺椁并列排在他边上。

你要问了，怎么判断性别？

"你看，缝里有一把铁剑。"徐军指了指左边棺内的边边上。

仔细看还看不清楚。徐军说，剑应该是掉下去了，原来应放在边上铜钱这个位置。

剑是男性身份的象征。但徐军说，也可能是刀，但剑的可能性更大，因为能看到是铜首。如果是刀，一般是环首铁刀。具体要后期取出来才知道。

放在实验室的三座独木棺

再看——他的棺内没有铜镜。

但男人也用镜子的呀。我们都知道，古代不管男人女人都要化妆，洗脸照镜子也要用到铜镜，但这个男人的棺内没有铜镜，这有点特别。

而两位女主人一家放了一面铜镜，大小不一。

挨着男主人的这位女士棺里的铜镜，要比边上那位的大一点，出土时，铜镜已经破裂，并且光面朝上。

挨着他的她，是否跟他的关系更亲密一些？

结论不要下得这么快。

离他较远的她，除了铜镜，身上还发现了三颗红色的玛瑙，颜色依然艳丽。而离他较近的这位除了铜镜，其他东西还没有发现。

"下面的泥特别黏，还要再继续清理，看看有没有其他东西。"三人究竟什么关系，徐军说，目前依然无法确定。男主人的随葬品不多，也不算高级，放

铜镜   玛瑙

在边箱中——楚、汉木椁墓中的边箱，都是用来放随葬品的。目前只发现了8件（套）：2个罍、2个罐、1个罐形器、1个瓿、1个壶，还有陶灶三件套。

边箱中应该还有一些漆木器，但几乎朽烂，只剩残件，能看到一点粘连的漆皮。至于丝织物就更难保存了，但身上会不会还能留下一点织物痕迹？接下来，中国丝绸博物馆的专家会到现场取样检测。

2

以上这些，或许是我们普通人最关心的发现，但在考古学家眼里，木结构的棺椁，才是关注的重点。

"浙江发现过大量汉墓，砖室墓、土墩墓，像土墩墓，器物保存得挺好的很多，但是保存这么好的木结构棺椁，唯一留下来的只有这处。"浙江省文物考古研究所所长刘斌说。

独木棺的棺盖板还残存了一点点，正放在一个盛满水的"澡盆"里保湿。

独木棺的最下面，就是椁的底板，有18厘米厚，最宽有85厘米，长度3.2米，比较大。

目前浙江发现的汉墓几乎没有可以对比的。"因为我们连椁底板都没有见过。"徐军笑。

椁的底板上面，就是椁的边板。南方地区气候比较湿润，土壤偏酸性，埋藏条件差，木结构棺椁不容易保存下来，这个棺椁能保存下来，主要是因为椁底板下面有一部分青膏泥，尤其是楚人会用它作为防腐神器，很厚，很黏，可以隔绝外界空气，防潮防水，所以椁底板就保存得非常好。

墓葬搬到实验室清理后，墓葬的结构，也看得更清楚了。大家发现，墓葬结构有一点特别。

省考古所研究员田正标，也是隔壁八亩墩大墓的发掘领队，他指着椁底板——分成了四大块，而以前我们看到的都是一条条的枋木拼成的，这次却是很厚的四块木板。

而独木棺也是越地的特色。

印山大墓的独木棺，八亩墩的独木棺，都能反映出越人的葬俗。

即使到了汉代，汉人统治会稽郡和鄣郡，汉文化完全覆盖，但墓葬里还能够反映出一些越地的元素，说明传统文化依然得以保留。

再看椁底的枕木，也比较特别。

枕木最重要的目的，是为了给墓架高防潮。田正标说，以前发现的汉墓，大部分是两条枕木垂直于墓道。而这个墓不是，横竖横竖，有很多道，可能是"井"字形，也是以前没有见过的形制。

这也让他想到绍兴东湖镇的香山越国贵族墓，年代在战国中期，木椁底部也是多层枕木纵横交错的构造方法，像铁轨一样，非常复杂。

"还有椁的外围四个边框，正对墓道的边板，跟另外三边的结构不一样，跟我们以前的认识不一样。这个墓里能发现很多以前我们不认识的新东西，不一样的埋葬习俗，所以非常重要。"田正标说。

椁的边板

椁的底板

青膏泥

枕木

棺椁结构

写于 2020 年 4 月 22 日

唐代瓯窑窑工的"微信"

1100多年前，晚唐，浙江温州永嘉，有一对年轻窑工吵架了，一个星期没见面。

男孩熬不住，准备道歉，在手边一件窑具底部刻上：见否？

第二天上班，他在"办公室"里见到了另一件窑具，上刻：不见。

男孩不死心，又继续刻"见否"，结果收到了一堆"不见"，就差被"拉黑"了。

1100多年后，这对窑工小情侣的"微信"内容，被我们发现了。

2017年12月25日，就在他们曾经工作过的地方，楠溪江入瓯江口处，如今的永嘉县三江街道龙下村，也是浙江省特色小镇瓯窑小镇所在地，浙江省永嘉县坦头唐代瓯窑遗址考古成果正式发布。

这项考古发现刚获得2017年度浙江重要考古发现。今年5月到12月，为了配合杭温高

"不见"

铁和瓯窑小镇的建设，浙江省文物
考古研究所与温州市文物保护考古
所、永嘉县文物馆联合进行了发掘。

"我跟这里太有缘。"带着小
伙伴在这里发掘了 8 个月的郑建
明——浙江省文物考古研究所研究
员、坦头窑址的考古领队，很感慨。
2005 年，他拿到领队资质后发掘的
第一个窑址，就在这里，当时这里
在修绕城高速公路。没想到，一轮
生肖过去，他又回来了，附近又要

郑建明

建杭温高铁，瓯窑再一次有了新发现——首次完整揭露唐代瓯窑窑场；首次较
全面地揭露了唐代瓯窑产品的基本面貌与特征；首次在窑址中发现纪年标本，
为唐代晚期瓯窑产品确立年代标尺；更重要的是，首次发现唐代"官作"字样。

1

同为浙江青瓷，我们熟悉越窑、龙泉窑，对瓯窑总归有点陌生，但实际上，
瓯窑是浙江乃至国内的重要窑场之一，古人老早就发现了它的好和美。

晋代诗人杜毓在《荈赋》中写："器择陶拣，出自东瓯。"东瓯即今永嘉一
带，它是最早出现在文献中的窑场。

但是，瓯窑的考古研究处于起步阶段，时空格局的确定，需要大量的田野
考古工作来推动。比如 2005 年的发掘，当年郑建明做器物编号时还不到 200 个，
这次编了上千个号，出土的青瓷产品种类相当丰富，包括碗、壶、罐、钵、盆、
粉盒、碟、灯盏、盏、碾轮等生活用品，分成文房用品、生活用品、茶酒器类。

而且，这次还首次在上林湖以外地区，发现了用釉封口的瓷质匣钵以及可
以与秘色瓷媲美的部分高质量青瓷。

郑建明也是上林湖后司岙唐五代秘色瓷窑址的发掘领队。我们很熟悉越窑，

用釉封口的瓷质匣钵

盂上的褐斑装饰

同为青瓷，它和瓯窑看起来有点像，淡淡的青，但最大的不同，就是素面朝天的瓯窑"脸上"，大部分都长了褐色的"小雀斑"——褐彩，有的是斑块，有的一长条。

"瓯窑瓷土的胎比越窑还要白，浅色的胎上，褐彩的装饰，这才是最具有视觉冲击力的。"郑建明说，褐彩装饰，就是瓯窑的"脸部识别"特征。

永嘉目前已经调查发现了44处瓯窑窑址，但是此前都没能完整揭露窑炉，今年很大的成果，就是首次完整揭露唐代瓯窑窑场，理清了包括祭祀遗迹在内的窑场基本布局、窑炉的完整结构等窑业基本信息。

褐彩执壶

鱼纹褐彩执壶

凤首壶

龙窑炉

窑址航拍

祭祀遗迹之火烧坑

发掘现场，一条长长的窑炉，依山而下。"这边是做瓷器的，做好在那边烧。"郑建明介绍着每一个"坑"的功能，包括瓷土坑、釉料缸、辘轳坑、贮泥池等在内的基本完整作坊遗址，一清二楚。

很特别的是，这次还发现了器物坑、火烧坑等与祭祀相关的遗迹。而历史记载中也有提到"东瓯王敬鬼神，好淫祀"。

祭祀坑边上还有红色的土，就是火烧土。"是烧过的，他在一个坑里烧，为什么烧？当时可能跟祭火神有关。"郑建明说。

2

好了，我们重点来说说唐代窑工的"微信"内容——考古队员在瓯窑上发现了一批重要的文字材料。

"不见、不见、不见、不见……"我跟着郑建明在他"家"里整理窑工的"微信"内容，发现"不见"明显比"见"多，还有"遥见便色"这样让人开脑洞的文艺词语。"这样的字，在各种器物上都有，应该是窑工刻的，但我们也搞不清究竟是什么意思。"郑建明说。

这些不是后来人闹着玩的，而是唐代俗字，俗字已经进入了当时的社会流通行列，在唐代敦煌写本里也有很集中的反映。

但是，考古队员发现有四条"微信"内容，不是小清新的，它所传递的信息，价值很大，出现了上林湖所没有的文字标本，对瓯窑的认知上是一大突破。

比如时间"大中"——匣钵上出现"大中十一年十一月"的纪年文字。"大中"是唐宣宗李忱的年号，大中十一年也就是857年。这是首次在瓯窑窑址中发现纪年标本，为唐代晚期瓯窑产品确立年代标尺。郑建明说，原来都说这批东西大概是晚唐的，但晚唐年代很长，750年到850年，甚至到900年都有可能。这次"大中"出现了，年代也能确定下来了，是在850年前后。

还有一件瓷碗上，出现了"官作"两字。

上林湖后司岙青瓷和窑具上，也发现过大量唐五代文字，其中，在匣钵上就出现过一个"官"字。而后司岙窑址是晚唐五代时期烧造宫廷用瓷的最主要

碗内的荷叶纹划花

窑场。那么，这次瓯窑的"官作"，是否有某种指向？

"上林湖烧造的带有'官'字产品，是官物没有什么问题，但它可以是公家窑场的，也可以是私营窑场的官物。瓯窑这件瓷碗的'官作'，明确应该就是公家的窑场。"郑建明说。

五代以前，窑场的管理制度究竟是官营的，还是私营的，一直没有文字上的证据，大家也都搞不清。郑建明说，后来根据文献材料发现，五代吴越国介入了管理，至少部分窑场属于官方重要窑场。那么唐代是什么情况？还是不清楚。

但这次，除了"官作"，还发现另外两个证据——一件匣钵上发现"余王监"三个字，而前几天，大家又在很多匣钵上发现"奏至"两字。

奏至，奏请的东西到了；余王监，就是置官监窑的意思，说明有人（余王）在这里监窑，一般都是官家派来的；再加上这个"官作"，所有证据都在指向同一件事——唐代瓯窑窑场和官家有关系，这对于整个唐代窑业管理制度的理解，具有指向性的意义。

还有一件事，上林湖越窑发掘后我们得知，唐代窑业的核心区在上林湖。"以前觉得核心区之外的不重要，这是第一次在核心区之外的瓯窑中发现和官家有关系的，或者官家管理的窑。"郑建明说，如果这个判断能成立，我们可以确定至少在唐代，官家就已经介入管理窑业了，而不是纯粹私营的窑业管理制度，瓯窑在中国陶瓷史和手工业史上的地位都会不同。

3

最后，再说一条正能量的"微信"内容。

在一件鱼形执壶（唐代人用来当酒壶、茶壶）的壶底，发现了一句话，而且还是正反方向写的。正面看，"是一人"三字，反过来看，居然是"中国"两个字。

"中国？不会是有人后来刻上去的吧……"我把瓯窑文字的照片，发给了张涌泉。这位著名的文字学家还没有看照片，问了我两个问题：

"这些瓯窑是什么年代的？"

"晚唐。"我说。

"'国'字里面是不是'王'而不是'玉'？"

我一下子回答不了。这个细节，当时并没有注意到。于是，我赶紧向发掘领队、浙江省文物考古研究所研究员郑建明求助。

"我等一下放大好好看一下。"郑建明回复了我。

过了5分钟，郑建明发来微信："是的，没有一点。"

"国，里面本来是或者的'或'，这里写成'王'，便是俗字。大约六朝前后，出现了'口王'会意的俗字'国'，所以瓯窑的这个'国'字，便是当时的俗字。"张涌泉说，敦煌文献中经常可见这样的"国"字，写法也和瓯窑里的一致，这

"中国"

"是一人"

是唐代前后在老百姓当中比较流行的写法。敦煌字书斯 388 号《正名要录》称"国"是"國"的"讹俗"字——这是"国"字最早被辞书所收载。

"国里面的'或'是领域的域的古字，本来就是领土的意思。但是，历史在往前走，后来'或'离领土的意思，越来越远了。老百姓感觉和意思关系不大，又比较难写，如果写成王，容易写，意思又有关系，一片领土里面有一个王，就是'国'。"张涌泉解读了一下它的变化。

但是，这个"国"，唐代之前的字书里是找不到的，只在民间使用。它有一些不规范，通俗一点说，在国家层面是不承认的。

俗字，指的就是民间手写的跟规范字写法不合的汉字形体，而合乎规范的形体则称为正字。个人的手写错别字一经约定俗成，就进入了当时社会的流通行列，在唐代敦煌写本里也有很集中的反映。

但是，瓯窑窑具上的"見""人"，就不是俗字了，而是一般的正字，"'見''是''人'，汉代也这样写，甲骨文或金文里也老早就有了，过去这样写，现在也这样写，当然不是俗字。"张涌泉说。

对于"安史之乱"，过去，我们一直在讲它对唐王朝的打击是致命的，由盛转衰，但郑建明从青瓷文明的角度看，却有着不同的理解。

如果把它放在中国的历史长河里，对于浙江的文化，未尝不是好事，它是一次转折。"安史之乱"以后，与内陆的联系打断了，整个帝国慢慢转向海洋，瓷器作为载体，扮演了很重要的角色。唐代以后，越窑、瓯窑开始输出，对外交流明显多了，它对浙江文化的影响很重要。

以瓷器为载体的江南水乡的文明，在唐以后扮演了非常重要的角色。唐以前，先进的青铜器、唐三彩等等，都是中原的文明因素，很绚烂，很张扬。只有"安史之乱"以后，转换成我们江南水乡这种青瓷：含蓄、内敛又很柔和，同时很坚毅。包括宋以后转向内在的文明修养，实际上都是江南水乡的文明因素。江南水乡的文明，在整个国家的文明体系当中开始扮演着比较重要的角色。

写于 2017 年 12 月 26 日

上林湖越窑的"秘色"

要说这几年瓷窑址的重大考古发现，"上林湖"这个清清亮亮的名字，便是青瓷界的"网红"。

2016 年，浙江慈溪上林湖后司岙唐五代秘色瓷窑址，入选了当年全国十大考古新发现。我们以为只存在文人诗词里对于秘色瓷的描述"千峰翠色""凉露浸衣"之绿，以及乾隆皇帝"李唐越器人间无"的感慨，在千年之后的浙江，有了明确的证据：后司岙的发现，解决了两大千年悬案——作为越窑中最高等级的秘色瓷，皇室专用，它在哪里烧、怎么烧的问题，以及唐代贡窑在哪里的问题。

2018 年 5 月 8 日，我从浙江省文物考古研究所研究员、后司岙窑址考古领队郑建明处得知，仍在发掘中的上林湖后司岙窑址又有大收获，发现了北宋早期越窑，出土了大量北宋普通青瓷和秘色瓷。而且，一件瓷质匣钵上的"秘色"字样，还是首次在窑址出土物中发现。

你一定有疑问，为什么去年的新发现，到今年快年中了才发布？

郑建明没有马上回答，他带我来到上林湖工作站的大院子里。

眼前出现了一排比人还高的"小山"，盖着蓝色保护罩——瓷片山，郑建明这样形容，这只是冰山一角，去年出土的瓷片、窑具，加起来有几百吨，相当于好几个火车皮，"光是清洗瓷片，就需要一年甚至几年。对于瓷窑址来说，如果挖五年，就要整理五年，清洗、整理、编号、拍照、研究，工作非常繁琐"。院子另一头，技工们正拿着破碎的瓷片，一片一片登记，这是慢工出细活。

我坐着船，穿过碧色的上林湖，到达后司岙窑址。眼前这条编号为66的窑址，就是考古队员在2015年和2016年大规模发掘的"宝库"，揭露了包括龙窑炉、房址、贮泥池、釉料缸等在内的丰富作坊遗迹，出土包括秘色瓷在内的大量晚唐五代时期越窑青瓷精品，基本解决了晚唐五代时期秘色瓷的生产问题。

去年，郑建明和同事继续在66号窑址"做文章"，在西南下坡往西布了5个探方，基本横贯整个隆起的山坡，这部分堆积原先调查时编号为64号。"喏，就是那条横过来的。"郑建明指了指，"本来想解剖一下66号窑址的堆积有多厚，结果发现隆起的是一座窑。"

上林湖远眺（南—北）

一座新的唐代窑炉被发现了，不到 20 米。郑建明眼前一亮，太特殊了。

唐宋时期的越窑长度基本稳定在50米上下。"龙窑在唐代以前只有十多米，限制了产量，当然越长，产量越高，但长了以后也带来一个问题，质量控制不好。而50米上下的长度，质量和产量达到了平衡，南宋官窑和龙泉窑也是这样。"郑建明说。

20米不到的窑炉还是第一次发现，拓宽了我们对唐代窑炉的新认识。

为什么这么短？

"应该和地形有关。"我们看到，它和66号窑是垂直的，等于横过来布了一条，没法布很长，不然没有坡度了。"这也从侧面说明后司岙这块地方的珍贵，是窑业核心区，人们真的是见缝插针地修窑。"

这条窑这么特别，不会那么简单。

考古队员发现了大量普通青瓷和秘色瓷。最重要的是，在这条窑炉里，发现了一片带"秘色"字样的瓷质匣钵。我在库房看到，上面刻了6个字：罗湖师秘色椀。

椀是碗的异体字。当然，这次文字发现的重要性，不在"椀"上，而是"秘色"两字。

在法门寺地宫发现之前，"秘色瓷"只出现在古代文献上，文人们描述它如何美。直到31年前，法门寺地宫14件秘色瓷出土，人们才看到实物，是第一次非常明确的秘色瓷考古发现。

恰好，工作站对面，去年正式对外开放的上林湖越窑博物馆中，有一块关于法门寺秘色瓷的陈列墙，正好展示了法门寺地宫中唐咸通十五年（874）《衣物账碑》的一段记载："瓷秘色碗七口，内二口银棱；

罗湖师秘色碗

瓷秘色盘子、碟子共六枚。"

上林湖瓷质匣钵上"秘色碗"三个字与法门寺地宫《衣物账碑》上的文字完全相同。

法门寺出土的秘色瓷出自内库，除了皇室所属作坊制品外，其余就是各地贡物，属于皇家的东西。而这次在上林湖，首次在窑址上出土"秘色"字样，而且是在烧造秘色瓷的瓷质匣钵上出现，人工刻的，意义又不同了。

> 我们当时认为秘色瓷是进贡的，可能是官方定制的，但窑址里出了"秘色"的字样，说明不只是管理层，窑工本来就知道这批烧的东西就是好东西，所以才会明确刻"秘色"，这意义就不一样了：秘色瓷这个概念，不仅存在于当时的文人以及包括宫廷在内的上层阶层中；作为窑工，同样也清楚地知道自己所做的是秘色瓷器。

至于"罗湖师"，郑建明说，代表这个秘色瓷不是谁都能做的，可能是一种技术上的等级，像我们评职称一样。

2

我们再看这六个字刻的地方，不在别处，就在瓷质匣钵上，"这同样也再次证明瓷质匣钵就是烧造秘色瓷的重要窑具"。

后司岙不光烧秘色瓷，也烧普通越窑青瓷，所以有两种窑具，粗陶的烧普通瓷器，瓷质匣钵专烧秘色瓷。插播一句，很多人可能搞不清越窑和秘色瓷的关系，秘色瓷属于越窑，是越窑中最高档的，但，不是所有的越窑都是秘色瓷。因为给宫廷烧造的越器可能会很多，但是真正的秘色瓷产量很少，因为成本不是一般的高啊，普通人根本用不起，刻字的这个专门烧秘色瓷的瓷质匣钵，就是证据。

在上林湖岸边，可以说是踩在瓷质匣钵和瓷片上走路的——这太奢侈了。在后司岙的发掘中，与秘色瓷一同发现的，就是大量的瓷质匣钵。

青绿色，是秘色瓷的目标，真正完全实现很难，烧成时的不可控因素太多，但是，唐代人发明了神器——瓷质匣钵，用釉密封，使瓷器在强还原气氛中烧成。

什么意思？

"窑炉除了温度，气氛很重要，密封做得越好，瓷器就越青，如果氧化，就会发黄。所以越窑很多瓷器，都黄乎乎的，这是很大的问题。瓷质匣钵是用釉封口的，冷却时，阻止了空气进去，釉色就还原得很好，所以颜色特别青绿。"郑建明解释。

还有个奢侈的地方，匣钵本来是可以多次使用的，但这种用釉密封的瓷质匣钵是一次性的——因为被釉粘上以后，需要把匣钵打破，才能把里面的器物取出来。这成本，一般老百姓吃不消。

3

而就在这条出字的 64 号窑炉"隔壁"，66 号窑又有大发现。考古队员对窑炉两侧下坡的堆积进行了发掘，在它的西南坡布了 3 个探方。

"上林湖越窑从唐代开始，到五代、北宋一直到南宋，应该有一个完整的序列。但去年以前，在上林湖地区，荷花芯窑址也好，后司岙窑址也好，都没有发现北宋早期直接能跟五代接上去的越窑面貌，等于说北宋这段是空白。"郑建明说。

结果一挖，非常巧，这一时期的地层中出土多件"太平戊寅"款青瓷，说明时代主要在北宋早期前后。

"等于说，按照窑炉的堆积，整个上坡都是晚唐五代的，下坡都是北宋的。"这里出土了丰富的北宋早期青瓷产品，包括碗、盘、碟、罐、盆、洗、执壶、瓶、盏、盏托、套盒、盒、炉、贯耳瓶、埙，有日常用品，也有仪式性用品。

但考古就是这样，一旦有发现，需要解决的问题也会越来越多。

"我们以前看的都是晚唐五代的越窑，到北宋以后，会是怎么样一个面貌？越窑后来慢慢衰落，是怎么样过渡的？"考古专家又在想另外一个问题。

在库房，工作人员正在整理的北宋越窑瓷片中，我发现了一个特点。

这些青瓷绿是绿的，但，已经不像前年发现的晚唐五代青瓷那样素面朝天，而是开始流行复杂的纹饰装饰，用专业术语说，面貌发生了巨大的变化——以

唐代秘色瓷盒

秘色瓷八棱净瓶

细划花图案

　　细划花为主，纹饰纤细工整，刻划的刀法看上去很洗练，有力，外轮廓线粗而清晰。

　　有什么花样呢？主要是大量的花卉和禽鸟，有凤凰、龙、白鹭、孔雀、鹦鹉、蝴蝶、缠枝花卉、莲荷等。而且，飞鸟类多成对出现，鸳鸯在荷叶间戏水，还有双鱼戏龙。海涛纹也经常出现，一种是纯海涛纹，另外一种是与龙结合，龙首隐现在汹涌的海浪中。

这些花样看起来，美是美的，但总觉得有点俗气，不够高级。

"很多华丽的东西都会有问题。越繁华的装饰，其实越偏离了最初的审美。"郑建明道出了原因。越窑从唐五代走向鼎盛，一直以造型和釉色取胜，不拼装饰。但到北宋一下子变得非常华丽，更注重外在内容。

华丽实际上可以掩饰很多瑕疵，表现在制瓷技术上，就是胎开始变粗，颜色开始变深，以青黄为主，釉很多问题就出来了。但是别人一看觉得鸟啊、凤凰啊好漂亮，就转移了注意力。北宋的越窑看上去非常繁盛，甚至有些东西超过五代、唐代，但是从窑业技术的本质来说，它已经转向衰落了。

越美丽，越危险，瓷器也同理。但，为什么在北宋，越窑出现了这么大的转折？

郑建明说，一是窑业自身的原因，跟方便开采优质瓷土的枯竭有关，伴随着面貌变化的是胎釉质量下降。

我还发现，五代以后的器物都比较小，到宋代以后就出现一些体量特别大的东西，比如大熏炉、大盆。

为什么？和北宋的政治变化有关系。

瓷器本身就是江南水乡的文化符号，柔和细腻。吴越国消亡以后到了北宋，这里就从一个地方政权主导、主体性的产业，变成了中央帝国一个边远地区的相对边缘的产业。所以在格局上，完全不一样，中原的一些因素介入，如果给宫廷用的话就要特别做得大，其实是不懂我们这边的审美。

郑建明说，北宋出土的这些青瓷中，只有少量高质量的器物与秘色瓷接近。这批高质量的器物主要出土于北宋皇陵、辽代祖陵、辽代公主与贵妃墓等最高等级的墓葬中，是重要的宫廷用瓷。这就说明，北宋早期上林湖地区仍旧沿袭晚唐五代宫廷用瓷生产地的传统，烧造高质量的瓷器。"这就把整个越窑晚唐五代到宋的序列都建立起来了。"

4

那么，南宋还烧造秘色瓷吗？

越窑到北宋中期开始逐渐衰落。作为最高等级青瓷的代言人，秘色瓷开创的天青色，影响到后代包括汝窑、南宋官窑、龙泉窑、高丽青瓷等一大批名窑生产与整个社会的审美取向。北宋灭亡以后怎么办？汝窑明确是官廷用瓷，随着宋室南渡，有一批窑口到了南方，窑工回到了南方，传统又回到这里来，对于越窑来说，这是一次踵事增华的机会，得以再一次给官廷烧造瓷器。

寺龙口窑址南宋地层出土乳浊釉瓶

宋室南渡，很多礼器要重新烧造。《宋会要辑稿》中，明确写过一件事，在绍兴元年（1131）烧造一次之后，又在绍兴四年（1134）继续烧造越窑的原因——绍兴府大火，起火，救火，许多瓷器被打碎，必须及时补充，尤其是祭器。

浙江省文物考古研究所书记沈岳明说，从文献来看，南宋时余姚烧秘色瓷是有一定信息的。那么这个南宋烧秘色瓷的窑址主要分布在哪里？根据他们多年的调查，主要分布在慈溪古银锭湖一带，有低岭头、寺龙口、张家地、开刀山等几个窑址。

考古队员曾经对低岭头窑址进行试掘，对寺龙口窑址进行了考古发掘，确实也发现了一批南宋早期产品。但在南宋早期的产品中，主要分为传统越窑青釉产品和官窑型产品两大类。尤其这类官窑型器物的釉色呈天青、月白、乳浊、半失透状，釉面滋润而含蓄，与北宋汝窑风格却颇为相近，同其后的南宋郊坛下官窑也有许多相似之处。

"所以，南宋越窑的学术意义是什么？上继汝窑，下启南宋官窑。早期，宫廷在越窑地区定烧，临安稳定后，就自己设官窑了。"郑建明说。

5

除了发掘，2017 年，上林湖越窑遗址博物馆、荷花芯现场保护展示工程都完成并对外开放，"上林湖越窑国家考古遗址公园"得到国家文物局正式授牌。2018 年，上林湖后司岙的发掘依在继续，郑建明说："今年准备发掘北宋中晚期的窑址，看看它到底是怎么衰落下来的。"

而他认为，目前最难的，还是窑业管理制度的问题。就像窑具上出现的各种字，我们无法搞清到底是谁刻的。

因为没有文献记载，这是很底层的职业，古代人看不起他们，我们只能通过蛛丝马迹去判定，但很多东西，这样解释也可以，那样解释也可以。匣钵上的刻字，可以是做的人，也可以是烧的人，也可以是窑场主的，或者这个窑场主，也是窑工，双重身份，那区别又很大。在青铜时代，就有"物勒工名"，即在器物上刻工匠的名字，但不是为了打品牌，或者宣传这个人做得多好，而是质量管理系统，为了追查这件东西谁做的，如果出了问题可以及时追究责任，后来发展成个人品牌了。所以唐代匣钵上很多人名，究竟怎么回事，还是搞不清。这是最难的。

明嘉靖《余姚县志》上有过记载："秘色瓷，初出上林湖，唐宋置官监窑。"说明朝廷应该在上林湖设有烧窑的管理机构，或许就在后司岙一带。

船游上林湖时，郑建明指着远处说，后司岙再往里面一点点的山坳里，有一个普济寺，文献中也有明确记载："在上林湖山之西麓。"他推测，窑业管理机构有可能就设在寺院中。

宋代寺院经济发达，上林湖还曾有"佰僧"款的瓷质匣钵出土，时代为唐五代时期，与窑址中烧造秘色瓷的匣钵基本一致，寺院或许也曾参与了秘色瓷的烧制。如今，普济寺遗址还在，一片废墟。"今年发掘北宋中晚期窑址的同时，我们也准备发掘普济寺，希望能发现一些碑文和文字资料。"郑建明说。

写于 2018 年 5 月 9 日

钱镠的衣锦城

"我第二天才知道这个事，因为所里办公室的同事说很多人找我打不通电话，那时我正好在出差的飞机上。"2019年11月11日，浙江大学艺术与考古博物馆，由浙江省文物局主办的"新鼎讲坛——与文物零距离"系列讲座第二讲，主讲人杭州市文物考古研究所考古二室主任王征宇聊起半个多月前被打爆电话的事时说道，"还是蛮轰动的。"

前情回顾一下：

10月21日下午，位于杭州临安中心城区的一宗涉宅地块在出让前，突然终止出让，补充公告显示：因周边道路施工，有重大考古发现，终止出让。

这一住宅地块位于临安锦城板块，面积4.3万平方米。作为老城区配套相当成熟，周边人民医院、新天地购物中心等可满足日常医疗及商业需求，距离滨湖天地1公里左右。

当天中午，杭州市文物考古所所长唐俊杰确证，"重大考古发现"，确有此事——在这个地块上，发现了五代吴越国衣锦城的一段城墙。

这里，也是原城南小学地块，王征宇说，大约在终止出让前一周，在南侧道路施工的过程中发现城墙，只是当时露出来的面积太小，尚不敢断定。

　　"杭州市文物考古研究所经过勘探，发现并确认城墙后，临安国土部门并没有明确表态如何处置，在出让前的一天晚上，突然临时撤下。"王征宇第二天才知道这件事，作为长期在临安发掘的考古领队，他自然被"夺命连环call"。"后来我从临安区文广旅体局了解到，临安区委和区政府很重视吴越文物的保护，下决心把拍卖终止了。"

　　这天的讲座，王征宇以"走进衣锦之城"为题，第一次向公众梳理了这几年临安吴越国考古的主要收获，尤其是上个月这一突发事件的进展。这一地块的考古发掘，关于衣锦城，有什么新发现吗？

南城墙遗址及城内建筑航拍

1

临安有很多跟"锦城"有关的街道、小区，包括这一出让地块，就属于锦城版块。衣锦城，是我们现在的通俗叫法，听起来名字蛮现代的，其实，临安人民是延续了钱镠为这座城市取的名字：衣锦之城。

《钱氏家训·第九训》是这么写的："吾家世代居衣锦之城郭，守高祖之松楸，今日兴隆，化家为国，子孙后代，莫轻弃吾祖先。"

钱镠，就是我们知道的吴越王。杭州滨江，钱塘江畔有一座著名雕塑"钱王射潮"，这个传说的知名度不亚于白娘子。钱王看到潮水来了，居然用箭去射，很多人说，钱王蛮"中二"的哎，这当然是玩笑话，但，也给了后人很多开脑洞的机会。

初识一个地方，无外乎搞清楚时间、地点、人物。

我们先来说时间。

衣锦城的时代，其实分为唐、五代、北宋。

唐末以来，藩镇割据，战乱频繁，钱镠做了最了不起的一件事——唐乾宁三年（896）起割据两浙，于内保境安民，于外则奉中原正朔，经济繁荣，百姓富庶，杭州也由此成为人文荟萃的"东南形胜第一州"。

五代，后梁开平元年（907），钱镠封吴越王，龙德三年（923）封吴越国王。从北宋建立的建隆元年（960）到太平兴国三年（978），这里依然属于吴越国。

我们再说地点。

衣锦城在杭州市临安区的锦城街道，在天目山东南侧一处比较开阔的盆地中，东面是青山湖。而且，锦溪、苕溪、马溪等从城址周边流过，依山傍水，地理位置相当优越。

衣锦城在历史上，重要性在哪里？

王征宇下了一个定义：这座城址是晚唐五代时期新建的一座重要地方城市，是我国历史上南方山水城市的典型代表之一，是继西湖文化景观、良渚古城遗址、大运河等重要文化遗产之后，展示杭州历史文化名城的又一代表性实物遗存。

考古工作者要探明一处遗址，跟我们去一个城市旅游一样，要做攻略，要看看历史，而他们的"攻略"当然更为复杂，从历史的缝隙中看，它能给我们留下怎样的遗存，能提取什么线索？

2

文字记载中的衣锦城，什么样？

889 年，晚唐，钱镠已经开始建造这座城，依现在的太庙山（当时叫茅山）而建，并请唐昭宗赐名。大顺元年（890），唐昭宗赐额"安众营"，也就是说，衣锦城最开始叫安众营。

892 年，衣锦城造好了。第二年，发生了一件事，钱镠升苏杭观察使，筑杭州罗城。也就是说，钱镠在造杭州罗城之前，先在临安造了衣锦城。

为什么我要提杭州呢？这里啰唆一件事，杭州在当时的地位，还处于靠边站。

浙江省文物考古研究所副所长郑嘉励在《浙江城市考古漫谈》中就写过这段原委："隋唐以前，绍兴始终是浙江最重要的城市。唐末，钱镠追随董昌，转战四方，割据两浙。后来，董昌在绍兴自立，却把杭州让给跟班的小兄弟钱镠，当然不能说董昌大度，而是绍兴乃浙东的节度使州，杭州只是浙西普通的'支郡'，地位远不及绍兴重要。杭州超越绍兴，主要是钱镠开创的吴越国定都杭州，经营近百年的结果。"

是的，杭州人民感恩钱镠，但钱镠，对临安和临安人民的感情，是骨子里的。

继续说衣锦城。

902 年，钱镠对护城河做了一些治理，这跟当时发生的战争有关，比如前一年，淮将李神福等攻临安、衣锦城。902 年，徐绾、许再思叛乱。

而目前，在这一出让地块的考古发掘中，已经发现了排水沟、护城河遗迹。

王征宇说，从目前的考古发现看，城墙的宽度有 17—19 米，底下发现排水系统，可以把城内的小水沟汇到一个大水沟里，再通过城墙中排水的涵洞，穿流而过，汇入护城河。

整个排水体系非常清楚，城墙的夯土是鹅卵石和黏土，一层一层夯实，很厚，从护城河看，高度有 2.5 米左右。

大型排水沟遗迹

而城墙的长度，从天目路开始算起，到新港九月小区，得有八九十米，整个南城墙揭露长 149 米。

看起来，衣锦城的建造过程，还比较简单。但了解这个还不够。

深入一座城，我们还需要了解它建置的沿革，也就是古代城市行政区域的构建和变迁，更是"城市具体形态和规划的变迁"，你能看出一座城在历史中地位的变化，对照古今之变。

最初的安众营，到 899 年，发生了变化，改名衣锦营。

这不仅是改个名字的问题，文献记载"改王所居安众营为衣锦营"，而且同时，还升杭州为都督府。

又过了两年，901 年，升衣锦营为衣锦城——"衣锦城"出现了。

6 年之后，907 年，又升衣锦城为衣锦军——这个"军"不是军队的意思，军是一个行政区域名，后来演化为类似于县一级的行政区块的办公场所，范围以原临安县为主 (不含於潜、昌化)。请注意，这一年，钱镠也"晋级"了——

南城墙北侧城内门址

南城墙北侧城内水井

晋封为吴越王。

又过了漫长的 72 年，979 年，此时，时光已经流转到了北宋，太平兴国四年，钱镠的孙子钱俶纳土归宋以后，改衣锦军为顺化军。

一年之后，又把顺化军给废除了。

总结一下：安众营—衣锦营—衣锦城—衣锦军—顺化军。

以上，梳理完复杂的时间轴和大事件，王征宇说，我们对衣锦城可以得出一些初步认识了——衣锦城是一座始建年代非常明确，而且沿革有序的极为重要的唐宋时期地方城市，从考古上来讲，属于古今重叠型城址，我们杭州南宋临安城也是这样。

【小课堂】

金华、绍兴等城市，世代都在同一地点建设、发展，六朝隋唐的遗迹已经深埋在地下四五米的地方，南宋临安城的地面也在今杭州城内水泥路下两三米深处。浙江城市人口多，经济发达，高楼林立，考古学家有限的发掘工作，只能见缝插针，在基本建设的间歇空隙进行。这种城市称为"古今重叠型城市"，开展考古工作困难重重，几乎无法触及早期遗迹。

因此，衣锦城是从无到有新建起来的一座城市。随着吴越国纳土归宋，衣锦城成为普通的城池，经过宋元变迁，至明代成为临安县治所在地，并一直沿用至今。

可以说，衣锦城奠定了现在临安城市发展的基础。

3

从刚才梳理的大事件中，我们还可以发现一些重要线索：城内有祖庙、生祠、正寝、私第等重要建置，陵墓、寺院等围绕衣锦城有序布置。

但是，我们还不能直观地感受这座城什么样子，这些功能区具体在这座城的什么地方，如今又在哪里。

好在，有地图，古代的地图，叫做舆图。

尤其幸运的是，南宋《咸淳临安志》里给我们留了一张图，叫"临安县境图"。

王征宇说，我们现在要找的是吴越国时期的衣锦城，我们要解决的问题是，这里现在是不是还基本保留了吴越国时期的平面格局。

他找了很多不同时期的地图，还有航片，跟当下的地图做对比，一切就比较清楚了。

你看 2015 年的照片，由于道路的关系，一些不太看得清，但还能看到基本格局，天目路，衣锦街，太庙山。

我们现在可以得出基本结论：晚唐以来，衣锦城的城市格局基本得以延续，至 20 世纪六七十年代，城址遗痕仍依稀可见。而城内的各个功能区，既有延续，也有变迁。比如吴越国时期的街巷基本得以延续，而像太庙、衙署等则有变化。

最重要的一点，《咸淳临安志》中《临安县境图》所画的城市平面地图，基本保留了五代吴越国时期衣锦城的面貌。也就是说，南宋时期的此地，还是五代吴越国的老样子，城市面貌变化不大。

那么，文字和地图里的这些发现，对不对，有没有实证？一切得考古来说话。

王征宇做了一张衣锦城址的复原图，在考古发掘现场进行印证。

4

其实，不只是这次最新的考古发现跟衣锦城有关，最早的一次，是 2017 年，临安区政府大院地下停车场发现了建筑遗迹，当时，专家开了论证会，但还没有完全得出结论，它到底是哪里。

这两年，包括地下车库在内，杭州市文物考古所在临安的城区内接连发现了 3 处跟吴越国有关的建筑遗迹。

比如原公安小区内也找到了建筑遗址（前两处目前都已回填保护），发现了一条排水沟和部分台基包砖。再加上此次地块的意外发现，它和区政府地下车库的距离，只有七八百米，过两条街就到了。

　　而城外，也有发现，比如吴越街南侧光孝明因寺（净土禅寺）遗址、潘山建筑遗址，以及王陵等其他高等级墓葬。

　　现在，谜底可以揭开了，这 3 个地方都在衣锦城的范围内。

　　那么，具体属于衣锦城里的哪个部分，做什么用？

　　地图拿出来！

　　2017 年临安区政府地下车库发现的建筑遗迹，正是南宋《咸淳临安志》之《临安县境图》中县衙门内、正厅前西侧，在地图的平面格局中，正好是架阁库的位置，相当于现在的档案馆，是存放档案的地方。

鸱吻　　　　　　　　　　　　　　　莲花纹瓦当

越窑青瓷执壶　　　　　　　　　　越窑青瓷碗

我们最关心的这一次地块，属于衣锦城的哪个位置？

王征宇说，在目前考古勘探和发掘中，发现了道路、门址、水井、房址，还有好多灶、缸、韩瓶（韩瓶可能就是用来装酒的）。

再看今天的格局，"这里是太庙山，上面是天目路，下面是南墙"。在平面格局中，正好对应《临安县境图》中"县仓""酒库""醋库"的位置。

也就是说，如今终止地块的所在，正是南宋县仓、酒库、醋库的位置。

"吴越国时期，原城南小学这个地块，是一次性营建而成的，而且非常规整，两个门的尺寸做法几乎一致，还有围墙。一条排水沟从两个院子中间穿过。"王征宇说。

因此，我们可以再做一个基本结论——这是一座有规划性的城市，在年代上，已探明的建筑遗迹以实物形式证明了晚唐五代北宋时期，衣锦城的真实存在。而在平面格局上，我们找到了县仓、酒库、醋库等，经过考古发掘，可以明确其建筑基址延续自吴越衣锦城。

因此，南宋《临安县境图》中的城市平面基本反映了吴越时期衣锦城的真实面貌。

目前，我们还可以明确更多的功能定位。比如宅第，就是文献中的"王所居""正寝""私第"。军治，可以从"县门""正厅""堂屋"得到印证。家庙，是钱氏"三代私庙""祖庙"以及今天临安太庙山名字的由来。陵城，是钱宽水邱氏墓、钱镠墓、康陵——吴越国时期重要的三座王陵。

5

位置找到了，平面布局也比较清楚了，那么，一些跟衣锦城有关的转折点，钱镠留给这座城市的记忆，我们也可以说说了。

公元 900 年——请注意，这两三年总发生变故，波折很多，比如钱镠的父亲去世了，第二年，他的母亲也去世，也就是钱宽的夫人水邱氏。钱镠把父母葬在了临安。

而这一年，钱镠经常从杭州回临安，跟朋友聚会，和父老乡亲喝酒，非常念旧。

911 年，他还把生祠建在了临安，可见他对这座城的爱。

我们在后面几年的文献记载里，经常能看到一个关键句："王亲巡衣锦军。"

钱镠家以前住的地方，现在吴越街的南侧，改成了寺庙，名字叫光孝明因寺（净土禅寺）遗址。这个地方人们很熟悉，因为它被评为 2018 年浙江省重要考古新发现。顺便提一句，吴越期间在临安县兴建或重修的寺庙达到了 40 多座。

钱镠去世，灵柩停放在衣锦军的正寝，两年后，他也葬在衣锦城，现在的太庙山旁。

刚才我们已经在功能分区里找到了正寝。"钱镠灵柩停在这里，正寝，是不是在后来南宋时县治的后堂，也是一个疑问。"

928 年，钱元瓘的儿子弘佐，也出生在衣锦军功臣堂。包括钱元瓘的夫人马氏，也葬在衣锦城（当时叫衣锦军庆仙乡）。

这一连串事情，我们都可以感觉到，钱镠以及家人对于衣锦城的爱，叶落归根，生死相依，人生的最后，都要回到这里。

你大概要问，衣锦城，是不是就是衣锦还乡的意思？

没错。

钱镠冠这座城市以"衣锦"之名，还"挂锦衣""列旌旗"，以金樽、玉樽宴请家乡父老，亲自写了《还乡歌》，传唱千里。

王征宇说，虽然做法有点奢侈，却有着"衣锦还乡"的美好寓意，也是对家乡父老乡亲美好生活的一种寄托。

这些年在临安发掘，王征宇感受很深的就是钱镠对家乡的感情。

作为生于斯长于斯的临安人，钱镠新筑衣锦城池，请置安国衣锦军于临安，又兴宅第于太庙山西南麓，舍钱垄坞旧宅为光孝明因寺、建功臣堂，葬父母于西墅明堂山，追彭祖篯铿为先祖，建三世祖庙（太庙）于太庙山东南，并将太庙山作为自己最终的归息地，可见对家乡的依恋。

但王征宇也提到，到了钱元瓘这一代，对家乡的感情就没这么深了，钱元瓘没有葬在衣锦城，而是葬在龙山的南面。

最后，再说一个钱镠先生的八卦。

钱镠一生战果累累，但被认为文化水平不高，跟老婆过日子，也说不出漂亮话。那年春天，王妃照理要从杭州回娘家临安省亲，钱先生本又想叽歪几句，但这回忍住了，默默给老婆发了条"微信"，只有九个字：

　　陌上花开，可缓缓归矣。

这九字真言很有名，经常被文青胡乱塞进抒情文章里，模糊了本意。苏东坡后来看到后，觉得好有内涵，"听之恻然"，立刻把九个字发挥成了三首七言绝句，而"陌上花"还成了当时"中国好歌曲"学员们创作的模板——一种歌行的体例，时时被人翻唱与传唱。

这句话写的就是临安。他想催促妻子早点回来，但又觉得家乡那么美，他也不着急：路上花开得正好，你慢慢回来。催归催，但加了"缓缓"二字——不是"你知道我在等你吗"，而是"我可以一直等你"。

一往情深，钱镠对人，对家乡，皆如此。

写于 2019 年 11 月 12 日

抹去的年号和皇妃

宋太宗太平兴国三年，公元 978 年，二月，冷。

吴越国最后一代王钱俶，50 岁。他从杭州出发，第二次前往宋都开封。

此趟，路程仿佛拉长了，时间可以走得慢一点吗？

第一次去开封，入觐于宋，是两年前。吴越国的每个子民都在祈福，保佑国王能平安归来。那次，他回来了。

但这一次，他知道，自己回不来了。

五月初一，钱俶以所部州十三、军一、县八十六、户五十五万六百八十、兵一十一万五千三十六，纳土归宋，以臣自居，宋改封钱俶为淮海国王。

公元 960 年，赵匡胤建立宋朝。960 年至 978 年，这 18 年里，钱俶一直效忠于北宋朝廷。那些年，有哪些我们不知道的事？做这个决定之前，钱俶在想什么？

文献记载是"已有的历史"，那么，我们可以从中看出新的历史来吗？

1043 年后，有个叫黎毓馨的人说，可以。

"2003 年 4 月 23 日发现、25 至 27 日发掘清理的海宁智标塔元代地宫，是我 12 年考古生涯中主持的最后一个项目。"一篇题为"海宁智标塔元代地宫出土的吴越国钱俶时期佛教遗物"论文的开头，不易察觉的情感。

对钱俶，对经营了吴越国71年不断的钱氏家族，或许没有人比他更了解。2001年3月11日上午9点，浙江省文物考古研究所对雷峰塔地宫进行了考古发掘，并做了电视直播。黎毓馨作为考古领队，在淤泥一角，看到了残碑——《华严经跋》断碑，钱俶亲作。

雷峰塔考古发掘，整整20年过去了。

黎毓馨在海宁智标塔元代地宫发掘结束后不久，调至浙江省博物

雷峰塔地宫考古发掘现场（2001年3月11日）

馆工作，研究方向转为吴越国时期佛教文物和中国古代佛塔地宫。这20年，他始终在找吴越，找归宋前夕那些细枝末节，那些"全新的历史"。

找，不是从书本到书本，不是爬文献，而是在文献典籍之外，寻找那些刻在石头上的文字——金书铁券、投龙银简、摩崖碑刻、文书经卷等，上面的文字是第一手资料，可视为吴越国实录。

最近，杭州碑林有个展览：石铭江南——钱氏吴越碑拓展，在安静的劳动路上，展了许久。二十多方墓志，静立其中，贯穿五代宋初吴越国时期，上起后梁开平二年（908），下迄北宋太平兴国三年（978），有早年发现于洛阳的北宋端拱二年（989）吴越国王钱俶墓志等，许多全新的历史信息，得以重现。而镌刻在摩崖、石碑、塔幢上的题记，在吴越都城杭州也发现最多。此外，北

有山东青州《云门山大云寺重妆修壁龛功德记》,南有福建福州《重修忠懿王庙碑铭》,吴越国王钱俶发愿文手书十分珍稀。

为何要找?吴越国何为?

无须回答,大宋王朝的背诵默写天团,已经向你走来——

苏东坡在《表忠观碑》里表白:"吴越地方千里,带甲十万,铸山煮海,象犀珠玉之富,甲于天下,然终不失臣节,贡献相望于道。"

欧阳修感叹:"独钱塘自五代时,知尊中国,效臣顺,及其亡也,顿首请命,不烦干戈,今其民幸富完安乐。"

唐末纷乱,临安乡人钱镠趁势崛起,统一两浙,建立了吴越国,定都于杭州。杭州第一次成为都城,它打破了地方的均衡,从此成为东南第一州,傲视周围州郡。

唐宋之间,八十多年。钱镠及后继子孙钱元瓘、钱(弘)佐、钱(弘)倧、钱(弘)俶,历经三代五王,奉五代、北宋王朝为宗主国,保境安民,国力殷实。在钱氏诸王用心经营下,处于征战不休时代中的吴越之地,保持了繁华与安定,从公元907年一直延续到978年,成为五代十国时期立国时间最长的地方政权。

尤其是末王钱俶纳土归宋,使得"保封疆于边微,家世承袭,已及百年"的吴越之地完璧归宋。"上有天堂,下有苏杭",吴越成为乱世中偏安东南的富饶国度,莫不与钱氏有关。

吴越钱氏,宋韵前世。

千年宋韵,吴越亦在其中。吴越国的底子,钱镠定下的杭州城址"腰鼓城",奠定了后来南宋临安城的样貌,这也是属于浙江的宋韵个性。

吴越,胜览。

天文、水利、建筑、航海等科技成就独树一帜;商贸繁荣,手工业兴旺,丝织、制瓷、琢玉、金银加工、线刻铜镜、雕版印刷诸项,胜览历历在目。考古发掘所获礼佛供具,金铜造像、阿育王塔、经卷法宝等类,珍品比比皆是。

厦门大学教授周宁写过一本书叫《光来自东方:中世纪晚期欧洲的中国影响》,说的是马可·波罗回去以后,把东方的文明带到了西方,点燃了西方的文艺复兴,所以叫"光来自东方"。

或许，我们可以这样说，宋韵之韵，来自吴越。

1

小黎：我先来介绍下你的履历。960 年，赵匡胤代周称帝，国号宋，册封你为吴越国王。在平定江南的时候，你出兵有功，被封为天下兵马大元帅。宋开宝元年（968），被封吴越国王。我一直有个疑问，为什么在北宋立国 18 年之后，你突然主动把整个户口本献给大宋？你掌管时（948—978），吴越国疆域达到全盛，有十三州一军八十六县，北起苏州，南抵福州，大体包括今浙江、上海全境，以及江苏苏州，福建福州、宁德等地。这是个义无反顾的决定。

钱俶：这不是突然决定的。一来是遵先祖遗训。二来，此时，只剩我吴越一国。随着南方诸国逐一被灭，统一天下之趋势遂明，我不想民众受战争之苦，杭州的平安，吴越的平安，就是我的平安。

黎叔：你说的这些，后世文献都这么记载，我怀疑你是照本宣科。我们想知道更多幕后。我知道，你永远都不会说。没关系，我会找。很多时候，尽管原物已毁，但收藏于博物馆的碑拓，再现了已毁摩崖经幢碑铭的原迹。石头上，落字无悔，所有的修改和涂抹，都会留下"已编辑"。

看到这块《新建凤山灵德王庙记》的时候，我就知道了。

《新建凤山灵德王庙记》碑拓

原石是宝正六年（后唐长兴二年，931）立的，现存于德清县三合乡二都村防风祠原址，你爷爷钱镠亲撰，讲述自己重修防风祠的缘由和过程。那年，他已经 80 岁，第二年去世。这不是重点，重点是，我们看到，石碑上的"宝正"二字，被抹去了，但是没抹干净。

史书记载，钱镠统治吴越期间，境内私改年号，但实物发现极少。纳土归宋前，你把对自己不利的"证据"，主动抹去，因为你知道自己回不来了。

我刚刚去库房找了一块拓片，天竺寺乙未年（935）的《佛顶尊胜陀罗尼经》，铭文是吴越国高僧汇征写的，年代相对比较早。原物过去在上天竺，后来移到了下天竺，但实物已经不存——这就特别重要，好在拓片和图片都留了下来。

我就发现，这里写到的某一个人的功臣号竟然也被抹去了——你们看，"钱师勇"前面的一串字就被抹去了，毫无疑问就是功臣号。

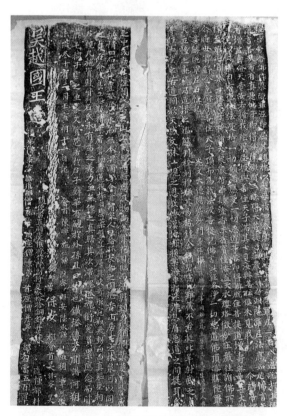

天竺寺乙未年（935）《佛顶尊胜陀罗尼经》题记拓本

小黎：功臣号，皇帝赐予臣子的名号，从唐代开始出现。五代十国时期，中原王朝延续唐朝的传统，继续使用功臣号来褒奖臣子，这一制度也为十国君臣所沿用。因为中原王朝对各地藩镇节度使赐予功臣号，其中一些藩镇自立为国时，也效仿了功臣号制度。比如吴越国，也给自己国家的高官授功臣号，这是一种荣誉。北宋初因循旧制，也大量封赐、改易、加增功臣号。宋太祖乾德元年（963），改赐钱俶"承家保国宣德守道忠正恭顺功臣"。

钱俶：这也被你发现了。

黎叔：年号、功臣号都凿掉了，这是你在纳土归宋前有意识去掉的。我还发现了另一个细节，上面刻着：吴越国王。

小黎：等等，在说谜底之前，让我这个数学很差的人来做一道数学题。

后唐长兴三年（932）三月，钱镠去世后，后唐朝廷不再封后继者为吴越国王，钱元瓘继位后，"以遗命去国仪，用藩镇法"。到了后晋天福二年（937），后晋才封钱元瓘为吴越国王。但是，这个经幢在935年就刻好了啊！难道……

黎叔：没错，说明钱元瓘又提前让自己当"吴越国王"了，也是效仿钱镠郊坛的做法。

小黎：这里插播一条关于郊坛的"小课堂"，就在杭州玉皇山吴越郊坛摩崖。后梁龙德三年（923），钱镠受封"吴越国王"，正式建国。但我们看到，这块摩崖题记刻文的时间：921年。这说明，钱镠在朝廷册封前，已自称"吴越国王"。

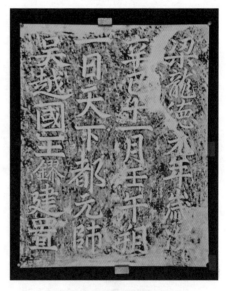

玉皇山吴越郊坛摩崖刻文拓片

黎叔：说到这里，再补充一下，钱俶和钱弘佐的情况也不同，他们一即位，朝廷就给他们封"吴越国王"。这些细枝末节，耐人寻味。"吴越王"和"吴越国王"完全不同，后者已经是一个独立的王国了。吴越王要纳税，而国王的体制和汉代的诸侯王是一样的，他只要纳贡，送大礼——比如秘色瓷每年送多少，特产每年送多少就行了，税收是不用上交的。

说到私立年号的事，我们在民间的墓志里也发现了，这也是另一证。

这次我特地把三块墓志铭放在一起，他们是一家人，男主人姓危。你爷爷对这种不太吉利的姓字，坟、丘，包括死对头杨吴政权的杨（杨行密起家），

金华万佛塔地宫出土鎏金铜水月观音像

雷峰塔地宫出土鎏金龙柱铜佛像

康陵出土青瓷盏托

水邱氏墓出土青瓷褐彩云纹熏炉

雷峰塔地宫出土鎏金银阿育王塔

很感冒，都要改掉。

小黎：插播一下。像东阳，当时不叫东阳，叫东场县，也是因为你爷爷特别讨厌杨行密，老是打不过他，上书梁太祖，"凡郡县名称与杨字同音者都予奏改"。谐音梗王看到 yang 就难过，改掉改掉，五代后梁开平四年（吴越天宝三年，910）钱镠改东阳县置。入宋后，北宋咸平二年（999），才改回了东阳县。浦江也是——后梁开平四年（910），改浦阳县为浦江县。

黎叔：其实你爷爷这个人很可爱的哦。我们说回来。这个投奔他的人姓危，后来改赐姓元。他也打不过杨吴政权，在江西抚州一带失败后，举家投奔到了吴越，吴越王对他特别好。

徐氏，是他的前妻，璩氏，是他的妈妈，这三块都是民间收藏，刚好在宁波同一个地方出土。妈妈和前妻同在 924 年去世（妈妈去世得早一点），更重要的是，她们是同一天下葬的。但奇怪的是，璩氏的墓志铭写的是"同光二年"，徐氏的墓志铭写着"宝大元年"，而代表的又都是同一年——924 年。这清楚表明，在这一年，你爷爷改年号为"宝大"。

历史记载，钱镠改过三次年号：天宝、宝大、宝正。这些资料一直很少，大部分已被毁。但我们还是要捡起这些碎片，只字片语也好，去拼图，试图还原这些历史信息。厉祖浩过去写过，在很多瓷墓志罐上发现过"宝大"，但在石板状的墓志上发现"宝大元年"，是第一次，我也很震惊。

但私立年号，在我看来，这是你爷爷管理吴越国在政治上的大智慧。

我们可以再说另一件同样发生在民间的事，来自苏州……

小黎：这事我知道一点。2019 年，临安举办了一个研讨会。一位苏州学者在会上做讲座时，讲到"皇帝大行"，你跟郑嘉励说，哎呀，这太重要了，总算发现了。

黎叔：932 年，你爷爷去世。苏州博物馆藏的《霍府君墓志铭》里，提到几个关键词："长兴四载"，也就是 933 年，"皇帝大行之后"——民间把钱镠去世一事，直接称为"皇帝大行"。你爷爷去世以后，没有获得谥号，也没有马上下葬（934 年下葬），但民间很明确称他为皇帝。

文献可以修改，但碑刻是第一手资料，涂抹、凿字，也会留下痕迹，为何

《霍府君墓志铭》拓片

而凿，为何修改，都可以从中发现线索。墓志多发现一块，就会提供很多信息，是吴越地方史研究的历史价值所在。

小黎：钱镠改年号与善事中国的国策并不矛盾。他尊奉中原正朔的国策，既有忠于中原维护大统的历史原因，又有实力不济远交近攻的现实需要。"称帝"虽属事实，但更多是表现一种姿态，是吴越国在群雄纷争夹缝中的生存智慧。

2

黎叔：钱元瓘庙号"世宗"，按道理不能叫庙号，这是皇帝才有的。所以，钱氏政权放在那个特殊的历史阶段，与众不同。这些新的材料，给我很多启发——真王。

1977 年，在绍兴望仙桥村出土过两块钱镠银简，一块是他 62 岁投的，另一块是 77 岁投入的。

小黎：1955 年，杭州西湖就出水过一件银简，把祈福消灾的文字刻在简牍上，与金龙一起投入水府山洞，"洞天福地"，龙作为驿骑和信使，将文字传递给神灵，这是一种道教科仪。上面的文字真实记录了当时的历史状况和社会风俗，身份、生日等身份证信息都要在银简告文中书明，这很重要，否则老天听不到，也不知道你是谁，前功尽弃。

银简在吴越国都杭州的西湖发现得最多。

黎叔：上海博物馆收藏的这块钱镠 77 岁的银简，未曾著录，去年在上博"春风千里"的展览中首次展出。我特地去看了看，不得了，有三个字，

绍兴市禹陵乡望仙桥村出土的钱
镠吴越"宝正三年"银简

重大发现。

这块简上刻着"东都乾元府","东都"指越
州，也就是今天的绍兴，吴越国曾改越州为东都
会稽府。《越窑瓷墓志》收录了多块吴越国墓志，
也称越州为"东都"。但"乾元府"三个字，在
历史上没有记载。

那时，钱镠75岁，受封吴越国王第四个年头，
但他称绍兴，叫乾元府，我吓一跳，我以为会写
会稽府。

吴越有两京制度，东都和西都。杭州是西都。
在钱元瓘、钱弘佐统治时期，称西都钱唐府。钱
俶统治时期称钱唐府。有西都，必有东都。

开封是四京制度，吴越是两京制度。南唐称
帝，吴越效仿，这是真正的僭越。

我现在想，他就是在使用一种介于皇帝和一
般王之间的制度——真王。在吴越地方政权里，
它仅仅低于皇帝，高于其他割据的政权。

钱俶，在你统治的时期，同样如此。宋太宗
为什么封你的夫人叫"皇妃"？简直不可思议，
其他吴越王的妻子都是叫"夫人"的，从来没称
"妃"。这个皇妃，不是你擅自册封的，而是宋
太宗的特殊恩典，就是要高于别人一等。在我看
来，这也能跟"真王"挂起钩。

小黎：很多人，包括大部分杭州人，至今不
知道雷峰塔的原名——皇妃塔。如果在网上查，
你会看到雷峰塔的另一个名字：黄妃塔。人们对
此的普遍解释——钱俶为了纪念一个姓黄的妃
子，或为了庆贺黄妃生子而建了塔。

尚未倒塌的雷峰塔

钱俶：我根本没有黄姓的妃子，吴越国三代五位国王，也没娶过一个"黄妃"。这个误会，我看到黎老师已经在很多场合帮我解释过了。可惜，误会太深。

小黎：976 年，妻子孙氏第一次陪你赴京朝觐，同年三月，朝廷赐封孙氏为"吴越国王妃"。大臣们当然反对，异姓诸侯王从来没有封妻子为妃的，但宋太祖觉得，吴越国对大宋王朝忠心耿耿，破一次例又如何？

可惜，孙妃福薄，回杭州后，到十一月就过世了。而到了第二年，（宋太祖已死）宋太宗追封孙妃谥号，所有史书不约而同这样记载："谥王妃曰□□。"

没错，两个空格。但，是什么字，后人心里有数。

吴越亡国后，宋廷为巩固皇室权威，消除钱氏统治的影响，下令将吴越故境的刻石，凡属年号或有僭越嫌疑的文字悉行铲除，"皇妃"两字，自然要消失。

如果不是 1000 多年后，那块残碑从淤泥中露出棱角，我们或许要

雷峰塔遗址出土的吴越国王钱俶《华严经跋》拓本

继续将错就错，而你的那份真情，也会随风而逝，永远不会有人知道。

雷峰塔钱俶《华严经跋》断碑，钱俶亲作，详述建塔缘由，在雷峰塔发掘中被考古队员发现了。

黎叔：这篇跋我现在终于背出来了，那天做直播导览，我一紧张背不出来了。

小黎：断碑和皇妃的故事，我过去写过。今年，雷峰塔发掘20年了，此刻值得重温——文保员一边清洗石头，一边让黎毓馨猜，上面写着什么。他心里多么希望看到"皇妃"两字，但又怕失望。没想到，转身一看——"塔因名之曰皇妃云"，一字不差，一颗心终于落地。

谜底揭开了。宋太宗追谥"皇妃"之时，塔刚刚建好，钱俶你为了纪念爱妃，才把这座塔称为"皇妃塔"——这才是雷峰塔的本名。

除了这块残碑，还有一面画有线刻图的铜镜，扬之水有一番考证。

线刻图里的人物以龙凤为标识，可以推定画中主角的帝王身份。而铜镜放入的年代，是在孙妃去世之前。可知这幅画，一来是宗教的，钱俶为了"发愿往生净土"，更重要的，是钱俶和王妃孙氏共同的愿望，愿世世代代为夫妻。

为啥是孙妃，而不是第二个老婆俞妃？扬之水发现了一个有意思的地方，线刻图画着月宫图景，让人联想到白居易《长恨歌》里的七夕之誓，而杨贵妃字"太真"，巧合的是，孙妃的本名，也是"太真"。

雷峰塔地宫出土的"光流素月"铭线刻镜背面照片及线绘图

黎叔：这是皇妃的福气。而前些年，我又有新的发现。

小黎：这个故事我来讲讲。你有多爱皇妃？有一个插曲。孙承祐，你妻子的弟弟，你的小舅子，名字很像韩剧里的男主角。

要先提一个人，你六叔钱元璙——本来他是继承人，但因为种种原因，你爸爸钱元瓘即位了。不过他们兄弟关系还是很好。后来，他迁到苏州，担任中吴军节度使，镇守苏州。

钱元璙和儿子钱文奉在苏州任刺史各三十年，苏州的园林情趣，舒服的气质，都跟父子俩的经营有关。虎丘塔，便在那个时代建成。钱元璙特别喜欢建造园林，建起了苏州发展史上最大的园林——南园。《吴郡志》载："南园，吴越广陵王元璙之旧圃也。老木皆有抱，流水奇石，参差其间。王禹偁为长洲县令，尝携客醉饮。"北宋诗人苏舜钦也在游南园之后，写下诗歌："西施台下见名园，百草千花特地繁。欲问吴王当日事，后来桃李若为言。"后来苏舜钦构筑的沧浪亭、范仲淹创建的郡学之庙等，都仅是南园的一部分。

元璙之后，其子文奉又继续任苏州刺史三十年。父子俩都是"中吴军节度使，开府于苏"，经营了苏州快一个甲子。

但是，969年以后，文奉去世。钱俶马上用了孙承祐，让他担任中吴军节度使，不再用自己的孙子辈了。这件事特别重要。

黎叔：再说个插曲。苏州有个灵岩寺，里面有座塔，我去现场看，原来，孙承祐在姐姐去世后，又在苏州为她建了一座塔，为她超度。

小黎：一座，是丈夫为她超度而建，一座，是弟弟为她而建。孙太真，真，福气。

3

小黎：纳土归宋，是一个"回不来"的故事。其实，还有一个"来不及"的故事。

黎叔：你命人在雷峰塔塔壁八面镶嵌《华严经》石刻，我们在底层的回廊、门道填土中发现了1104件石经碎块，大小不一。文献记载，石经原先放置在外套筒的外墙面上。五代石刻佛经的大量出土，仅此一例。

我花了 10 年时间，一块一块"拼图"，按佛经的卷次重新编号为石1—石49，缺失 10 块。我发现你原来准备刻满完整的 80 卷，但结果只刻了第一层 48 块共 32 卷，后面的内容，一个字也没刻。围绕八面的 1104 块大小不一的石经，经拼接复原后成 49 大块。

《大方广佛华严经》石刻佛经拓本

钱俶：你有证据？

黎叔：当然有。实际上，所有的内容，你都已经排进去了，我们可以连起来，只不过你没有刻。我发现有一块石头，下面刻了整齐的文字，忍冬花纹（这种花纹也传到了宋代）的边框也留好了，但上面却是大片空白。你是个做事极仔细的人，我们拼碎片的时候发现，所有内容，你都事先亲自排版，设计版式，一行 17 个字，一个壁面刻四卷，我们全部都可以连起来。所以，没刻完，这是很不正常的。

小黎：这件事，黎老师在意了很多年，把拓片挂在了办公室墙上。

钱俶：这不能怪工匠。

黎叔：当然。你第二次去开封，纳土归宋，使得杭州避免了战祸，百姓得以保全。你自己却被永远羁留在北方，再也无法返乡，更别说完成石刻了。所以，雷峰塔是一个没有完成的工程，已经来不及刻了。

我觉得自己很笨，这几年都在做这些"拼拼凑凑"的事情，这几年把吴越佛教遗物全部梳理了一遍。拼石经，太重了，但我明年还要整理一次。一块石头，厚 17 厘米，单手拿不动，我称过，一块石头五六十斤。一大块全部拼好，一米多长，有好几吨重。

钱俶：塔倒后，砖里的秘密，你发现了吗？

黎叔：塔倒后，经我手的砖有上千块，砖上有藏经的小圆孔，就是你放经卷的，有些砖上面还有字。俞平伯先生认为，雷峰塔的砖头要么有文字没孔，要么有孔没文字，有孔又有文字的，太珍贵了。刚好，我就发现了一块，藏经孔上面有一个"天"字，只有这么一块，这说明，这一块就是您供养的佛经。

钱俶：你们很厉害。

黎叔：《大藏经》里，按照千字文编号，天地玄黄，"天"是排在第一位的。

塔倒时，大家以为是"金砖"，砖头里有金子，抢着去捡，把砖头砸烂，里面的佛经被破坏了很多。其实，这经卷比黄金都要贵，它是中国最早的雕版印刷术的见证。

不过，还是有识货之人的。八万四千卷经卷，好多人去抢，很有名的版本鉴定家叶恭绰辗转得到了其中一卷，真是捡漏啊。还有个杭州诗人陈曾寿，塔倒时，买通了现场的警察，才找到了一卷，真心不容易。

钱俶：所以我说，知心人不用太多，一两个足矣。

4

小黎：第二次去开封，就算不回家，大家也在祈求你平安，但人生有时候就是充满了戏剧性。988 年，你 60 岁生日那晚，宋太宗赐来一桌好酒好菜，你举杯畅饮。夜半，读完数篇《唐书》睡下，却在凌晨暴毙。

谁也不知道是宋太宗毒死了你，还是多年的风湿要了你的命，还是喝酒中风导致猝死，答案已经飘在风中。只是，我在想，如果你知道雷峰塔在后来遭到两次火劫，一定会伤心。

黎叔：还有一件事，你会不会在意？我读你的墓志，国王级的，是最高级别，高度 92 厘米，宽度 93 厘米，墓志铭达到了 53 行。洋洋洒洒 3000 字，对建国的历史，有意识地避开，大量写对北宋如何谦卑。你不会写自己，也不会写纳土归宋有多伟大，因为在你看来，这是自己应该做的。

更重要的是，志文通篇没有出现"钱俶"，甚至没有出现"钱"，而以"邓俶"称呼，以致一度被误识为"邓俶"之志，多年不为人知。这块志石原陈列于洛阳古代艺术馆东展室，如今藏于洛阳博物馆。

人们查阅五代时期的历史之后，并没有找到"邓俶"这个人，又把墓志铭和北宋时期为了吴越地区的国王钱俶之死所制造的册文进行比较，只多出"中正"两个字。不管是墓志铭主人的名讳还是谥号，或者是曾经追封的一些称号，都和钱俶相同，而钱俶也曾经被封为秦王或者邓王，直到1981年，洛阳才将这份墓志铭的主人定为钱俶。

还有一件很有意味的事，入葬之地。

你初葬于汴京之东，南阳邓州之野；后却迁葬于洛阳，距巩县帝陵很近。

小黎：作为亡国之君，却没有葬在营庄村——这里葬有东吴末帝孙皓、南朝后主陈叔宝、西蜀后主孟昶以及高句丽、百济国的末代国王和后裔，是个末代王陵区。按道理，亡国之君，只配居"阴"。而你却葬在旁边的陶公里，与帝陵相望。

黎叔：确实纠结。你是亡国之君，但不能完全按照亡国之君的规格来对待；而你又忠于皇帝，但又不能埋到帝陵里去，毕竟还是亡国之君。宋太宗为避臣属及后世之讥，葬钱俶于"亡国之君兆域"之侧，既安抚了钱氏子孙，又堵了臣属及后世讥口。

可见，宋对钱氏不薄。百家姓，赵排第一位，钱第二位，第三位，就是孙，你的夫人，是朝廷封过"皇妃"的，那有多厉害。这是后来孙机先生告诉我的。再看墓志上，朝廷对你的封号"追封秦国王"。不得了，不是秦王，而是秦国王。

钱俶：你们有一句话：生在苏杭，葬于北邙，这是人生很高的境界。所以，我是无憾的。

写于 2021 年 1 月 10 日

解码飞来峰

11月14日，灵隐飞来峰景区，著名的"一线天"，也就是龙泓洞洞口，一度"堵塞"。

"这个导游，叽里呱啦讲了那么多，把路都堵死了。"

"这个导游很烦。"

邵群笑着，一直帮"导游"疏导。

"导游"叫许力。走到"黄山谷"石刻处，他果然走不动了——

这并不是黄庭坚的作品，而是梁溪（无锡的古称）钱泳以黄庭坚笔法写的，钱泳对黄庭坚书法的临摹，从十八九岁就开始了。这幅摹作，刻于清嘉庆元年（1796）秋。

为什么要临摹并刻在飞来峰？

清钱泳摹黄庭坚诗句

钱泳意识到，在整个西湖，苏黄米蔡，独独少了黄庭坚，他觉得有遗憾，所以以山谷书风，补了一首诗，向他致敬。

听课的人群，迅速呈包围之势，追着两个人跑——邵群，杭州西湖风景名胜区灵隐管理处副书记；许力，中央美术学院人文学院特聘教师。

这是一场探寻摩崖石刻的"现场课"。主要参与者，是杭州一个小有名气的石刻古迹爱好者群的群友，这也是他们的第九期活动，主题"西湖史迹游——飞来峰下觅旧题"。

11 月 16 日，邵群参与《西湖摩崖萃珍一百品》作者签书会，在飞来峰，为读者游客解读石刻造像，并倡导成立"护宝志愿者"队伍，鼓励大家都能参与到文化遗产的保护中来。

此处，是飞来峰的游客通道，眼看人群汇聚，邵群赶紧把话痨"赶走"，这处宝贝，许力那天"吞"进肚子，没来得及讲。

前几天碰到我，在同样的位置，他再次走不动了。这个冬日降温的傍晚，许力讲了一个古人向古人致敬的故事。

邵群已经很习惯许力面对西湖石刻造像的"熬不牢"；而许力也很习惯，他的背后，西湖山石的背后，有一位学者型管理者的贴身守护。

1

邵群以为自己一辈子走不出这座山了。

1987 年到 2014 年，她在杭州凤凰山管理处工作，待了 28 年，一直做文物保护。上山下山，寻访自己能看到的文物，这是她每天要做的事。

"杭州人小时候在哈啦菩萨旁边拍一张照片，肯定是有的。"一听这话，"老杭州"无疑。

在菜市桥南河下长大，生活轨道穿越整个南宋临安城，她对这座城市的文化记忆，娘胎里自带。

她做过一个梦。

梦里，她牵着一匹白马，走在石龛前，走在慈云岭古道上。说来奇怪，此后有什么烦恼，想要倾诉的，她就去慈云岭造像，只要去了，就可以平静地面对生活中所有烦恼。她说，那里是她的福地。

在山上寻访的过程中，她经常会恍惚，这些文物似乎是见过的。她想，自己大概是吴王尉——钱镠的校尉，可以自由进出这座山林，玉皇山、凤凰山，寻找和守护一些东西。

她知道，那些留存了千百年的石刻造像，正在慢慢变老，甚至消失。十年前看它们，十年后再看，样子已经变了，石头开裂，泉涌冲刷，字迹漫漶，越来越模糊，时间和自然在石头上留下的痕迹，挡也挡不住。作为一位文保工作者，她觉得自己的基本工作，是把看见的当下记录下来。

2002 年，杭州市第三次文物普查，通过历代金石志、方志，如阮元的《两浙金石志》、历代《杭州府志》等，按图索骥，她和同事找到了很多摩崖石刻，但还有相当一部分很难找到。

有两件吴越王的石刻，她怎么都找不到。一件，是武肃王开慈云岭记。另一件，就是武肃王郊台题记。

我们来说第二件。

后梁开平元年（907）五月，钱镠受封为吴越王，至北宋太平兴国三年（978）五月钱俶纳土归宋，吴越国经历了三世五王。

钱镠在国力日渐强盛的后梁龙德元年（921），按照"于南郊就阳位"的古制，在其都城南郊，也就是玉皇山支脉——天真山的山顶，设立郊坛，举行郊祀，完善其独立王国的礼制。

1000 多年后，邵群把玉皇山南侧支脉天真山"翻"了很多遍，始终没找到。

那年冬天，她继续找。

那天，走到一处悬崖，离地面有一层楼高的崖壁上，草木枯萎，荆棘丛生。她拿着一根棍子，一撩，发现有字：天下都元帅。

在了，在了。是吴王让我来发现的吗？她想。

如今，如果要找一个俯瞰八卦田最好的视角，就是这里，天真山。这处题记位于第一层平台北侧石壁上（注：现存三层台地的遗址上，散布着多处历代遗迹，如灵化洞、登云洞、朱天庙、甘露井、午梦床及十余处摩崖题刻），刻于后梁龙德元年（921），正书，共4行29字，字径9厘米，题记全文为：梁龙德元年岁次 / 辛巳十一月壬午朔 / 一日天下都元帅 / 吴越国王镠建置。

2008年，玉皇山南保护工程第一期，其中一个新增景点就是吴越郊坛遗址，杭州市文物考古研究所勘探后，确认此地为吴越郊坛，这才有了景区的建设。2009年正式建成，吴越郊坛遗址成为玉皇山南的重要景点，也成为摩崖石刻寻访过程中的重要成果。

一块摩崖题刻，印证了杭州的历史，让杭州多了一个重要的景点，但邵群在字里，读到了更多信息。

郊坛，祭天之所，对话者，得是天之骄子。只有皇帝（天子）才有资格，诸侯与大臣是不允许以自己的名义搞祭天活动的，祭天是确立天子身份必不可少的重要仪式。

我们经常说吴越三代五王，钱镠对杭州的贡献很大，善事中原，维护一统的政策是家训。那么，他到底有没有想过做皇帝，事实上有没有做过？

后梁龙德三年（923），钱镠受封"吴越国王"，正式建国。我们看到，题记刻文的时间，是921年，这说明，钱镠在朝廷册封前，已自称"吴越国王"。

这不是偶然的。后一年，龙德二年（922）十二月，钱镠发给崇吴禅院长老僧嗣匡的牒文上，仍署"都元帅吴越王"。因此，这篇题记证明了"镠虽外勤贡举，而阴为僭窃，私改年号于其国"属实。

那一刻，"吴王尉"邵群突然发现自己撞破了王的心事。

2

北京，有一个70后浙江天台人也在找它。那是整整10年后的事了。

2012年，许力正在撰写一篇有关书画鉴定的论文，需要拿石刻文物上的文字来反证卷轴画的真伪，其中有一个很重要的内容：钱镠。他的研究方向是文字类石刻保护，从文字切入，关注文字的断代。断代，就一定要上手。但上手，在文物管理中是不允许的。

钱镠目前可见传世的作品只有两件，一件是浙江省博物馆藏钱镠钱俶《批牍合卷》，另一件为民间收藏。

但是，他又从金石学著录里找到了另一条线索。有一件摩崖石刻，在2002年被人发现了，正是吴越王的楷书作品。

他要去现场访石，印证这块摩崖是否真实存在，保存状况如何。

那天，他带学生来到玉皇山，自己爬上了小斜坡，手还没摸到字，只听后面一声呵斥：“你干什么！下来。”

“我是中央美院的，来做地面石刻文物普查，帮学校的图书馆搜集整理资料。”他给保安看了学校开具的证明。

“这件事情我不能做主，你要找我们文物科科长。”

许力说：“我不认识。”

他至今记得这位恪尽职守的保安。

“那你认识谁？”

“我认识杭州文物部门的前辈。”

“那你先去联络，反正今天你绝对不能碰。”

保安给了他一个办公室的电话。而他先去找卓军。

卓军一听，竟很兴奋——很难得啊。因为分管这块的人，就是你要找的那个人，跟你是同好。但是，我们都不明白她在干什么。她对文物的保护，是有她自己的理念和方法的，你自己和她沟通吧。

卓军给了他一个电话，对方叫邵群。

“不可以。”他听到电话那头的女声，温柔是温柔的，坚定也是坚定的。

他带着学生沿途考察，本来在杭州的行程只有一天，不得不延长到了四天。他让学生先做考察，自己去见这位后来一直称姐姐的科长。

意味深长的一次见面。

保安在山上把许力“抓”住，交给了邵群，等于说，把一个研究文物的抓住了，交给了一个看守文物的人。然后，两个人发现彼此对文物的痴迷是一样的。

当时就有一种……许力在想一个词。

就懂了。邵群接。

一个说，我是我们学校的边缘人物。另一个说，我是我们西湖边的边缘人物。

我觉得我做的工作跟很多同事做的工作不太一样。他们常常会问，你每天忙进忙出到底在干什么？

我正好是我们这个专业里的冷门研究，当时的石刻不像今天这么红，金石学，大家觉得你一天到晚跑野外，爱玩。

两人在做同一件事，初衷一致：心疼它们，要保护它们，希望人们能亲近它们。

3

和许力认识之后，邵群做了一件事。

管理处把仅藏的一张拓片原件，捐给了中央美院。学院特地写了一封感谢函，并把收藏证一并发到杭州。

邵群的想法，跟很多人不一样。

文物是属于全人类的，并不仅仅属于某个机构和个人。特别是野外露地文物，更属于全人类。我们管理机构的任务，是保护好，善待它，让它延年益寿，看到它的人更多。而碰到一个对石刻、造像等野外露地文物带着研究目的来的人，我们这些资料当然应该共享。

但是，当初一口拒绝许力做拓片，邵群很坚定。

在野外做摩崖石刻文物的拓片，必须经过文物部门的允许。这是前提条件。对于文物的保护，如果交由非专业人士，甚至有一些抱有其他不良目的而来的人，会对文物造成不可逆的损坏。

包括拓工的筛选，也非常重要。有些人技术不够好，会造成字口残损，或者有些人心里抱有想要孤品的念头，就会故意把字口拓坏。邵群曾见过一块碑，这个拓工拓完后，拿裁纸刀一刀一刀全部切过，等于"千刀万剐"，后面的人如果再拓，字口就没那么清楚，底纹上就会有斜痕。

又气又心疼，"真的头发都要竖起来了"。

2014 年，邵群调到花港管理处，卓军请她参与执行编辑《杭州文博》，她对文物保护的理念有了很大的启发和转变——文物啊，你就管着，让它完好，是不够的，你只是保存，更重要的是要让人们知道它有多好。但是，在条件不成熟的时候，让人家知道好，很冒险，因为大环境还没有成熟。她不敢让人知道这些"孩子"有多优秀。

《杭州凤凰山摩崖萃编》之后，她执行主编了《杭州花港摩崖萃编》。花港"起底"时只有十几处，就在这个时候，她认识了"摩崖三杰"里的老奚——奚珣强。他在南屏山荔枝峰山脚处，现在章太炎墓后方山林中，发现了阮元写的"荔峰"石刻。

老奚带邵群去看，那里没有路。她爬上山，非常兴奋。

老奚觉得，终于找到组织了。很快，"摩崖三杰"中的另两位陈洁、许力都加入了"组织"，成为《杭州花港摩崖萃编》的外援。在他们的帮助下，2018年此书出版时，题刻发现数量超过了50处。

卓军当时对邵群说：花港文物不多，文保工作相对凤凰山没那么繁重。

结果，邵群交上了一份优秀"作业"。

尚未清理的"荔峰"石刻（奚珣强摄）

阮元题"荔峰"二字

阮元玉乳洞题名（奚珣强摄）

她知道，这个作业没有幕后团队，她一个人是写不了的。因此，她非常希望在飞来峰也可以有这样一个地毯式的搜寻。

4

2019 年 11 月 26 日，邵群正式接到要调入灵隐管理处的通知，距今正好一年。

有些恍惚。就像苏东坡从凤凰山介亭出发，过大麦岭，到飞来峰。这不就是我走的路吗？

她用了 33 年走到了这里。

过去 33 年，她数的都是西湖南岸的摩崖石刻，南屏山、九曜山、玉皇山、凤凰山、万松岭，而飞来峰，她是陌生的。

她用了"沉溺"一词——这一年，我就是沉溺。

耳环、高跟鞋，日常优雅精致的邵群，一到山上，立刻换了球鞋、冲锋衣、登山杖。只要有空，她就在飞来峰的洞壑、山石上走、爬、钻，一天五六个小时是常态。有一次，老奚带她到呼猿洞，没有路，必须从山上爬过去。

邵姐，你不要爬。

当然要爬，怎么好不爬！邵群跟着他们"连滚带爬"地爬了两次。

"你如果对一个地域没有足够的亲近和渗透，你怎么去梳理它的家底？更谈不上精准的保护。"虽然做了《西湖摩崖萃珍一百品》，很多石刻造像她知道，也看过，但她始终觉得，这些东西像是邻居家的，只是知道，不是自己家的，始终隔了一层。

她要一个一个数过去。

刚来灵隐管理处时，官方公布的飞来峰有 180 多处题刻。邵群跟同事说，我个人掌握就在 230 处以上。

她希望通过对家底的清理，理清一个景区的文脉。在了解的情况之下，从保管、保存，变为保护，然后传播和弘扬。"如果家底没摸清，我的保护有时候用力并不精准。只有知根知底，才知道该在哪里用力，我们的传播才能到位。"

那天飞来峰的活动结束后，她的微信响个不停，好多人来加她好友——邵书记，我可以做什么？

她有一件迫切要做的事——发现更多如"摩崖三杰"这样对文物真正热爱的人，成立一支护宝志愿者服务队，从飞来峰起步，涵盖整个西湖景区。

访碑过程中，经常会有出其不意的惊喜，要么是"见"到了一个古人，以前只是在书上见到，现在在路上，迎面碰上了；要么就像捡到了一个宝贝，它原来就趴在那边，只是一块石头，洗衣服的阿姨可能还会在上面刷衣服，但这块石头一翻过来，居然有某位古人的字。

"这种兴奋无法用语言表达。"她的身边，有很多这样的"石痴"。

她觉得，与其让这样的情绪"无依无靠"，不如装到一个筐筐里去。所以，这支护宝队的第一个任务，就是发现。

> 他们中间有很多野爬运动者，因为摩崖石刻很多都不在我们的常规游步道上，不在我们的游路上，是在古人的游路上。还有书法爱好者、文史爱好者，以及热心市民。我想从这中间物色出一支优秀的队伍，把文物当做自己家里最珍贵的东西一样去爱护。

邵群对大家说，这些文物不仅仅属于灵隐管理处，是属于全人类的。你只要看见了，就要保护它，看到任何破坏的行为，都应该去制止。

邵群有苦心。

> 其实，访碑的人很多，但有时候会给我们文物管理、景区管理带来一些困扰，不如拿我作为管理部门给你的通行证，大大方方去访，你行的不仅是保护之实，还要有守护的责任。

访碑的热度越来越高，邵群心里也越来越慌。

她和许力的角度不同。作为管理者，文物安全是第一位的，研究是为了更好地管理和利用。"我希望我的研究更好地为管理服务。而许力作为学院派，深入的研究可以更好地理清脉络。所以我觉得，认识许老师，有天助我也的感觉。"

他们心里都很急。

许力急的，是对西湖摩崖石刻深一度的发现。邵群急的，是如今对于摩崖石刻的重视，确实唤醒了很多人。但是，如果因为他们的唤醒，变成了一件危险的事——有些人认为，这些宝贝归我了——这个想法一旦产生，后果不堪设想。那还不如让它埋在深山丛中，有了更成熟的条件后，再为她做嫁衣。

许力想到罗哲文先生生前对他这样说："你们年纪还轻，我们已经用毕生的精力去保护这些文物，哪一天，当我走到生命的尽头，闭上眼睛，在我生前，这些东西还好好地在那儿，我就对得起它们了。"

2015 年，许力带着邵群拜访文保界元老谢辰生先生。他这样介绍她："刮台风了，这个人啊，说梵天寺经幢会摇的，会睡不着的。"

谢辰生看着邵群："做文物保护，需要有人担心它们的安危。"

临别，谢辰生为她题了一首诗，最后一句是：不负好湖山。

5

邵群的很多想法，是许力原来想都不敢想的。

他当时只是想找到一些文物，作为论文里的论据。他没有想到，要去深入研究一个独立的学科。"金石学在古代就是考古学，等于我从卷轴画的研究，直接切入金石学的研究，对于我来说，邵群给了我一个契机以及无私的帮助，让我切入这么一个领域中。"

在邵群这些年"打底"资料整理的基础上，许力披沙拣金，对摩崖石刻做了深入研究，一块是文字类的切入，文字、题记、题名等等；第二部分，他做古代美术史研究，对图像敏感，在访碑的过程中，找到了很多器物和图像之间的关联。

飞来峰天天都有新发现，一点不夸张。

今年，邵群和许力在天天走过的路上，还发现了新的北宋题记——苏轼的好朋友、北宋文学家晁端彦"侍亲来游"，熙宁十年（1077），他陪着自己的亲属来游玩。题刻就在冷泉溪北岸，飞来峰康熙榜题的边上。"这么天天走上走下都没有看到。"

当然，飞来峰还有更多的未知等待发现。比如，邵群和"摩崖三杰"一直在找的韩世忠的儿子韩彦直 12 岁的榜书作品"韩世忠翠微亭题名"，一手漂亮的颜体。

许力说，飞来峰的摩崖石刻，奠定了西湖摩崖石刻群的底子。西湖摩崖石刻群最重要的几件，都在飞来峰。

龙泓洞，就是著名的一线天，洞口的这一面崖壁，是飞来峰所有崖壁里最精彩的，但很少有人知道。此处，保存了目前为止整个飞来峰最古老的有年款题刻。

左上角，一眼看到"泉州刺史"，但是"过游"后面丢了好几个字。为什么呢？清代人开凿字龛，把前代人的字破坏了。但，这是很漂亮的颜真卿体，也是飞来峰有纪年的年代最早的题记——"唐乌重儒题名"，唐宝历二年（826）。释文：泉州刺史乌重儒宝历二年六月十八日赴任过游此寺。

龙泓洞里，还有一件非常精彩的题名，来自贾似道，这是目前可以看到的贾似道题记里体量比较大的。

南宋咸淳年间，贾似道带着他的儿子、孙子等，一起到天竺山祈愿，回来后在这儿休息。

这里还提到了廖莹中，是他的门客，也是著名的收藏家，贾似道很多收藏都是他来掌眼的。

唐泉州刺史乌重儒龙泓洞题名（马鹰摄）

唐泉州刺史乌重儒龙泓洞题名拓片（国家图书馆藏）

全国的贾似道摩崖题记，目前发现的只有四处，江西一处，四川一处，杭州两处。根据著录，还有一处在葛岭，但一直没有找到。龙泓洞这一处，是能确认为贾似道手笔且最精彩的。

南宋贾似道龙泓洞题记（奚珣强摄）

最罕见的是，居然还出现了刻工的名字——沈坚刻。

为什么罕见？在摩崖石刻里，除了皇家有御书手——指定刻工之外，像这样的权臣有专属刻工是极罕见的。同时也证明了一件事，在宋代的杭州，是有刻工家族的。比如，在慈云岭看到的陶姓刻工，在这里发现的沈姓刻工。这两个家族当年在杭州，一定非常显赫，是技艺绝对娴熟高超的刻工。

6

卢元辅的《游天竺寺》诗刻，许力和邵群找了好多年，一直没有发现。今年一个雨天，两人继续访，经过很多崖壁，树叶也没清理。

走着走着，邵群说，上面太冷清了，没什么人。

此时，保安又出现了。

我又要感谢一位保安，姓张。不知道这个人现在是不是离开灵隐了。我希望他能够看到这篇文章。杭州市园文局的保安，这个人群非常值得尊重。

那天，小张保安陪着他们上山。因为他有执勤任务，要先下山。他把两人带到一处，"大概在这个周围，我曾经看到过字，但我不知道，你可以在这个附近搜寻"。

此地偏僻。邵群和许力沿着山壁来回走了好几遍。他们怕走错路，而周边的崖壁上，并没有字的痕迹。

就这么来回几次之后，在水塘的内侧，许力一只脚差点要陷进去，还好有根树枝伏在上面。他们就踩着树往里壁走。许力看到，呈皱褶状的崖壁上，隐隐约约有字。

傍晚，夕阳照在崖壁上，借助反光很容易看到字的凹痕，首先看到的，就是"大唐"两字。

兴奋。

卢元辅题诗的第二行，就是"大唐（此二字系后人加刻）杭州刺史卢元辅"。难道这就是我们找了那么多年的卢元辅诗刻吗？

唐杭州刺史卢元辅游天竺诗刻

倒挂的荆藤、树枝挡住了视线，他拿着手机，隔着藤蔓，先拍了一张照片。站在路边，他们两个再扒开树枝一看——卢元辅。

"他很兴奋，激动死了，跟疯子一样。"邵群说。

为什么疯？

这是目前为止现存的杭州最早的摩崖石刻，后来被誉为"西湖摩崖之冠"，也是唐诗之路上重要的一首唐诗。

卢元辅是杭州刺史，诗人，这又是一首写杭州的诗——唐元和八年至十年（813—815）间，卢元辅来杭任刺史期间留，而且曾经被著录过——"这是什么样的一种感受？你忽然觉得你跟他在这里遇到了，有一种时空交错的感觉。"

许力转头跟邵群说："你是我的贵人。如果不是因为你，我没办法打开通往唐宋杭州的这扇门。"

7

我们知道，吴越钱氏诸王在政治上推行善事中原、保境安民政策。也就是说，奉中原政权的正朔，称臣纳贡。在征得中原政权允许后，在境内实施"建国之仪"，其"仪卫名称多如天子之制臣"。

这些，真实反映了当时的政治状况。但是，在飞来峰的石刻里，我们还可以发现吴越国为了保境安民所作出的牺牲。

走进青林洞的洞壁，是一个阿弥陀佛佛龛，有周钦造像题记。小小的方块里，有近 200 字的题记，里面涉及了五代时期很重要的一些官职。但是落款很奇怪：时己未建隆元年三月十九日记。而建隆元年（960）应该是庚申年啊，己未是 959 年，北宋建立前一年。

许力发现，在这个小小方块里，明确写了一个北宋年号，干支纪年应该还是后周时期的。在后周干支纪年后面，又加了一个北宋的年号：建隆。这是北宋的第一个年号。

石刻的落款就给人造成了困扰。这里怎么会错了呢？

实际上，吴越国用了一个方法，很巧妙地规避了危险。我写你的年号，是尊重，同时，我又不用费那么大工夫去改刊——前一年已经刻好了，再去改。在古代，石刻改刊要下很大的成本，对社会资源的消耗很大。

但是，吴越国为了表忠心，干脆在整篇题记正中心，覆刻了"皇帝"两个字，篆书。

问题又来了。

很多人质疑，后周年款的石刻，上面有"建隆"，又有"皇帝"，怎么解释这种荒谬的逻辑关系？又怎么能断代是北宋？明朝也可能刻，元朝也可能刻啊。

今年 4 月，雨天，邵群和许力经过青林洞回来。许力去杭州碑林逛了逛，也是他经常去的地方。

那天下午，他突然发现，杭州有一组国宝：宋理宗御书圣贤赞刻石，其中，第十五石《孟子》，碑额高 40

"皇帝"

厘米，中间刻"皇帝御制御笔"6字，篆书，3行，其旁刻双龙飞云纹饰，碑文左侧中间有"御书"印一方，碑身四周刻祥云。

再仔细一看，一愣。字体似曾相识。他就拍了一张照片，拿到飞来峰与"皇帝"一比对，就是同时期的。

也就是说，宋代皇家对"皇帝"两个字的写法，传承下来几乎没有变化。由此可以证明，飞来峰的"皇帝"断代的下限，至少是南宋。

再推——南宋人没有理由在吴越国的碑刻上刻"皇帝"两个字。因此，由"建隆"可以推断，"皇帝"两个字是怎么来的——北宋初年，吴越国向中原宣誓效忠。

飞来峰的这个"案子"破了。

"皇帝"两字，不光把吴越和北宋联系到了一起，还把吴越、北宋、南宋打通了。

这就是飞来峰摩崖的魅力。

<h1 style="text-align:center">8</h1>

有一些事，文献里并没有记，它们记在石头上，刻在人心里。在飞来峰的石刻里，邵群读到了很多情绪。

"你抬头，你得站在我这个角度看。"在青林洞的洞顶，很少有人会发现，这个刁钻的角度，密密麻麻的字——太平兴国三年戊寅十二月二日，内供奉郝潨与知府正郎范，转运使副刘杜，巡检大保翟□，户部判官杜通，理孟，同至此。

这些人名，很少有人认识，但她注意到了"太平兴国三年"。

这一年，也就是 978 年，钱俶纳土归宋，一去不回。

这些人名，都是吴越王殿前很重要的谋臣，吴越王带着他们离开，再也没有回到故土。其中，有一个小官员的名字，小到根本没有资格和他们同框，人们就把他的题名，从崖壁的顶端，移到了崖侧。

一点悲壮，一点无奈。但不管人在哪里，在，是最重要的。

时代更迭，不舍家国。邵群读完了文字，又有了吴王尉的心情。"有家国沦丧、

北宋郝濬等青林洞题名及拓片

前途渺茫的感觉。但是，这么好的湖山，应该得到庇佑，刻在这里，是一种祈福，对家国，对家人，至少要平安。”

9

“小心头哦。”

青林洞通往玉乳洞的通道口，有一块标示：注意安全，小心碰头。这个低矮通道，人无法站直，我跟着许力猫着腰钻进洞。

今年疫情之前，邵群和许力也是这样一前一后进洞。

那天，“猫”进洞的时候，许力不小心滑了一跤，手一撳，扶在墙上——诶，怎么手感不太对？

一般钟乳石是光面的，但许力在那一瞬间觉得摸到凹凸面——好像摸到了字口。

“邵姐，你等等。”许力马上

2020 年春，邵群、奚珣强和许力在青林洞寻访，这里正是许力滑了一跤的地方

叫住她。她已经快要钻出洞了。"你回来，你回来。"他喊。

那天，邵群也是这样猫腰而过。

两个人摸到洞边，好不容易站直了。

手电筒的光束打到壁上。正前方，出现"万历年间"的摩崖题记。也就是说，明朝万历年间有一群人（还未释读），在这里赏雨——两人发现它的那天，也是一个雨天。

摸到这些字没多久，天放晴了。他们继续往玉乳洞里走。在洞里降龙罗汉的左肩上，许力用手电筒晃到了"熙宁"两字。

买万历送熙宁吗？他笑。

再仔细一看，此题名的一连串人名里，起首的那个人，名叫苏子容。

苏子容，就是苏颂，北宋中期宰相，做过杭州知府，也是著名的科学家，专家型官员。看到他的题名，许力当然很兴奋。而"熙宁"的字口又很漂亮。

显然，这是当时一个学欧体很厉害的人，还带有颜体的风格。因为欧阳修、司马光等人的推动，他们位极人臣，又是君子的表率。所以，北宋开始，颜体被确立成宋代的主流书风，一直延续到现在。

"熙宁丁巳"，也就是北宋熙宁十年（1077），苏颂正是杭州知府，但那年，他即将赴开封任职。六月初九日，他和好友李端臣、苏浩然、彭知权、苏及之、曹潜夫等同游西湖灵隐。此题刻，隐含留别之意。

苏颂在杭州留下大量的石刻，光是在飞来峰的石刻就不下四处，而且是端庄的楷书。你会感受到，这是一位优雅的杭州官员。

"有这样的湖山长，杭州怎么会不美不繁荣呢？"邵群说。

10

飞来峰是一座书法宝库，有很多在书法史上著名的摩崖拓片传世。比如，韩世忠的儿子韩彦直的书法、北宋书法家沈辽的题名，这些都是书法史上的名品。许力认为，飞来峰在中国摩崖石刻的研究上，可以另辟蹊径，为"浙学"中的金石学研究打下了很好的学科基础。

宋代以后，篆书、隶书开始走下坡路，到了清代中晚期才复兴，元代的隶书和篆书都不被人看好。但元代偏偏出了一位隶书和篆书的高手，他叫周伯琦，当过浙江省参知政事。元代，他是和赵孟頫齐名的书家，在杭州有很多篆书的碑额，杭州碑林有好几件。他写过一篇很重要的文章，叫"理公岩记"。理公，就是当年开辟飞来峰灵隐寺的祖师慧理，飞来峰有一标志性景点，就是理公塔。

《理公岩记》是江南发现的由书法家创造的体量最大的一件元代书法作品。

但是，许力找了很多年没有找到。他想，会不会在洞里？

"转弯，小心头。"

"左转，再转过来。"

许力一路人肉导航，你可以想象，我三转五转钻了几次洞。有一些蝙蝠飞了出来。傍晚，天色渐暗，我们的到来，惊扰了它们。

"要快点。"

那天，他跟几个朋友也这样爬到青林洞的背面，发现有个小洞，确实看到一处题记，上刻：元周伯温摩崖入壁五步。

这什么意思？打哑谜吗？什么叫入壁五步？

手电筒一照，字的旁边，有一个大大的掌印，很多人管它叫佛手岩，也有人说"济公掌印"——当然是笑谈。

他有一个学生喜欢为石头的岩缝拍照，那天，拍到佛手岩的时候，正对它的右下方，发现有一道很大的石头裂缝，他蹲着拍，突然发现裂缝的斜上方有字。

"老师，这上面有字，你要不要看看？在岩缝里。"学生喊许力。

此处，只容一人猫腰通过。两个人一前一后，从岩缝下钻

"入壁五步"

理公岩摩崖

进去。

此处，莫非为"入壁五步"之处？

豁然开朗。

眼前，并不是《理公岩记》，而是钱松的题识。钱松是清代著名的书法家，篆书和隶书写得非常好。这是他写和胡震一同寻找《理公岩记》摩崖的题识。

也就是说，是他发现了理公岩摩崖。

故事还没有结束。

许力呆呆地看着这个摩崖，无意间一转身，发现背后居然还有一面很深的字龛，一片篆书。

他汗毛都竖起来了。

"你爬上来，一定要站上去，才有感受。"许力笑着对我说。

就像那天学生说，老师，你爬上去看看。

我们踩在石头上。"然后，你转身。"

转身吗？我有些犹豫，勉强挪动脚步。"抬头，在你右前方的石头上，有一个龛。"

一片篆书。再看起首四字：理公岩记。

那天，许力就跟我一样，愣在那里。他再看，角下两个字是"虎林"。

中了。

整个钱塘古称虎林。因为太宗的祖父叫李虎，所以唐代避讳，把虎林改成武林。

再看落款：浙省参政周伯琦伯温记。

《理公岩记》字龛

他非常兴奋，当场给邵群打电话。邵姐，我们约个时间，我带你去个地方。

无法想象，在这个天然形成的石头缝隙里，如此犄角旮旯的地方，还是夹缝之间，周伯琦看中了它，一个隐秘的角落，修出了一个字龛，把他人生最得意的作品，藏在这条崖缝里。

书刻俱美。

而 200 年之后，咸丰癸丑（1853）六月，钱松和胡震为了找它，跑了两次，"此碑而未得见，过后七日重访"，终于发现了它。一激动，他在对面的石壁上刻下了观后感，还设了密码：入壁五步。

他知道，有缘人会相见的。

167 年之后，许力解码了。飞来峰也解码了。

写于 2020 年 11 月 28 日

揭秘宋六陵（上）

1

这六年，村里的老人经常会找到李晖达，讲起自己年轻时在这里的"惊人发现"。

眼前，一眼望得到边的茶园，几乎连一丝肉眼可辨的高低起伏都没有。两边除了群山，并没有什么可看的。

他前些年租住的农家乐里，囤积着从茶园各个角落收集来的大石块。至于"南宋义士林景熙冒着生死，虎口下把皇帝的骨头拣出来埋葬"，"南宋绍兴义士唐珏拿出备好的木匣若干只，上面覆以黄色丝绢，署上帝名、陵名，分头趁月色潜入陵山，自永思陵以下，随号将诸帝遗骸分别收藏起来，埋在宝山之阴天章寺前，种上冬青树"诸如此类的故事，李晖达认真听完，有时候，心里已经能接上下一句台词了。

皇帝、尸骨、毁墓，光是这些惊心动魄的字眼，在茶园里的流传效果，在不同的年代，都是 10 万＋。

此地，盛产茶叶，也盛产传说。

888 年来，故事像滚雪球一般，细节越来越丰富，越讲越长。平淡无奇的茶园背后，一定得配上惊心动魄的遭遇，或是劫后余生，否则，这里哪像一个人们心中"曾经辉煌"的皇家陵园？

茶园有个名字：御茶村。如今，一块巨大的广告牌竖在路边：万亩茶园，千年御茶村。

像是一句烂大街的广告词，可放在这片茶园，却是认真的。55年前，它有个充满历史感、更学术专业的名字，很多人还念不对：绍兴县攒宫茶场。1964年，这块风水宝地迎来了一个重要节点，绍兴县接管攒宫劳改农场，建设成绍兴县攒宫茶场。

攒宫，古代皇帝皇后暂时存放灵柩之所。对南宋历史熟悉的人，都知道这一基本历史条目：靖康之变。赵构不情不愿去宋金和议的路上，侥幸逃过一劫，成为南宋第一代皇帝宋高宗。宋室南渡，定都杭州，但为了向臣民们表明还没有忘记沦陷的中原故土，才把凤凰山上的大内皇宫称为行在。

我们总要回去的，皇宫是暂时的，陵园也是暂时的。

过去的攒宫茶场，现在的御茶村，地址是这样写的：绍兴市越城区富盛镇宋六陵。

如此直截了当的三个字，诉说着此地的皇家血统。

李晖达更喜欢把绍兴宋六陵称为南宋皇陵，可与河南巩义的北宋皇陵遥相呼应。但，还有另一个原因，如果是南宋人自己来取名，肯定不会叫六陵，至少得是七陵——陵区内包含了宋徽宗及南宋高、孝、光、宁、理、

李晖达

度共七帝陵，以及宋哲宗的孟后等七位皇后陵。当年，元朝人是照着南宋皇帝的序列来算的，没有把徽宗算进来。

宋六陵，这个不准确的名字，将错就错700多年，直到现在。

很多事，李晖达在过去6年里，才渐渐"看"清楚。跟很多人一样，他也是听着一连串虚虚实实、真真假假的历史信息逐渐走近南宋皇陵的。

这么多年来,宋六陵的样子在人们的印象里,就是这样面目模糊,迷雾笼罩,像一个空中楼阁。随之而来的,对于南宋和宋六陵的误读,误会,疑惑,何止一个名字。

就像"攒宫"二字,本就带着微妙的时间属性和情绪变化,处于一种飘摇的状态。飘摇,预示着不稳定,随时来,随时走,现在出现,不知道什么时候就会消失。南宋的命运,何尝不是如此。

这种不稳定的状态,忽上忽下,对于考古工作者来说,是不允许出现的。

行走在这片 2.3 平方公里的江南山谷里,李晖达想了 5 年,纠结了 5 年:我来这里的目的,到底是什么?

2

牛肉丸、墨鱼滑、蟹柳、虾、香菇、金针菇、蛋饺。电火锅滚着热水,一壶绍兴黄酒,塞子塞着,香气呼之欲出。

"打完收工,来年再战。"李晖达准备完"杀青饭",发了一条充满食欲感的朋友圈,定位显示:绍兴·南宋皇陵。

九宫格的 C 位,留给了一张照片:15 本一模一样的牛皮纸封面笔记本,整齐铺开,黑色水笔标上册数,封面正中竖排写着:宋六陵工作日志。

2019 年 1 月 24 日,离春节不到两个礼拜,宋六陵一号陵园遗址的发掘全部结束,回填完毕。吃完火锅,发了工资,遗址领队、浙江省文物考古研究所研究员李晖达从绍兴回到了杭州。

一号陵园,是按考古发掘顺序起的编号,并不是当年的埋葬顺序,它有另一个延续了 831 年(淳熙十五年下葬)的名字:永思陵。墓主人是谁,答案已经写在历史中。

15 本日记本,是从 2012 年开始到现在的发掘记录吗?我很自然地问起。

"不是,就只是去年一年的。"他发来一个捂嘴笑的表情,纠正了我的说法。今年,宋六陵的发掘还将继续。"这三五年,肯定大部分时间都在这里。"

2012 年,李晖达从同事郑嘉励的手中接过宋六陵考古领队的接力棒,以

一号陵园遗址发掘航拍

地表调查为主。

2016 年到 2018 年，开始 3 年的勘探和测绘，在"南陵区"保护范围内，勘探总面积达到 35 万平方米。

直到 2018 年 5 月，经国家文物局批准，浙江省文物考古研究所正式启动了宋六陵考古发掘工作，发掘对象暂编为一号陵园。绍兴市文物考古研究所全力配合此次工作。

8 个月后，以这顿工地上的火锅，结束一号陵园的发掘。

2019 年 1 月 6 日，2018 年度浙江重要考古发现评选揭晓，"宋六陵一号陵园遗址"入选。在现场的 PK 汇报中，李晖达是这么说的：经过半年多的野外作业，基本确定了其园墙范围和建筑布局，并探明了该皇陵墓穴的具体位置与规模。

"我们用 3 年 35 万平方米的勘探测绘，换来了 2018 年 1000 平方米的发掘指标。"李晖达那天 15 分钟的 PPT 汇报，字正腔圆，没有太多的情绪起伏，只是说完这一句，他停了停。

何止 3 年。

郑嘉励坐在台下，始终比李晖达要激动一些。"毫无疑问，宋六陵的发掘是重要的。"李晖达刚汇报完毕，他迫不及待站了起来。

这两个 70 后男人的人生转折点，都跟眼前这片寡淡的茶园有关。

2007 年之前，郑嘉励不可能说出"上班等于上坟"这样的网红梗，那时候，他还在挖青瓷窑址，2007 年转型，"从此挖宋墓"，就碰到了宋六陵。

2007 年，全国第三次文物普查，位于绍兴的宋六陵结构面貌到底如何，长期处于空中楼阁。这一年，郑嘉励、北京大学考古文博学院教授秦大树、南开大学考古学与博物馆学系教授刘毅等人开始做田野调查。

一个被多次写入文献的历史事实——南宋灭亡后，元至元十四年（1277），妖僧杨琏真迦被任命为元朝江南释教都总统，掌管佛教事务，在泰宁寺僧人指引下公然毁陵，诸帝、后陵地面建筑尽遭破坏，主墓室也被盗毁一空。此后诸陵遗迹日趋湮灭，明代朱元璋虽一度重新整饬，也仅示尊崇而已，原有诸陵建筑及位置究竟怎么样，均已无从考实。

2012 年，郑嘉励带着新加入的同事李晖达继续调查。而此前的 7 年，李晖达以发掘汉至南朝墓葬为主，由汉入宋，也是一念之间，从此被"绑牢"。

3

在郑嘉励看来，宋六陵最大的问题，七位皇帝七位皇后位置关系一直没有搞清楚，而明清人的文献记载，错误非常多。

> 杨琏真迦盗墓时，七帝七后，地面标志都是清清楚楚的。毁墓之后，地面建筑没有了，明代在重建陵墓时，就已经张冠李戴，把几个陵的位置就搞乱了。

康熙《会稽县志》所绘《宋六陵图》，是很多学者关注的一张地图，可是，图中仅按南宋帝系列出六帝陵名号及分布位置，而昭慈孟皇后及宋徽宗等帝

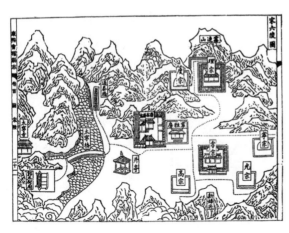

《康熙会稽县志》卷首《宋六陵图》

后陵不知所踪。而且，图中所标六陵位置与《宋会要辑稿》等文献所记多有不合。根据文献，"孝宗"应为"高宗"，"光宗"应为"孝宗"，"高宗"应为"光宗"，"宁宗"位置不变。

同为文献，明清人为什么会错？

"入住"南宋皇陵后，《中兴礼书》《宋会要辑稿》这些南宋最重要的宋代档案，快被李晖达翻烂了。档案中，皇陵各陵之间的距离，位置关系，距离几步，记载很清晰。尤其是涉及皇陵布局位次的《宋会要辑稿》，郑嘉励建议李晖达通过"抄书"的方式，仔细阅读。而前些年，这本文献通行的只有影印本，虽说断句并无多大困难，但原稿有诸多手误，通读起来并不易，以致抄抄停停。直到两年后上海古籍出版社出版了点校本，他才停手。

明清人没有我们那么好的文献条件。

"那时的档案，民国以前的学者看不到，《宋会要辑稿》还在《永乐大典》中，后来是清代徐松从《永乐大典》中抄出来，人们才知道这本书；至于《中兴礼书》，古人更不会去看这些书，未必会关注这些问题。"郑嘉励说。

还有一本文献《地理新书》，宋元时期五音地理书的重要代表，是探讨宋元葬俗的重要参考文献。

20世纪50年代，人们在宿白先生的著作《白沙宋墓》中，才第一次看到还有这么一本书。他将白沙宋墓三座墓的位次，与《地理新书》描述的五音风水联系起来——在报告中，尽管只是一条简单的注释。

在郑嘉励看来，这是了不起的发明创造。

在宿白先生提到这本书之前，《地理新书》已成为"死书"超过1000年，可以说是"绝迹"了1000多年，此前也几乎没有任何系统的宋墓资料。

2007 年到 2012 年，郑嘉励最主要的工作，就是根据《宋会要辑稿》《中兴礼书》等宋代文献，结合现场地形的考察，在纸面上把各陵位的位次复原，以此来印证和探讨南宋皇陵格局上的制度、两宋之间陵园制度的变迁，这是他最为关心的。

等到李晖达接力时，手上已经拿到了详尽的南宋帝陵设计规划图，中国人民大学教授刘未的诸陵位次研究，结合《地理新书》中所示宋代中原地区风水观，勾勒出了远比此前学者更精细、更有说服力的诸陵分布图。

4

从外人的角度看，只要根据文献按图索骥去"找墓"，一切只是时间的问题。李晖达反而陷入了长达几年的纠结和苦恼中——

历史时期的考古，读文献自是一门天经地义的功课，但又只是基础准备。很多问题，只能求诸田野，无论是提出还是解决。

如果这些成果已成最终的定论，而我们的目的也仅是为了印证它们，那么考古工作的必要性何在？我们自己还没有明确的核心问题和工作目标，方案更多体现的是找墓葬、"挖挖看"的想法。如果最终仅是起到简单的证经补史的作用，如此耗费人力、物力的工作，确实可以暂告一段落了。

我为什么来这里？

李晖达带着这个强烈的问号，以及"茫无头绪的疑惑"，继续走在这片南宋人选定的山谷里。

"你脚下踩的就是主墓室。"

跟着李晖达来到发掘现场那天，绍兴跟杭州一样，还没见到新年的第一缕阳光，车子在"永思陵"标牌处停下，刚好下了小雨。一号陵园，眼前只是一片平整的土质基址，转身是茶园，冷雨嗖嗖。

难怪，很多慕名来宋六陵景区感受王气的游客，站在茶园前的省保、国保单位标识牌前，3 分钟，打卡结束。

除了茶园，真的什么都没有。

"你怎么在这 2.3 平方公里的山谷里，找 400 平方米的墓穴？"

这五年，带着一堆资料"独对空山望穿地层"，他和考古队把这一带的村子走遍了，临近的山地也都爬上去。有一次，他和郑嘉励从青龙山水库的山坡爬上去，一看才发现此处是断崖。

大部分看起来都是无效的劳动，但他忽然意识到，最可怕的是地貌的改变。"地貌改变会造成现在认识中空间感的变化，如果对地貌不了解的话，空间感是错误的。当然大环境可能不会有太大变化。"

没有电子地图，没有上帝视角，南宋人应该就是站在某一座山上往下看。那我们如何去确认这个点？

> 先从攒殿拜昭慈，尚想从容镇事仇。
> 九十三年神驭邈，架椸犹是旧裳衣。
>
> 次从佑阜至思崇，攒影俱分上下宫。
> 闻似八陵旧山水，地垂西北耸南东。
>
> ……
>
> 新妇尖连赵家峹，憩龙山望上皇村。
> 若言此兆为前定，人事是非都不论。

嘉定十七年（1224），南宋宰相魏了翁奉命来扫墓，写了一组诗，记录了他扫墓的次序。"新妇尖"这个名字，在南宋人的诗，以及地方志地图里出现的频率非常高，自南宋起，它就是记录诸帝陵的重要地理坐标。但是，今天依然没有人能指清落在实地上的新妇尖到底是哪座山。

李晖达意识到，这已经是个死掉的名字。

> 南宋时叫新妇尖，其实是一个挺土但又挺实用的名字，很多小地名都是这样叫的。新妇这个词在南宋是个常规词，儿媳妇的意思。到了明清，其实这个词已经不用了，地方上已经用另一个名字来指代它，但写文章的人不管这些，也没有去过现场，照搬照抄，五张地图的新妇尖，没有统一的位置。

建筑构件

他们问当地人，哪个是新妇尖？大爷一脸茫然——这叫大青龙山，这叫小青龙山。

线索早已断了。

李晖达准备今年上山把它弄明白。"当时人能这么言之凿凿，上面可能会有遗迹，那应该是眺望整个陵区的制高点。但你看这些山都很高，我们站在青龙水坝上看这一片已经很清楚了。"

调查时看到人，他们就停下来问一问。

当地住着一些曾在农场、茶场打工的村民，他们看到的，记忆中的样子，当然不可能是南宋时候的样子，但至少能看到宋六陵在新中国成立以后的样子，"仅从物的角度讲，他们是在这个废墟上工作的"。

茶场周边的人和考古队渐渐熟悉了起来，所谓"惊人发现"确实隔三岔五就能听到。

有一天，他碰到一个村民，早期在农场工作。种茶有一定的土壤深度要求，得把废石废砖去掉以后，才能工作，村民就是做这个的。

他说，我们当时劳动的时候，发现一个很大的圆形的坑，这个坑周边是大石头砌起来的。

李晖达非常惊讶。

这个形制如果真的存在过，仅可能存在于南宋最初埋葬的一两座皇后陵。

北方的墓室是挖横穴的，北方很多墓不是方形，而是圆的，建起来是穹隆顶，平面是圆形，圆形的构造是最常见的，北宋就是这样子。皇帝陵有明确的方形记录，正好北方李皇后的墓是挖过的，墓的平面是圆形的。

一个普通村民，假如他没有见过，想破了头也是编不出来的。

但李晖达马上又想到另一个问题。

这个地方变化太大了，地表高度其实大量改变，人本身没有高差的概念，就感觉差不多是在这里，村民说他们当时挖了两米多深。但其实挖了两米多深上面的那些土，早已被挖掉了，我们现在是站在当年挖掉的高度上的，甚至往下更深都有可能。

这么多年耕作或劳动以后造成的破坏，不是有意为之，却不可回避。环境的改变，人的记忆就会跟着错乱。我们可能已经找不回当初的位置了。

考古队员顺着这些线索在人们描述的区域内进行了几次小规模试掘，一无所获。

"时间不过三四十年，亲历者的记忆都已如此不可靠。"

宋六陵地面建筑陆续消失，环境风貌造成非常大的改变，与陵园属地的历史沿革、土地性质、经营单位的改变有关。

我们简单拉一条时间轴。

新中国成立后，这片特别的土地收归国有，先后建过攒宫劳改农场，国营攒宫养鸡场，也种桃树。1965 年，这里又改成了绍兴师范专科学校，成了知识分子上山下乡改造的地方。

前面我们提到的绍兴县攒宫茶场在 1984 年更名为绍兴县茶场。而到了 1993 年，又发生了一个变化，"御茶村"的名字出现了，当年与日本福冈大石茶园集团合资成立"中日合资绍兴市御茶村茶业有限公司"，也就是现在绍兴人熟悉的御茶村，成为日本在中国投资的最大的茶场。2011 年起，日资企业退出，改由杭州山地茶业有限公司继续与绍兴县茶场联营，更名为"绍兴御茶村茶业有限公司"。而现在的茶场总名是绍兴市茶场，御茶村是承包公司，茶园为公司向绍兴市茶场租赁，时间到 2023 年 6 月（30 年期限）。

2016 年 3 月 28 日绍兴网报道，"御茶村"已经成为国内最大的抹茶生产企业，包括星巴克抹茶饮品里的抹茶，就来自"御茶村"。

2017年下半年，李晖达在电话里和同事商量来年工作计划时忽然想到，当前南宋皇陵考古的关键性问题，不在于诸攒宫具体归属和诸陵位次的排布——

仔细查看当下的资料不难发现，目前并无任何研究可以确指埋藏在地下的六陵遗迹实际的保存状况，乃至于墓葬主体究竟是方的还是圆的，也莫衷一是，意见纷纭，保护区的界线用杭州话来说，也只是"毛估估"的，并无明确依据可言。可以说，我们是把既有的研究成果刻在脑子里来开展工作的。这种方法看似有理有据，但严格来讲，更有些"投机"的意味。包括之前申报的工作计划，我们也只是希望通过一两次重点的发掘，找到"正主"，从而一举解决各陵关系的问题。可却也忘了，我们要排列的这十几座陵在哪里，如果它们已经或者将来被破坏殆尽了，我们就是把它们的位次摆定了，又能如何？

至此可以确信，宋六陵考古，首先不是在讲故事，画地图，而是在发现和保护遗址本身。

5

一号陵园发掘现场，辨识度最高的，反而是几棵突兀的马尾松。

那天，天气很坏，马尾松看起来也古怪，一棵棵"条杆儿"很好，瘦成一道闪电，站在陵园上，耸入天空。

每一棵松树身上，都挂着"古树名木"的牌子，这一棵120年，那一棵130年，从挂牌时间看，最早的是1989年，铁牌边已经朽烂斑驳，时间近一点的，有2013年的，也有2017年的。

除了茶园，马尾松几乎是宋六陵的另一个代名词，在发掘前，它

一号陵园里的松树

们可以说就是宋六陵的象征。

马尾松并不是毫无章法的，曾经，也透露着重要的信息。

"本来这里还有一棵马尾松，为什么有呢？这个位置就是我们还没有发掘的西边墙。当时可能墙倒了后，变成了废墟，就沿着废墟种树。"李晖达指指地上。

郑嘉励说，清代，地面还能看到废墟，人们知道有皇帝埋在这里，但搞不清是光宗还是高宗，但看地形，比周边高，他就能知道这里是一个陵，所以古人根据方志里标错的标识，沿着这些高起的台地种松

一号陵园的松树，人们误以为松树下面就是墓

树，代表这里一个陵，那里一个陵。后来，人们就以松树代表陵位所在的地望。

但慢慢的，人们开始赋予松树更多的想象和"责任"。

现场，有两棵马尾松根部垒了一圈石头，微微隆起，看起来像个坟包，很长时间，人们误以为这几棵马尾松下面就是墓穴。

"清代人无法理解这个废墟，稍微隆起一点就当成了坟包，于是就在废墟上种树，在'墓冢'上种树。所以当地才会流传这里有六位皇帝跟100多座功臣陪葬墓的说法，其实就跟种树有关，一个个都当成坟包了。"李晖达说，100年下来，乡间的故事是很容易改变的，越传越失真，传到了20世纪七八十年代，人们就给此地取了一个景区名字"宋陵松涛"，说整个宋陵当年是一大片松树。

这些马尾松自然跟南宋没关系，但是，当年划定宋六陵文保区域的时候，人们找不到墓，对地下的情况知之甚少，便以松树的存在而划定了范围。

有点荒唐，也有点悲情。

这么多年，松树就这样阴错阳差地被保护着。最近几年还不断补种一些树，矮墩墩的小树就是"很茫然"地补种的。一位参与发掘的考古队员在自己的公

号上发了一篇《宋六陵的马尾松》，说到松树的故事——

> 发掘的时候，一棵近代补植的松树正好在探方里，这树顶多二十年的树龄，既非古木又非文物，却刚好不偏不倚栽在了宋代的建筑基址上。原本想移开它，但几经打听，得到的结论都是宋六陵的松树不能随意动。一开始觉得这真是可笑的本末倒置，但过了一阵，忽然就理解了，因为在这里宋六陵和松树几乎可以画上等号，它们是宋六陵经历了一千年历史更迭后地表上留下的唯一记号。

他还遇到了几位来看松树的赵氏后裔——

> 最年长的老先生手里拿着一本讲宋朝历史的书，里面有宋六陵的介绍，和一张这里松树的照片。他们家人对比着照片和松树，不停地说"就是这里吧"。随后把鲜花和祭品放在了一棵大松树下，依次向松树磕了头，就离开了。

但松树却死得很快。

1989 年，绍兴县文物部门对 242 棵古松逐一编号，挂牌。1992 年 5 月 8 日，浙江日报社编第 116 期《情况反映》，刊发了《宋六陵百年古松惨遭烈火》内参，当时的数字减到了 205 棵。

李晖达刚来的时候，高宗陵区域还有 20 多棵马尾松，现在数了数，10 棵也不到了。他说，树有松毛虫病，被蛀空了，打个雷就断，来一场台风就断，死得特别厉害。

这起了一个意想不到的作用，因为松毛虫病太厉害，松树连续死亡，茶园退耕，土地退还了一部分。

松树死后，人们没有认识到松树的作用，"因为把它当做保护本体，松树一死，就放弃了，这片土地就被推平了"。于是，实际的保护对象越来越少。

> 松树围绕着的陵，从清代一直到新中国成立后，地下基址其实一直保存得很好，20 世纪 80 年代还曾看到成堆的瓦砾，磉墩上的柱础可能也还在，而现在，我们几乎看不见了。现在我们只发现了磉墩，说明地面推下去了，比宋代地面至少低 0.5—1 米左右。

6

"地面能存留的东西，越来越少了，如果再不做保护，再有个 20 年，就什么都看不到了。"2007 年刚开始调查时，郑嘉励很悲观，认为重要遗迹在历史上肯定已经被破坏了。但事实上，去年的发掘给了他们很大的信息和信心：一号陵园最核心的上宫基址是完整的。

"现在我们站的位置，就是整个陵园的大门。"李晖达指了指，"这个大门不是我们原来想象的门板，而是牌坊式的大门，也叫门殿。"

在那天考古发现评选现场，李晖达说了一句话："我更高兴的是找到了门殿，是这一年我觉得最有成果的工作。"

一号陵园围墙

他最高兴的，并不是发现墓穴，而是大门。"对，因为发现了它，说明整个陵园的结构完整，范围就完全圈死了。我们当时很担心，这个墙找不到收边，说明要么格局超出了我们的预期，也可能大部分遗迹在保护区外面了，那就基本没有找到的希望了。"

而大门两侧的边墙也非常清楚。

他是在往北边挖的时候发现墙的，一路追过来，发现了非常完整的围墙。目前，一号陵园的东、南、北三面围墙都已发现，西侧围墙因为叠压在现代道路之下，暂时没有发掘。东墙墙基保存完好，全长 59 米，墙体厚度 1.3 米，两侧有外包砖结构。北墙和南墙的长度基本也为 59 米。因此，可以确认整座一号陵园的平面呈正方形。

虽然这个墙已经很矮了，但几乎没有断。为什么我对门那么感兴趣呢？因为光墙完整还不行，圈不起来，但门出来了，最起码中轴线对称是肯定的。它解决了一个根本性的问题，将来做保护不会大海捞针了，虽然现在还看不出它的价值。

7

南宋人选这块地的时候，在想什么？换句话说，宋六陵为什么放在这里？不要想那么多，因为孟皇后死在绍兴。

明明是宋哲宗的废后，一个被宗正司从宗谱里除名的女人，却阴差阳错和赵构一样成了那场大劫的幸存者，两人各奔东西，亡命天涯。21岁的赵构在应天府登上了皇位，重建宋政权，史称南宋。为了利用前皇后的身份，废后被重新捧了起来，孟皇后成了新朝的老佛爷，人生开了挂。

但是，她到底年纪大了，一路走，在绍兴驻跸，实在折腾不起，绍兴元年（1131），在绍兴去世。

孟皇后遗诏说了，一切从简，只要足够安放她的灵柩就行了。

不可能葬回北宋皇陵了，礼官们只好临时先找个地方把她葬下。

就像李晖达说的，我们目前还无法确定，礼官们究竟是站在哪座山上，看中了这片谷地。

天气阴沉，能见度不高，四周的山脉却没有受到任何影响，三角形的尖尖角，层层叠叠，远远近近，自成水墨。

风景的美，或许南宋至今并没有改变多少。

眼前这片山谷地，除了风景尚美之外，小，且拥挤得很，离它6公里之外的兰若寺墓地，才是目前我国发现的南宋时期规模最大的高等级墓葬。

礼官就近选择了这里，今天的绍兴宝山脚下。离当时的泰宁寺"一里许"的地方，人们认为这块地方风水和埋北宋皇帝的巩县一致，就把孟皇后临时埋下。

李晖达认为，会选择在这个谷地里，可能和当时的交通也有一定关系，这里连通浙东运河，河道能直接抵达，运输比较方便。

宋六陵的山

大概没有人预料到，还有"后来"。

绍兴十一年（1141）底，著名的"绍兴和议"，金人心情大好，决定梓宫南返，归还宋徽宗、宋徽宗的郑皇后、高宗以前的妻子邢皇后三个人的灵柩，还有一位——那时候高宗的生母韦皇后还活着，是活人回来的。

三口棺材回来后埋在哪里？

当时有争议，有些人说要埋在杭州，有些人说埋在"会稽山龙瑞宫"。这也足以说明，当时孟皇后的埋葬，确实是暂时的，是权宜之计。

最后礼官讨论后觉得，还是把徽宗他们集中埋在孟后旁边，方便以后统一回中原。

谁会知道，暂居成了永驻。

所以，宋六陵的形成是偶然的。如果孟皇后颠沛流离中死在宁波，宋六陵就在宁波了。

就这样，废后孟皇后进了皇陵，成了"开启"南宋皇家陵园制度的第一人，成了人生赢家。

为何？要知道，不是每个南宋皇后都可以埋进皇陵的啊。

除了前面因为梓宫南返的例外，有一个规定，死在皇帝之前的皇后，是不能进皇陵的——祔葬的主体还没有死，你怎么能进去呢？只有死在皇帝后面，才可以祔葬进来。

所以，宋孝宗的郭后、夏后，宋光宗的李后，宋宁宗的韩后都葬在临安府（杭州）的寺院，再也不动了。

吏部尚书陆峻在成肃皇后（谢皇后）去世时说得清楚："伏睹列圣在御，间有诸后上仙，缘无山陵可祔，是致别葬。若上仙在山陵已卜之后，无有不从葬者。其他诸后，葬在山陵之前，神灵既安，并不迁祔。"

其他人等则更不祔陵，因为六陵地域局促，况且只是权厝的"攒宫"。

8

我依旧在想那个问题：当时负责卜穴的按行使（注：古代皇帝墓葬选地时，会任命按行使进行选地占卜，以作陵寝）或者太史局的"工作人员"，站在新妇尖上，看着我也正在看着的这片谷地，究竟在想什么。

我想，或许只有纠结和心累，对于命运几何的无把握。

因为想着来日必然要收复中原，宋六陵一开始完全按照北宋皇陵"五音姓利"风水原则建立起来，这也是一大批宋室南渡的南迁士大夫所坚持的观念。

什么意思？听郑嘉励说说——

在中原地区，一块墓地叫作墓域，这块墓域打成了七七四十九格，一边七个字，不同的姓氏分成五音——宫、商、角、徵、羽，与阴阳五行中的土、金、木、火、水对应，在地理上找到与其姓氏相应的最佳埋葬方位与时日。姓赵的，是角音。

这49格不是每一个穴都可以埋墓，有三个穴位可以埋，叫做尊、昭、穆。而皇帝葬明堂，更特殊。

49格最中心的那个位置叫明堂，皇帝的墓穴就埋在明堂正中心的位置，相当于圆心的位置，然后这块墓域其他地方就空出来，放弃不要了。下一个埋进来的皇帝，就一定是在它的西

艮	巳	戊	壬	丁	未	癸
辰		联				甲
乙						卯
卯			地心			酉
甲	穴					辛
寅				穴		戌
艮	丑	癸	子	壬	亥	乾

《地理新书》角姓贯鱼葬图解

北方向再开一个墓域，也是只能中间埋一格。

等于说皇帝是最阔气的，同样一块大的五音墓地，在别人来讲，能葬3—6座，在皇室来讲，只能用一格。

但一般人的家族墓地，明堂位是绝对不能用的，因为你hold不住这个位置的。好的风水，也要有高级的名望、地位、德行来匹配，到明清也是如此。

而皇后的位置，也是埋在皇帝的西北面，体现昭穆（尊卑）的关系，皇后从属于皇帝。

听起来还是很复杂。没关系，一号陵园的发掘，就是一个标本，它是严格按照北宋皇陵制度建立的。

我们再脑补一下宋代的墓园结构，分成上下宫，你可以理解成两个大院落间错的建筑。

上宫，是最高规格的建筑，帝陵攒宫的核心部分，就是龟头殿，以及下方的墓穴。上宫的作用，相当于皇帝生前的居所，前朝后寝。享殿，指的是墓正前方的殿，但这个享殿不是经常要用的，只有碰到大日子，比如大的祭祀，比如冬至，才会用到。

下宫位于上宫的西北方向，上下宫分离，并不在一条轴线上。作用是日常祭祀，守陵人也住在这里，比上宫更实用。

2018年，考古发掘的对象就是一号陵园的上宫。而李晖达带着考古队首先发现的，正是"心脏"位置：享殿。

"你看，雨一下，土质就更清楚了。"享殿居南侧，平面呈长方形，前后分布4排12个大型磉墩，是的，只凭仅剩下的磉墩，李晖达说，我

一号陵园享殿前面的一个磉墩

们可以确认为三开间格局。

因为南迁士大夫坚守着回到中原的信念，所以在建造陵园时，必须处处强化和体现。比如不设石像生，北宋帝陵现在还有石人石马。

请注意，这就意味着，宋六陵作为皇家陵区一直是不严格的。

北宋管封土叫陵台，墓室就在陵台正下方。

但南宋人想得太多了，我们不能做陵台啊，一修就等于坐实了我们要在这里终结了，我们可是要回去收复故地的，所以要显示出我们是暂时的，那怎么办呢？

南宋人想了个办法。我们将来不是要回到河南吗？所以就葬在浅土，上面不覆土，就盖一间屋把它覆盖住，等于盖了个保护棚，这样将来棺材起出来搬家比较方便。而盖的这间"屋子"，就是享殿后面的当心间后凸出一间屋。这间屋子，很形象地称为"龟头殿"。

让李晖达笑出声来的一号陵园上宫龟头殿"凸"字
形结构拐角

龟头殿正下方，就是这位皇帝的墓穴，平面近方形，边长约9.5米，也就是说他的墓室面积不到100平方米。

我们就站在墓室上方。

从现场的位置上看，它正好位于上宫围墙的正中心，这就是明堂，七七四十九格的中间一点。

"那次看到拐角，我差点笑出声，因为就是我们脑子里龟头殿的拐角。"李晖达带我走到了那个让他笑出来的拐角处。

> 龟头殿外，我走走走走到这里，突然一个大拐角。这非常重要，它完全体现了这个台子和龟头殿直接相关。因为这里要建龟头殿了，人们才把这个墩急促地收了进去。别小看这么几块砖，在整个陵园结构里非常重要，等于坐实了龟头殿的结构。因为台基已经几乎破坏殆尽了，如果没有这些砖，这里就是平地，根本找不到痕迹。我能找出墓坑，但如果这些砖此前被破坏掉了，就很难说清楚龟头殿的平面结构了。

9

北宋皇陵并不因山为陵，而是积土成冢，皇陵都坐落于平地上。墓室所在是低的，人是从高往低走的，南宋皇族赵彦卫在《云麓漫钞》里一句话概括之："东南地穷，西北地垂……绍兴攒宫朝向，正与永安诸陵相似。"

赵彦卫这句所谓的国音原则，在南迁士大夫心中，根深蒂固。

但是，站在这样一个山水环绕的现场，你会觉出另一种荒唐。

分明是江南特有的怀抱之地，好好的山，宋六陵却偏偏放着不用，依然固执地刻舟求剑，照搬北宋皇陵的套路，把所有的陵墓埋在平原的谷地里，也就是现在的茶园里。这个做法是不合理的，因为南方明显会渗漏地下水。

问题还是来了。

按照国音法则，每个皇帝死后必须继续一路往西北埋。中原地下水位不高，土厚，问题不大；到了南方，高宗埋在徽宗西北面，孝宗按道理应该埋在高宗西北面，但是孝宗本来要埋的这个地方，在当时一看土肉太浅了，地下水也很高。

国音制度是不能变的，人们必须迎合政治口号，不然就成了乱臣贼子。

但是，包括朱熹在内的很多南方士大夫开始为这件事辩论。实际上，每一次陵园的建设，都会引发一场不小的政治纠纷，早已不仅仅是风水的问题。

朱熹的那篇《山陵议状》很有名。当时，他刚从长沙来到临安府，成为"内禅"当上皇帝的宋宁宗的经筵侍讲。他跟皇帝直说，我们拘泥于国音的风水，并没有实际的好处，北宋亡国，宋高宗又不会生儿子，说明国音风水是不可靠的。而且放着大好河山不用，把宋孝宗埋在平地上，置身于这样一个地方，于心何忍，简直荒唐至极啊——"盖诚不忍以寿皇圣体之重，委之水泉沙砾之中，残破浮浅之地，是以痛愤激切"。

他还说，我刚才沿途来，经过新安江富阳，那块地方就不错，我们完全可以把墓埋到那边去，直接按照我们南方的套路来就行了。

朱熹是南方人，习惯于南方的风水观念，对在江南地区照搬中原皇陵的做法，无法认同。

他很直，把问题给说破了。

朝廷当时没有采纳他的意见，如果采纳的话，孝宗永阜陵就埋到山上去了，不会埋在两山之间的平地里。

但有意思的是，人们做了一个折中的处理。

宋孝宗埋在了宋高宗和宋徽宗之间，也就是东南方向，这就说明昭穆的方向突破了原本的五音法则，变化开始了。

到了宋光宗去世，比较"惨"，埋在了原来认为宋孝宗不能埋的土肉很浅的那个地方。显然，宋孝宗的威望很高，很多士大夫为他说话，而宋光宗反正是个"疯皇"，埋进去就算了。光宗后期成了一位精神病患者，不给爸爸守灵，闹出"过宫风波"，导致孝宗下葬时间一定程度延误了。

到了宋宁宗去世，按国音应该埋在宋光宗的西北面，但那个西北面实在不能用了，那个地方土质实在太浅，而且按照文献记载还靠河。这时怎么办呢？

就把泰宁寺拆迁了，把宋宁宗埋到了泰宁寺，也就是北陵区靠山的位置。

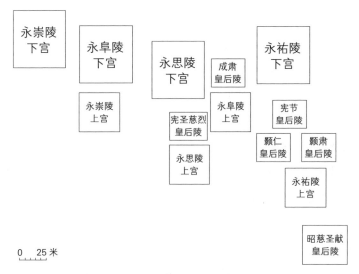

南宋皇陵南区布局复原示意图（图片改绘自刘未：《宋代皇陵布局与五音姓利说》，
见《浙江大学艺术与考古研究》，浙江大学出版社，2018 年）

这意味着，此时，不止是突破了昭穆的限制，而且在地形上都突破了，等于说宁宗都埋到山脚下去了。

插播一句，杨琏真迦当时盗墓的次序，要么从东南方向一直往北面盗，也就是从孟皇后开始，要么反过来从北面宋度宗开始，但他是从宋宁宗陵开始盗的。因为杨琏真迦去盗墓的时候，由泰宁寺僧人带路，周密这个很八卦的人说，有泄愤的成分。郑嘉励认为，这种说法，有可能是可靠的。

2020 年，考古队员在二号陵园里发现了三四块残存的模印砖，一模一样，其中两块砖铭正好可以完整拼合，有"九功寺干造塔僧守和谨募 佛子符□ 舍此砖。戊申岁记"字样，还刻上了塔的样子，应是明代前后的式样。说明是同一个模子印的，是某一类佛塔的塔砖。

究竟当年是把塔砖拿来建陵园，还是这里曾有过一座后代不太为人所知的寺庙，目前依然未知。

"在这块区域里，陵园被毁弃以后，牵涉到泰宁寺究竟是迁回来还是迁出去这样一些问题。比如泰宁寺迁回来以后，叫什么名字？这里是不是只有泰宁寺一个寺？还有没有别的寺？这里始终有一个纠结的问题，这里是不是就有泰宁寺？谁也说不清楚。"李晖达说。

《宋会要辑稿》里也经常提到，皇陵附近，还有数百座至近千座普通民众的墓，要不要迁？对迁坟这件事很认真地讨论过。说明这个区域里，并不是那么单一，只有几座攒宫，几座宫殿。

"宋宁宗陵是最大的一次根本性变革，后面宋理宗、宋度宗的相应地一路西北，也就是说越来越往山上去了，从昭穆关系上突破了五音姓利的限制，在地形上都突破了，完全已经是江南大墓了。"郑嘉励说。一句话总结，北宋皇陵和南宋皇陵的前期还是中原五音墓地，南宋后期就回到了南方的形法墓地。

然而，已经到了这种地步，《宋会要辑稿》中，人们还一直在打圆场，认为这是符合国音法则的。"其实已经完全推翻了，但在'公文'里还必须强调，按照国音法则，我们选了更合适的位置和地方。"李晖达说。

南宋人的自欺欺人，导致后代更多的以讹传讹，宋六陵，就这么一直飘摇不定，直到今天。

然而，800多年的飘摇已告段落，六陵迷雾，终将散去。

写于 2019 年 1 月 27 日

【对话】

马黎：为什么此次发掘会先从永思陵开始？

李晖达：选这里，是因为用地的问题，整个宋六陵区域，这块地是最大的，从保护的工作来讲，这里也是最急迫的。如今的遗址保护规划与公园规划工作正在紧锣密鼓地开展，我们亟须明确保护对象的规模、形制，让两规划有实质性的依据。而在这里，有可能为我们提供一个理想的标本。

马黎：虽然已经明确知道这个是宋高宗的陵园，但为什么我们在项目名称里不直接叫宋高宗陵，还是叫"一号陵园"？我看到在汇报材料里，您写的是"可以断言，通过今年的工作，我们已完整揭示出了某帝陵上宫的全部主体建筑"。

李晖达：国保当时的定名，这里就叫高宗陵保护区。但万一不是呢？这里平移一个位置是很可能的。

帝陵，如果没有发现当年标识帝陵的碑或者牌额，你想在墓葬里发现墓志，几乎是没有可能的。它不会是一个实体的墓志，皇帝的墓穴有玉册（玉册有哀册和谥册两副。哀册相当于悼词，谥册是讲墓主人生前的作为，一般是歌功颂德）。但是，经过了当年的毁墓，我想基本上是不大能保留得下来的，它非常容易被损毁。在墓穴里直接出土有标识性价值的东西，可能性不大。

所以只能说推测为高宗陵。哪怕最后证明它不是，也没关系，因为我们会知道更清楚的信息。

郑嘉励：因为没有发现直接的文字，所以谨慎称之。但根据文献，纸面上对陵位的相对位次、距离的排定和复原，我们推测这里就是永思陵的位置。

还有一个证据，如今发掘出了上宫，上宫献殿的围墙的长度，献殿五开间，各自分间的距离和它进深的距离，和周必大在《思陵录》中的记载是一致的。高宗丞相周必大作为一个山陵使，他的记录是很详细的。他不可能自己去量尺寸，而是直接从建造陵墓的基础官员、设计师里拷贝了一份工程数据，抄录下来了。这是第一手史料，数据吻合。所以我们认为它是永思陵。

马黎：前面五年，您一直很纠结，一直在"想"，为什么？

李晖达：有一个问题，为什么要发掘宋六陵？

它作为南宋皇陵，从保护层面，如果不做发掘，保护没有主体，保护框架、保护范围都是虚拟的。当时是为了凑六陵的数，去凑的保护区域，其实是七个皇帝。所以正式发掘的前提是，保护也是虚拟的。我们必须在做了一定工作后，把宋六陵的文物保护落到实地。

宋陵的发掘，它的价值在哪里？比如对南宋研究的帮助。南宋时期的文化，在跨越元朝之后，在明代、清代是不是一样存在？还有什么东西是真正从南宋文化里传承下来的？

造陵的是历朝历代的大臣，官员的身份、文化背景、知识构成的变化，直接影响到墓葬的形式。皇陵的格局在改变，其实是整个文化传统的改变，到底是断绝了，还是延续了，或者断了又续，真正推动它的不是一两个人，不是一两个死掉的皇帝，而是有资格经营这些事的人，是当时文化最主流的人。

我们通过发掘去了解它，绝对不是说我闲着没事，去看一下这个南宋皇帝的墓到底长什么样，而是看看他们在想什么，为什么用了一套现在人看来很怪异的五音姓利制度。

表面上是这两种风水观念的冲突，实际上是这两种风水观念背后反映的这个人群的变化，但你从很多文献的记录上是看不出来的，因为大家会有一套相似的话语系统来记录，表达各自的不同。

所以为什么说我最开心的不是找到了墓室，而是找到了墙与门殿？说明整个上官的边界是完整的。这样，它的保护范围就能有一个严格的参照，我才能相信，在我读完《宋会要辑稿》《中兴礼书》以后形成的墓葬陵园的框架，到底准确性在哪，错误在哪儿。

我们对照《思陵录》的记载，就能知道南宋人计算上下官尺寸，比如三百丈，什么意思，是多大？我们一核算，可以知道标准，因为这是一个完整的标本。《思陵录》的后半部分基本上相当于抄了一份工程档案，现在人是很难理解的，这可以跟我们的发掘现场做实际的对照，对后期复原来说是一个最重要的标志。

如果没有边际，你只不过在找一个墓。你只有摆脱了到墓葬寻宝的观念以后，才能把发掘的目的放到一个更深的层面来，不然你真的就是去找一堆宝贝了，而且显然根本找不回来，就算找回来这些宝贝，你想说明什么问题？

马黎：明代帝陵制度是否受到了南宋皇陵的影响？

郑嘉励： 北宋皇陵和南宋帝陵的布局都是上下宫分离的，不处在一条中轴线上。到明孝陵、十三陵，都是沿中轴线分布的，而风水都是南方形势派风水的墓地。

这就有一个问题，无论风水观念、地形特征还是陵园的布局，和南方是格格不入的，和北宋皇陵完全不同，明显是两套制度，那现在明代帝陵的制度是从哪里来的？

民国时的中国营造学社成员刘敦桢推测，明代帝陵的制度可能是从南宋皇陵变过来的。他的意思是，到南宋皇陵时，上下宫就串在一条轴线上了。

他有一个很大的假设是，南宋什么遗物都没有了，找不到证据。人们当时也没有读到《中兴礼书》。

但现在看来，这个推测不能成立。因为《中兴礼书》明确记载永思陵的下宫位于上宫的西北，也是分离的。所以把明代这套制度归到南宋皇陵，是不能够成立的。

宋六陵无非是在江南地区，刻舟求剑地把北宋皇陵那一套制度搬过来而已。

在宋室南渡的情况下，很多士大夫都迁了过来，也有平民、外戚（韦皇后家族），人们跑到南方，其实已经在地化了。南方的气候条件、雨水状况、地理环境（山地为主），不像中原一马平川，是无法按照中原的标准来埋墓的，所以大家其实都变了。

同样南迁过来的南宋士大夫吕祖谦的家就埋在山上了——明招山。只有南宋皇陵是奇奇怪怪的，南北面都是山，不用，埋在中间的谷地上。那就有问题，地下水位高，土少。所以朱熹就反对，但他没有考虑到一个问题，帝陵是国家大事，是国家正统的延续，跑到南方来也不能改，但其中又有很多纠结。实在没办法了，到宋宁宗陵才不得不转型，而这种转型对后来的明代帝陵可能会有影响。

过去我认为，明代帝陵那一套就是我们江南固有的葬俗，江南南宋时期品官的墓葬，墓园就是之前往后延中轴线逐级台阶，墓穴位于中轴线末端，上面起一个馒头状的封土。北方人的封土是覆斗的。明代帝陵就是宝顶。

但是，明代帝陵的制度不能直接从南宋帝陵去找，要从民间江南固有的风俗寻找，朱元璋就是南方人，早期政治中心也在南京，他的智囊团宋濂、刘伯温也都是浙江人。

马黎：很多人可能对墓穴本体更感兴趣。一号陵园墓穴会发掘吗？

郑嘉励：我们去年的发掘目标，只涉及陵园的调查，以探明陵园的建筑遗迹为根本目标，并不涉及地下皇堂的发掘，所以从法律层面来讲不会发掘。

但从学术发展的角度，从完整了解皇陵的角度讲，除了地上的，还有地下的。我们希望去发掘，希望去了解。因为上官发掘后，我们可以复原上官制度，但我们对"石藏子"其实是不了解的。

我们现在看龟头殿的跨度很大，将近 10 米，这样一个跨度，"石藏子"的石板该怎么盖，在结构上是有问题的，如果不发掘，像这样的问题依然没法解决。

而在历史上，宋六陵明确早已被盗毁，这是没有疑问的。

它和其他帝陵不一样，其他帝陵可能会碰到你没有办法处理的状况，比如出土了很多有机质文物，而在宋六陵，已经不可能出现了。

【小课堂】

石藏子，其实就是石材垒筑的方形或长方形石椁室，简单地说，就是条石或石板垒砌的外椁。外石藏的四壁紧贴着墓壁，内石藏存放棺木和随葬品。

揭秘宋六陵（下）

2019 年 4 月起，浙江省文物考古研究所联合绍兴市文物考古研究所、北京大学启动了二号陵园遗址考古发掘项目。

二号陵园就在一号陵园东侧约 120 米，很近，现标记为孝宗陵保护区。经过几个月的野外作业，在遗址内揭示出了一处规模更大的夯土建筑 F1。

而 2020 年 4 月起，考古队员又在 2019 年 F1 殿基以南约 24 米处，发掘了另一座大型夯土台基，编号 F2。发掘仍在继续。

F1+F2=？

答案，绝没有那么干脆易得。二号陵园打出的无数问号，远远超过了我们以往对宋六陵的认识。

1

选择二号陵园发掘，是根据当时所划定的保护区块而言。如今，在重新制定的宋六陵保护规划中，结合考古发掘成果，已经重新调整了保护范围。

李晖达说，以前曾经划过十个保护区，落地有围栏维护的只有三块半，二号陵园，是在东边的一块，当年为了保护松树，茶园退耕，土地退还了一部分，也就是如今发掘的区域。

考古队员首先揭示出了一处夯土建筑 F1。

果然，和一号陵园同样的情况，松树都种在了墙边上，或者礴墩上，人们把废墟当作了包子坟。

出乎意料，F1 台基的面积非常大。

台基内发现的礴墩，有 28 个。什么意思？你可以把它理解为大殿的正面有 28 根柱子，柱网非常清楚。但是，按照文献记载，应该有 30 根柱子，李晖达说，在当心间（你可以理解为 C 位）的位置上，"设计师"去掉了两根，特意"减柱"，可以使中心间的殿堂空间大一些。

整座夯土台基平面，是一个横长方形，结构也非常讲究——

F1 航拍

F1 礷墩内的大石板

礷墩柱坑近正方形，边长约 1.8 米，底部为土石混夯，再以细砖侧立铺面，上部又覆盖一层 0.3 米厚的石板。台基外缘还用厚石板包边，有四个角柱，可以把整个贴边石完全卡死。我们看到，每块石板的体量都非常大——长 1.3 米，宽 0.9 米，厚 0.3 米，两头有明显的卯口。不过，西北角和北侧保存了一部分石板结构，其余各边都已经被破坏。

最顶部，原来应为露明的柱础石，可惜也已不存。因为后期破坏严重，部分礷墩的底部铺砖层也尽数被毁，仅存柱坑与底部夯层。

接下来，考古队员又发现了更重要的线索，这个大台子还可以向东西两边伸出去——发现了两条回廊。

而台基上层填土内，还出土了大量散落的砖瓦构件，类型和这些年李晖达在发掘中看到的基本一致。结合航拍及三维扫描等技术进行现场数据采集，并对出土瓦件的种类、数量做了数据统计分析，初步推定，F1 为五开间殿堂。基址南北进深约 20 米，东西面宽 30 米，面积达到 600 平方米左右。

什么概念？

一号陵园的享殿遗址（除去后部的龟头殿），面积只有约 245 平方米，而二号陵园其中的一个殿堂，就远远超过了一号陵园。

哪位皇帝配享这么大的陵园？暂且按下不表。

在北侧，还发现了时代更晚的另外一个夯土台子，压在了F1北边缘的包边石一侧。整个结构看上去，像"凸"字，这一度让李晖达有点小激动，难道是龟头殿？

2018年发掘一号陵园时，最核心的发现，就是确定了龟头殿。

考古队员在做了详细的钻探后，丝毫没有发现龟头殿的迹象。

看来，它和一号陵园不一样。这一组后加的小殿堂，不是龟头殿，应该是后来添建的一个台基。"现在还不能确定后来加的年代，加它的目的是什么也还不能确定。"

出现这种后加的台基，有几种可能。

这个大殿曾经被破坏过，后来加盖了一个类似的小殿堂。因为F1和一号陵园一样，柱网清晰，但后建的部分几乎看不见磉墩，看不见柱洞。有可能是加了一个小月台，但什么功能，不清楚。

F1 东北角

还有一种可能。台子后建了一道晚期的围墙，因为考古队员发现，人们是拆解了原有陵上的构件来包墙边的。

总结一下，二号陵园出现了特殊情况：迭代——既有宋代的，也有宋代以后，或元代或明代以后增补的台基。

李晖达对郑嘉励说，以前我们是越挖越清楚，现在有可能越挖越糊涂。

2

糊涂有时是好事，柳暗可能花明。

这些问题，暂时无法有答案，因此，今年的发掘，本来是为了回答两件事，F1的回廊到底成不成立？长什么样子？结果，发现了"言外之意"。

2020年，考古队员继续向两侧扩方，向南做了一条探沟，很快发现了新线索：南边发现了另一个大台子，在2019年F1殿基以南，大约24米处，发掘了另一座大型夯土台基，编号F2。

发掘重点，迅速转移到这个大台子上。

划出完整的范围，对考古工作来说非常重要，我们经常看到，他们一直在找"边边角角"。

台子北侧边缘也包着条石，结构和F1很像。于是，他们再继续往南

F2台基的北侧条石包边

庭院西南角

边追，但到目前为止，还没有找到南边沿，因为这一侧后期的扰乱特别严重，有可能南边沿已经找不到了。

但是，东西两侧的面宽现在已经达到了 45 米，还没有追到头，这意味着，这个台子非常大。

不光大，更意外的是，考古队员发现，F2 居然通过东西两侧的回廊，和 F1 连在一起，围合成了一个横长方形的院落，像四合院，F1 和 F2 就像两间厢房。而且，庭院四边的条石板都还在，结构清晰，面积约 1400—1500 平方米。

F2 的格局很清楚，台基上也有柱网，可惜比较零碎，扰乱厉害。但是考古队员依然可以知道，F2 做柱础的方式，和 F1 一模一样。

3

F1 和 F2 并没有被围墙隔开，始终都在同一个园子里，而且这个园子目前还在扩大。

再看东西两侧的围墙。

李晖达推测，东边围墙离现在挖到的地方有三四十米的样子，也就是说，围墙的范围会远远大于此前的一号陵园。

一号陵园的边长只有 58 米，而如今二号陵园的两侧还没有挖到边，就已经快要到 100 米了。

截至目前，除了两座殿基、庭院和东西回廊之局部外，还未能完整框定二号陵园的整体范围，但空间尺度已远远大于一号陵园。

它的结构也比一号陵园更复杂。

此前，李晖达怀疑过，一号陵园是不是还有外垣墙。"之前说有两道垣墙，中间还有一些建筑结构，而二号陵园正在慢慢地真实地体现出那些复杂的结构。那么大的宫殿建筑，在使用过程中，南宋时期应该有几次修缮，基址有过修改，明代又经过了重修，迭代变化明显。"

这就跟我们原来想象的攒宫的性质——暂时性，随时来，随时走，一切从简，很不一样。

"一号陵园做出来后，我们觉得攒宫能到这个格局差不多了。但做了二号陵园发现，远远不是。"李晖达甚至一度怀疑过一号陵园是不是帝陵。虽然规格上和《思陵录》里换算过来的尺寸近似，但内部格局太简单了。

然而，考古说了实话。二号陵园内部建筑布局的复杂程度，跟文献上的记载很难对上，超过了人们的想象。

往南，考古队员还发现了类似良渚古城的石块墙基，底下有沟槽，堆上石块后再夯土。这样的墙基，2013 年李晖达已经发现过。但是这种墙基又还不到外围墙的规模。"所以我怀疑殿与殿之间，是否还有几道墙，组成一个个院落，最后构成一个大陵园的格局。"

不过，F2 始终没有发现龟头殿。也就是说，二号陵园的两座大型建筑都没有发现龟头殿石藏遗迹。所以，目前初步判断，这组遗址应为某帝陵攒宫的辅助陵园——下宫遗址。如此一来，在偏东南角的地方，再找对应的上宫，就不难了。

如今，北大正在二号陵园做数字化采集和复原，按照墓位排序，正在跟宋徽宗的永祐陵做比对。也就是说，二号陵园，可能就是宋徽宗永祐陵的下宫。"不过，目前还没有找到实锤，还没有找到可以对应的东西。"

　　李晖达还发现了一个问题。大家投入了很大财力去建造永祐陵、永思陵，作为"第一代"，高宗和徽宗理应享受这么高的待遇，这么大体量的建筑规模。但，这只是一种常规的想法。

　　　　比如孝宗、光宗、宁宗，在他们各自的时代都有各自可以调用的
　　　　力量，所以，你很难讲，宫殿最大的就是宋徽宗、宋高宗的，不能这
　　　　么简单粗暴地比对，单纯去套《营造法式》里的记载，如今也套不上，
　　　　和现实无法拼合。

　　一系列问题，随着考古发掘而来——

　　二号陵园那么大，它的真实建筑规格如何去符合当时的制度？究竟是一开始就设计得这么大，还是两个殿本身就有时间的前后关系？

　　李晖达说，我们做发掘，显然不止是为了找到某一个陵，必须尽可能把所有排次结构确认，才能明白，当年选地的实际原则落实到地上是如何真实体现的？

　　宋六陵，待续未完。

　　　　　　　　　　　　　　　　　　　　　　　写于 2020 年 11 月 7 日

他是谁

如果提到南宋墓，作为浙江人，你第一时间会想到哪里？应该是宋高宗、宋孝宗等皇帝的陵墓，这个南宋皇家园陵，就在绍兴的宝山脚下，对，著名的宋六陵。

今天要说的主角不是宋六陵，但和它有关。

距离宋六陵只有6公里路的平水镇，2017年，因为一项建设项目的开展，浙江省文物局委托浙江省文物考古研究所联合柯桥区文化发展中心考古处，对建设规划范围进行考古探勘，结果，在兰若寺水库北岸、皇坟山南麓，发现一处南宋时期墓地——兰若寺墓地，由风水环境、墓园、坟寺等组成，建于南宋晚期，使用年代下限不晚于元代初年，是目前发现的南宋时期规模最大、格局最完整的高等级墓地。

请注意这几个关键词：最大，最完整，高等级——没有"之一"。

这个南宋墓之"最"究竟什么样？看的过程，也是一个破案的过程，一个个谜团，呼之欲出。

在兰若寺墓地被发现之前，"最大"榜单前三名，来头都很大。

比如湖州风车口南宋墓，推测墓主人为宋孝宗生父赵子偁的"秀园"。再比如大名鼎鼎的宁波东钱湖、余姚史氏家族墓，史浩、史弥远、史嵩之"一门三丞相"，权倾天下。史弥远是宋宁宗、宋理宗时候的权相，他的父亲史浩是宋孝宗时候的权相，他的侄子史嵩之是宋理宗时候的权相，全是南宋时期最高等级的人，所以墓地都是按照一品礼制来做的。

但是，郑嘉励说，从考古发现来看，这些人的墓，单从墓地框架来比，居然还不到兰若寺墓地规模的三分之一。兰若寺墓地的墓园从目前揭露的面积来看，占地面积至少 12000 平方米。

"我们现在就站在墓园的中轴线上，北偏西 37°，太阳照过来，阳光是非常好的。"考古领队、浙江省文物考古研究所的罗汝鹏和我站在人工夯筑的台地上，虽是个阴天，但也能妥妥感受到眼前的豁然开朗。我只能用风水宝地、

墓地航拍

气象很大这样的大俗话来形容眼前的风景。如果从风水的角度讲，这叫"怀抱之地"——眼前延绵两座山，青龙山掩在层层叠叠的日铸岭中，园前山间小溪流经，背后是靠山，我们像被山抱住一样，很有安全感。

这样的山水，是有讲究的，它是一个典型南宋墓地的风水标配，专业名词，叫"形势派"风水，是江南地区主流的风水观念。我们听听郑嘉励的解读，就会一清二楚——

古人认为我们要埋到一个有生气的地方，生气在地面上流动，它会在某一个点上汇聚起来。这个气，如果风一吹它就散了，如果前面有水，它就在这个地方停住了。形势派的风水很讲究，它认为我们所在的地方背后要有靠，左边要有青龙，右边还要有白虎，最好对面还要有案山。

所以我们的墓埋在这里，就像坐在一张太师椅上，背后有靠，左右环绕，前面还有照应的山。如果前面还有一条河流过，那就更理想了。这种背风、向阳、面水、藏风、纳气的非常典型的形象，就叫怀抱之地。

2

兰若寺墓地的风水观念，完全符合。

我们可以这样说：一个典型的江南南宋墓，是怎么建的，兰若寺墓地可以成为教科书级别的标准示范。

墓地呈中轴线分布，大约由九级台地构成，从前到后逐级抬升，墓主人就葬在中轴线的末端。

除此之外，边上还有配套设施。

罗汝鹏指着小溪对岸，距墓园东侧约 150 米的地方，1956 年建的兰若寺水库前面，一块凹进去的地方，"那就是兰若寺寺庙遗址，淹没在水下。8 月，水下去了，（遗迹）就暴露出来了，表面上看是三进院落的，每进院落也是这样的石磡包边。它和这个墓园是对应的，很有可能是墓地赐享的坟寺。而我们那时候一来，老百姓就说那里是寺庙，说案山后面还有尼姑庵。我去找过，现

罗汝鹏（前排右六）

在是找不到了，但是能看到老门石臼一样的门轴，寺和庵相距很近，可能只有200 米左右"。

什么意思？

这是功德坟寺，就像南宋嘉定十四年（1221），朝廷下限诏改赐智国寺为岳坟的功德坟寺，并赐额"褒忠衍福禅寺"。它先于墓地存在，朝廷为这个坟寺赐一块匾，一方面守坟墓，一方面帮墓主人做功德。它是级别的体现，也构成了一个非常完整的南宋墓园。

当然，这些还不是起决定性作用的。南宋时期的墓地，其建设往往依赖于墓主人家世的雄厚，因此工艺精美与规模大小也可能与墓主人的身份并不一一吻合。用郑嘉励的话说，这样的一套制度，不分贵贱，我只要有钱，这些东西都可以做。

我们从墓园下面往上走。

园内分为上下两部分，最下面的第一级台地为"下园区"，占地面积 6000多平方米，是个封闭区域。罗汝鹏说，这个区域推测可能是与南宋帝陵单独建设的用于日常祭享和守陵人居住的"下宫"具有相似意义的院落建筑区。

建筑构件

第二到第四级台地为"上园区"，应是专门用于祭祀的高等级建筑区与主墓分布区。核心部分，是第二至第三级台地，沿中轴对称，考古队员在这里发现了多级石础、石墙、殿门、厢房、大殿、庭院等遗迹。

"你现在站的这个地方，就是大殿，是个面阔七间、长度约30米的建筑。"当然，我的眼前什么也没有，罗汝鹏指着脚下，"我们当时看到这个门道就觉得有些奇怪，四周围有几个磉墩（石头、瓦、土层垒起来的），磉墩下面我们通过解剖，发现是一个比较深的七开间建筑——一排有八个磉墩，就代表这一排有八根柱子，至少有七个房间。"按照周必大在《思陵录》里的记载，宋高宗的献殿，也是大殿，才三开间。所以，这是目前所见南宋时期规模最大的单体墓园建筑。

终于走到了墓园最上面，也就是普通人最感兴趣的"关键部位"——主墓区，尽管现场已经盖上了塑料保护膜，但我还是一眼看到了须弥座。

"我们站着的地方，两侧高，中间低，是个凹地，工匠人工夯筑了最高达3米的平台，以便于构筑拜台与主墓。"罗汝鹏说，除了没有圆形封土，而以方砖铺顶或石块铺顶的斜坡面代替，主墓区布局与南宋时期高等级贵族墓特征基本一致，由须弥座、环壕（步道）、阙楼、主墓室、隔墙、石挡墙等组成。

阙楼，就在主墓的四角，凸起的两个角，还能看得见。"四角阙楼，有两个保存得很好，另外两个破坏得比较厉害，但轮廓还在。我们光在这里就发现了100多箱陶质建筑构件。"

为何说这个墓是高规格的？阙楼的出现，最具决定性。

郑嘉励说，封土的四个阙角是可以明确代表身份的。根据北宋时期《天圣令》（注：宋朝修订的法令类书籍。书中记载的法令是北宋时期政治经济生活的集中体现，其中第二十九卷《丧葬令》，对于研究宋代社会的丧葬制度有着重要的价值）中记载："诸墓域门及四隅，四品以上筑阙，五品以上立土堠，余皆封茔而已。"意思就是说，三品以上官员，墓地的四角才能筑阙。

兰若寺墓四角筑阙，墓主人的身份显然是三品以上高官。再综合墓室墓园的规格，都远远超过宁波东钱湖、余姚史氏家族墓，包括秀园等南宋时期权倾一时的重臣墓园，这么一来，它就指向了当时的最高规格。

3

最高规格？一个时代最高规模的墓葬，当然是帝陵。

那么，我们自然会想到隔壁邻居宋六陵。兰若寺的墓主人，和宋六陵里的帝王之间，会不会有关系？

"我之前很努力地把兰若寺墓地和文献记载的皇家陵园去对照，希望找到它们共同的地方，但还是没有。"罗汝鹏却这样说。

兰若寺的墓葬无论风水择址，还是墓园构造，完全是江南式的，所以墓主人一定是江南背景的。

好不容易推断到这里，他是谁？

墓葬位于绍兴，指向当时最高规格，做法又是完全江南式，"我觉得墓主人如果是绍兴人，在南宋后期，从 1200—1279 年，符合这种身份的人，在整个浙东，不超过十人，在绍兴，也就一二人，这样推下来，我推测是宋理宗生父赵希垆最有可能"。

赵希垆有两个儿子，第一个儿子就是宋理宗，第二个儿子是赵与芮，而赵与芮之子正是理宗之后的宋度宗。"宋理宗当时做了皇帝，父亲已经去世了，肯定要对他父亲的墓进行改造，那肯定会遵循最高规格的墓葬制度。"郑嘉励说。

目前，考古队员还没有发现完整的墓志，只看到了几片墓志铭残片，信息不足。"我们要把墓里所有的土都扛回去，看看能不能再'洗'出来几片。"罗汝鹏说。

4

但是，在"破案"的过程中，罗汝鹏和郑嘉励又发现了另一个特别奇怪的地方。

按道理，赵希垆在理宗做皇帝以后去世，被追封为"荣王"，会按照最高规格来改葬。但非常奇怪的是，赵希垆丧葬的信息在《宋史》里面没有记载。

主墓范围

"在绍兴当地，因为理宗入继大统，这一支宗室也肯定是当时最尊崇的。但是这支宗室的材料，不管是在上海图书馆还是国家图书馆收藏的御牒里，都见不到。"

郑嘉励此前在黄岩发掘过赵伯澐墓，赵伯澐是宋太祖赵匡胤七世孙。很明显，这一支宗室的地位，跟绍兴这一支没法比，但他们的史料，无论在温岭，还是国家图书馆的南宋御牒里，都有记载。

这就很离奇了。

"指向如此明确的高规格墓，当地经石碑刻、地方志都没有记录，在绍兴这样一个文献之邦是非常不寻常的。绍兴当地文献会记载很多小事，但是兰若寺墓这么高规格，如此身份尊崇的宗室，后来竟然没有任何信息。我们推测，在宋元鼎革以后，可能他们家族的人和事情比较被统治者忌讳，史书记载时可能会刻意屏蔽。"郑嘉励说。

我们再从考古证据中找找线索。

主墓室由同坟异穴、东西并列的两个长方形墓室组成，以砖石混筑墙体、大石板盖顶的方式构筑。遗憾的是，墓室被盗严重，仅发现铜镜、铁券、墓志铭碎片等少量遗物。

罗汝鹏说，墓葬发现了 10 个盗洞，分成 3 个时期，从破坏程度上看，它曾经遭到了多次人为毁墓行为——已经不是盗墓的程度了。而通过解剖分析，墓园应在宋元之际已经经历了几次盗毁和修缮，这和历史记载的"妖髡毁墓"颇为契合。

元至元十四年（1277），杨琏真迦被任命为元朝江南释教都总统，掌管佛教事务，制造了南宋帝陵盗掘事件，这在周密的《癸辛杂识》、陶宗仪的《南村辍耕录》中，都有详细记载。

"我们发现的遗物中，只有极少数是元代的，99% 都是南宋晚期的。墓园中，很多东西保存得比较好，是因为这个墓最后一次被毁坏之后，这片地方基本上在后来没有被动过，用我们的话叫原生堆积。所以这个墓应该在宋末元初彻底让它'消失'了。"罗汝鹏说。

在"妖髡发陵"的历史背景下，在宋六陵已遭破坏、布局不清的现状下，兰若寺墓地的考古发现具有更加重要的历史价值。罗汝鹏说，很可能是我们目前乃至未来，唯一能见到的除南宋帝后陵墓以外，最大规模、最高等级的南宋墓地了。

墓园中出土了数量庞大的陶质仿木构建筑构件，比如飞天，与宋六陵遗址采集遗物特征相近，当是严格按照南宋官式建筑微缩而成，这也为后续建筑复原工作提供了难得的历史机遇。

"可以这么说，通过地下的考古工作，我们很可能找回几座南宋时期的、目前已经很稀少的地上建筑。"罗汝鹏说，兰若寺墓地建筑遗存的发现，可为深入研究《营造法式》理论、探索南宋建筑史补充翔实的实物资料。

另外，在第三级台地的垫土中还出土了一批建筑构件陶范，以及带有商标类戳印文字的贴塑条砖，结合墓园西侧发现的陶窑遗迹，为复原研究南宋时期高等级墓园，乃至皇家墓园营建模式与制度亦提供了重要的实物线索。

写于 2018 年 1 月 20 日

南宋"官二代"升迁记

徐谓礼碰到郑嘉励，大概是命。

谁？徐渭？徐文长？徐谓礼？好多次，跟朋友说起徐谓礼这个人，大家都误以为是明代文学家徐渭，或者以为我把人家名字写错了。

很少有人知道徐谓礼是谁，这位浙江武义的男子，去世了765年，和普通人一样，死了，埋了，他的故事也就到此为止了。世上大部分东西都不会留下痕迹，耗散了，能在历史上留下痕迹，能保留下记忆的，少之又少。

近800年来，这个南宋公务员的人生故事，没有人知道，《宋史》《武义县志》里压根没有为徐谓礼立传。即便2005年，他在武义龙王山麓的墓地被盗，也没有人知道他是谁。

被盗时，墓室保存完好，徐谓礼穿戴整齐躺在棺木里，少量瓶瓶罐罐散落在旁边，有毛笔、镇纸等文房用品，徐谓礼的8枚私印装在一个盒子里。可见这是一个文人。

盗墓人不管这些。那些器物类的文物，出土不久就卖掉了，因为这一类的文物好卖。

但文人用品，在他们眼里并没多少价值，尤其还有17卷文书，卷成一筒，放在徐谓礼的身边。

因为内容前所未见，又围绕着南宋中后期一个名叫徐谓礼的名不见经传的人物，而且纸张完好如新，很多人怀疑这是伪造的。

2019 年 5 月 24 日上午 9 点，武义博物馆正式开馆，国家一级文物——这 17 卷南宋徐谓礼文书首次完整公开展出。

这卷连起来有 32.2 米长，4 万多字，在普通人看来像牛皮纸一样的 "卷子"，放在专门为它打造的恒温恒湿的原物展厅里，看起来依然平淡无奇。

2011 年，武义县博物馆原馆长、现在的武义文化局局长董三军，还有薛骁百最早看到了这批文书照片，大家直觉，这个东西很要紧。

盗墓者知道这是古墓里挖出来的，不能长期接触空气，他们平常妥善保存，用密封袋层层密封。在市场上兜售的时候，也不拿真迹，而是用照片。

照片模模糊糊，也看不太清楚。

2011 年，郑嘉励来武义做讲座，他们就把这条照片——很长，铺到地板上，拿给他看。

"马上报案！必须要破案。" 郑嘉励很敏锐，当场就知道，这不是什么书法作品，而是重要文物。

"这都是机缘。" 宋史学家、北京大学历史系教授邓小南说，20 世纪以来，学界对新史料一直很重视。但是对宋史研究，始终没有发现非常重要的、足以撼动原来研究体系的材料。做先秦史有很多材料，比如甲骨文、铭文等等，做魏晋南北朝、隋唐史、明清史等，材料非常丰富。但宋史材料一直比较少，新史料可遇而不可求，"徐谓礼文书的发现，就是一种机缘"。

虽然照片里的内容前所未见，但是，郑嘉励认为文书不可能造假。

首先，前所未见的东西，无法作伪，作伪需要有仿造的对象。

其次，官方文书，有复杂、严谨的格式，宋人书法也有宋代书法的时代风格，这些都是今天的作伪者无法仿造的。尽管文书上的书法，未必就是宋代顶好的，但有宋人笔意，让清代民国时期的人去模仿，就很难做到，因为一个时代有一个时代的精气神。

而作伪的动机呢，无非是为了赚钱。徐谓礼名不见经传，内容也 "古怪"，很难找到识货的人。如果为牟利，应该伪造苏东坡、陆游这样的人物，内容也要风雅一点，脍炙人口的山水或诗词，才好出手。从动机上看，人们不会去仿造这种东西，一抄就是四五万字，每个字都工工整整，一笔也不懈怠，天下没有那么笨的骗子。

2011 年 12 月，经过公安局的工作，盗墓者全部抓捕归案，缴获文书 13 卷。2012 年 7 月 5 日，又追回已经流失到北京的另外 4 卷文书。共 17 卷文书，完璧归赵。

经过盗墓者对盗墓现场的指认，浙江省文物考古研究所随即对墓葬进行发掘，出土了徐谓礼和他妻子林氏的墓志，确证了文书的出土地点。这是 2012 年一件轰动的大事。

2012 年，由包伟民教授、郑嘉励研究员领衔，组成了一支研究团队，对徐谓礼文书进行了整理研究，在学界引起了很大的反响。这次武义博物馆开馆，国宝在出土 7 年后，终于跟所有人见面了，展览名为"国宝重光"。

徐谓礼文书到底是什么？

我们多多少少对文书有一个模糊的概念。广义来看，就是指公文、契约、个人信札等等公私文字图籍。而狭义的文书，特指政务公文、法律条令等公务

徐谓礼夫妇合葬墓

文书，主要是往来于各级政府机构之间的公务文书。

徐谓礼就是命好。

本来，没有人会关心一个没名气的南宋小官——他最大也只不过做到六品官，算是南宋一个中下层官员，相当于现在的一个副处长，古代五品以上才是高层官员。

但这 17 卷文书一问世，让宋史界震惊的，并不只是文书是谁的，而是这四万多字材料，在过去从未见过，全世界独一份。

"从数量来说，它不可能和敦煌吐鲁番文书相比，但它最重要的是，关于中古时期，一个普通南宋中层官员一生的仕宦履历，在这 17 卷里全过程完整记录，这样一种材料，从目前来看独一无二。"邓小南说。

如今官员都有人事档案，但程序相对简化。徐谓礼的文书一出，大家发现，宋代官员的档案制度在实际运作中那么完整规范。从徐谓礼 19 岁踏入官场的第一天开始，到 53 岁去世，每走一步，就记一步，完整的人生经历，全部记录，360 度监控，内容太硬核了。

1

徐谓礼一生的文书共有 17 长卷，由告身、敕黄、印纸三部分组成。

说这三个词的意思之前，我们要先说一下，现在我们在展厅能看到的文书，是抄件，也叫录白。

就跟我们现在很多文书一样，需要一式三份。但过去没有复印机，原件自己保留一份，吏部档案里保留一份，但备份以后有特定的官员去抄，官府认同盖印以后，同样有法律效应。

但这份文书是用来随葬的，所以没有盖印。

是谁抄的？学界观点不同。

郑嘉励个人认为本人抄的可能性大。徐谓礼妻子的墓志，是徐谓礼自己写的，这次也展出了。对比一下字迹，很多是一致的，徐谓礼自己抄也合理。不过邓小南有不同观点，如果自己抄，文字应该全避讳，宋人避讳很严。但这里有的避讳，有的没避讳，风格不一。

我们先来说告身。

告身的意思，就是阶官的"任命状"，给你一本证书。

徐谓礼的"告身"，很壮观，各种证书的汇抄，把他从 19 岁进入官场以来的历次"转官"，也就是我们现在说的升官凭证，通通抄录一遍，按年代先后编排起来，粘在一起，一共 11 道，你可以理解为 11 本证书。

这不是强迫症，制度如此。

宋代官员证书什么样子，怎么写的？

徐谓礼圹志拓本

当然，都是例行程序。

先把任命你的原因说一下，人品好不好，巴拉巴拉，这是由中书舍人来起草的，这段文字，基本上"四个字，六个字"，胜在有气势，郑嘉励的解说词是这么说的："我们现在老是说，四六骈文，虚张声势，华而不实，其实这种文体，音节铿锵，念起来特别有仪式感，特别像回事儿。写这类文章的词臣、翰林学士，都是文章高手。"

写完之后，结尾，我们在徐谓礼的证书上经常可以看到这八个字："奉敕如右。"下面，是"牒到奉行"四个字。

"敕"是上行文书，宋代的三省六部制很有名，三省是中书省、门下省、尚书省；六部，尚书省下的吏部、户部、礼部、兵部、刑部、工部。中书省，负责起草文书、官员任命，门下省负责审核、封驳，最后报给皇帝批准，并以皇帝的名义颁发，这叫做"奉敕如右"。古人的文字，从右至左，竖向书写，"如右"，也就是今天的"以上"。

"牒"是下行文书，就是把经过上级批准的文书任命，交给下一级，交给尚书省去执行。

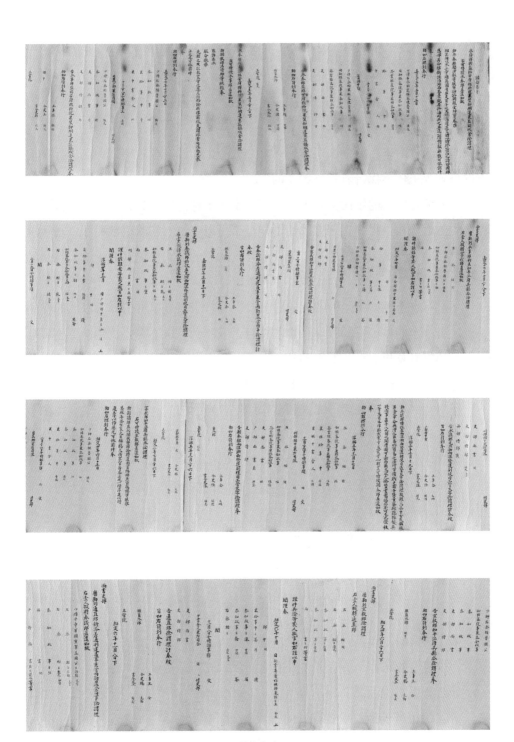

录白告身

这一道文书下来后，从宰相开始，到参知政事，到中书舍人，全部都要按顺序签名，不过名字不用写全，比如我签个"马"，后面的"黎"随便一画就可以了。

所以一个官员基本的任命程序：由中书省负责起草，门下省负责审核，经皇帝批准，由尚书省负责执行，彼此联系，互相牵制。这是基本程序。

但是到了南宋后期，中书和门下合二为一，这样办事效率高一点。但在文书的格式上，依然保持着各自独立的形式。

在徐谓礼生活的年代，宋宁宗、宋理宗皇帝都比较弱势，屡屡出现被韩侂胄、史弥远等权臣操纵、架空的情形，皇帝可以绕过三省的正常程序，直接以"内批""内降"的名义，相当于以"领导批示"的形式任免官员，这当然是经常发生的情形。

不过有点遗憾的是，徐谓礼这卷告身，是抄来放进棺材的，所以，原件中本来还有一个制作证书的程序，徐谓礼自己看不到，也不需要看到，更不可能拿到手还带到墓里，让我们看到。

不过，你可以跟着我脑补一下后面的程序——

证书写好、字签好后，要送到制作绫锦告身的部门，叫做官告院。吏部会写上"奉敕如右，符到奉行"。刚才是"牒到"，现在是"符到"，完全就是命令的口气了。

这次还要签名，而且得连名带姓签，因为做证书嘛，具体办事的人身份都很低，写全了以便追查。

以上，才是一道完整的告身。

2

宋代的官制，和我们现在不同，有点复杂。

一个官员的职官，由阶官和差遣两部分组成，是并存的体系。

什么意思？

阶官，相当于我们现在官员的行政级别，比如副科、正科、副处、正处。而差遣，就是官员的实际职务，比如文化局副局长、局长、副县长、县长。

请一定先记住这两个词的意思，下面讲到徐谓礼一生的宦迹图，都跟这两个名称有关。

徐谓礼 19 岁，冠礼刚过，第一次踏入官场，迎面而来第一个官阶就是“承务郎”。

我们看到徐谓礼文书里有好多“郎”，但完全搞不懂这个官到底什么地位。

徐谓礼“承务郎”的这一道告身是这么写的：承务郎新差监临安府量料院兼装卸纲运兼镇城仓徐谓礼。

好吧，看不懂，我们来划重点——

“承务郎”是他的阶官，“新……量料院”就是他的差遣，也就是他这个官是做什么的，职责是什么，权力是什么。

所以，徐谓礼第一次当官做承务郎，职责是在杭州管仓库，也管理俸禄、军饷。

我们再看领导怎么签名。比如我们看授他为“宣教郎”这一张，是从丞相史弥远开始的，由大到小签下去，参知政事葛洪、郑清之、陈贵谊，都是鼎鼎大名的南宋人物。

所以“告身”这张长卷，我们其实可以把它分割成好几张“卷子”：嘉定十五年（1222），他做承务郎，嘉定十七年（1224），他升到承奉郎，又升到承事郎……一张接着一张，格式几乎没有变。他这一生，从低到高，一共进阶了12 次，我们能在展厅看到 11 道告身。

但有意思的是，我们现在官员的行政级别和职务，大体是一致的，但宋代是不对应的。

这是徐谓礼在“承务郎”当满之后，升官做“承奉郎”这个官阶的一道告身：承奉郎新差监临安府量料院兼装卸纲运兼镇城仓徐谓礼。

你已经会划分了吧——“承奉郎”是他的官阶，“新……量料院”是他的差遣。你有没有发现，后面的职务内容居然没有变？

没错，这道告身后面还跟了一句话：“差遣如故。”

等于说，我升你官，授你为承奉郎，但差遣的内容，还是原来那个，管粮仓的。官位升了，但具体负责的还是原来的那摊子事。

很多人都会误解，苏东坡到杭州来当知州，是贬官，其实他的官没有被贬，还是知州，官，是看他是"什么郎"，其实他的官没有小，还是"郎"，但把你贬到了权力中心以外的地方去了，而老百姓就习惯讲贬官。

不知你有没有看懂？我们还可以打个更容易理解的比方。

比如，军官有军衔，同时也有各自的职务。上尉、上校，这就是他的军衔。这就相当于宋代的阶官，就是徐谓礼任的各种"郎"。

所以我们可以完整地看到，徐谓礼一生的足迹，并没有跑得很远，就在浙江、江苏、江西三个地方当官。

他人生最后一次任命，是"提举福建市舶兼知泉州"，泉州的长官。这是个重要的岗位，泉州是当时国际性的贸易大港，可惜，徐谓礼没有正式上任，53 岁就去世了。

3

虽然是管仓库的，但请注意，徐谓礼 19 岁第一次做官直接担任"承务郎"，属于"京官"，是京官里的最低一阶。

这里再插播一节小课堂。

宋人文臣的官阶，分两类，一种叫"选人"，一种叫"京朝官"。

前一类相当于在基层做事，官位略低，后一类有个"京"，显然更升一级。但宋人的"京朝官"不一定能在京城做官。

晕不晕？宋人的官位设置相当复杂。

这个"京朝官"里，还有两个小分类，分成"京官"和"朝官"。从"承务郎"开始一直到"宣德郎"，就是"京官"。

请注意，跟明代不同，宋人只有拿到"京官"的身份，才具备任职中高级官员的机会。而徐谓礼一当官，就是京官，从第一阶梯"承务郎"开始往上爬，前途一片光明。

是不是还有点绕？一秒看懂选人和京官的差别，包伟民有一个很形象的说法：选人，相当于我们现在的正处级以下；京官，就是副厅级以上。

4

从"选人"升到"京官",是本质的跳跃,这道分界线,一般人难以逾越。普通人想从"选人"爬升到"京官",就是一个漫长的等待过程,一般需要 10 年左右。如果没有人荐举,后台不够硬,即便你是进士出身,也有可能终生都无法升到京官。

但,徐谓礼含着金钥匙出生,这些对他来说都不是障碍。

他有个声名显赫的爸爸,名门之后。徐谓礼的爸爸徐邦宪,输入法默认就能打出的名字,可见他多有名了。嘉定二年(1209),任工部侍郎,兼临安知府,也就是说曾经当过杭州知府。后来,当了"显谟阁待制",相当于带着大学士的头衔,有学问,文章高手,是皇帝身边人的标志。

徐邦宪作为高级官员,就有资格荫补(因为祖辈、父辈的地位而使得子孙后辈在入学、入仕等方面享受特殊待遇)儿子为京官。

徐邦宪墓

所以徐谓礼是标准的"官二代"。

每升一级，都要记录，比如徐谓礼从承务郎升到承奉郎，叫"转官"。正常流程，一般来说，只要不犯错误，都是三年升一次，宋人叫"磨勘转官"，就是按照年限正常的升官。

当然也有特别的日子，比如碰到皇帝生日等"祥瑞之日"，符合资格的官员都升一级，有福同享。

所以，看上去很复杂，其实都是严格按照制度来走的流程。

宋代文官制度的核心，权力的核心，在于人事的任命，必须要一道道下来，每个人签名都在行使自己的一道权力——中书省拟定，门下省审核，再由皇帝批注，再发下去执行，层层审核，每个机关相互制衡。而其中，还有独立的监察机构——台谏，如果对任命不满，比如徐谓礼这个人人品不行，马上就可以抨击。

5

刚才说的都是跟徐谓礼的阶官"某某郎"有关的文书，现在，我们来说说他一生实际担任了多少职务，也就是"差遣"。

展厅里数一数，有 13 道差遣，从中央到地方的任官履历，全部粘在一张纸上，放进棺材里，这就是"敕黄"，共一卷。

看这一道任命：尚书省牒通直郎徐谓礼。后面写，任命他担任南京的溧阳县知县，兼主管劝农营田公事……前任是谁，也要写出来。

请注意，这里的签字，是从低到高签的，从参知政事再签到丞相。"陈贵谊"的签名后面写着"假"，说明他正在请假。右丞相写了一个"押"，原件是画了一个押，抄的时候就简化了。

敕黄里唯一有点特殊的，就是祠禄——没有授予实际的工作。

宋神宗以后，为了处理不同政见者，就让你去主管一些道观，比如主管杭州的洞霄宫、台州的崇道观，这在《宋史》里经常能看到。

他当然不可能去做道士，实际上就是给他一个名头，叫做"奉祠"，也就是工资照样发，这是安置不同政见官员和闲置官员的通常做法，以表示朝廷对士大夫的优待，宋代是士大夫的黄金时代。我觉得有点像带薪休假的意思。

徐谓礼也有这一道祠禄，而且是自己打了报告要求休假——

奉议郎徐谓礼，自己觉得犯了错误，"归伏先庐，杜门循省"，要求回到自己老家去，守护先庐，闭关反省，希望领导给自己一个命令。

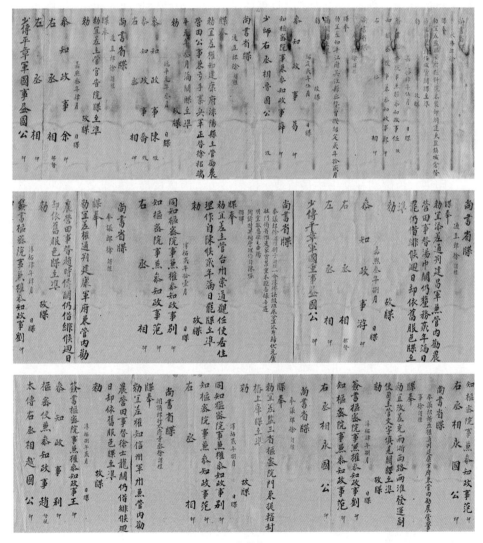

录白敕黄

6

其实，在这么多文书里，告身，最能代表官员身份。如果随葬，要证明你官员的身份，其实只抄告身就够了，但徐谓礼把所有的档案，包括自己的年终考核全部抄一遍随葬，这就很难得了。

在文书里，我们能看到，每年年底，徐谓礼自己会提出来，请对我本人进行考核的申请。他所在的单位会收集情况，统一报到州里面的相关部门。宋代的一个州，相当于我们现在的一个地级市。州里的人事部门就会把这些材料加以核验，由州里的官吏把这些材料抄录到印纸上。

印纸，就是朝廷颁发的官员档案，也就是年度考核。

徐谓礼 19 岁进入官场第一天，吏部就给他发一张官员档案，这就是印纸，与他相伴永远。什么时候做了什么事，都要记在里面，而记录这份档案的过程，叫"批书"，连起来就叫"批书印纸"，就是我们说的记录档案。

印纸，是徐谓礼文书中最重要、价值最大、信息量最大的部分，类型众多，有转官、保状、到任、交割、解任、考课（也就是考核）、服阕等各种内容，合计 80 则，共 13 卷，是研究南宋政务实际运作的绝佳材料，而且以前从来没有见过，是首次发现。

一个官员需要记的东西太丰富了。你升官了，要记录；你要荐举谁，要记录；你到任了，要记录在案；解任；考课……相当于一份完整的干部人事档案。

而从徐谓礼的印纸里，你可以完整看到一个官员上任的实际流程。

从"待阙"开始，前任还没走，徐谓礼等了多久，要记。

比如其中一道临安府给他的"待阙"批文。当时已经任命他为平江府吴县丞，但他的前任还在任上，所以，他就在杭州"待阙"，等这个岗位。在等的期间，哪怕你待业，档案也要完整，不可能有几个月空缺的。

尽管他在等，负责对他记录档案的还是临安府的官员，官位由低到高，最后一个签名的是杭州知府赵某某。按道理上任新官，应该由平江府来签，但这里还是杭州的官员来签，说明他是在待岗的过程中，我们也能知道那个时候徐谓礼就待在杭州。

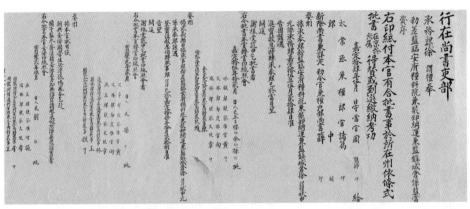

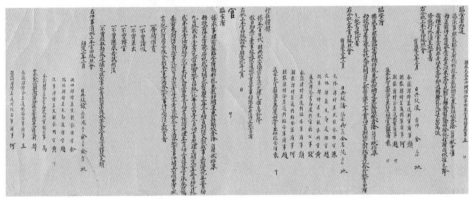

录白印纸

待阙时，也有工资，但很低。所以很多人一生都在拼命求关系，如果没有能力，待阙待个三年五年都是有的，虽然已任命你当平江府吴县丞，但其实你是上不了任的。

而徐谓礼后台硬，很顺，这种等太久的事情不会发生在他身上。

他是真命好。

19岁被授予到杭州管仓库的职务，其实他一直在待阙中，真正上任已经过了5年，因为前面有两个人在等岗位。这5年他运气不错，一天班没上，每天住在武义家里，中间还经历了升官：宋宁宗的"祥瑞之日"，给他升了一次官，还有一次新皇帝登基，全天下官员又升了一级。这5年，他待在家里不干活，官已经升了两级。

好不容易"到任"了，还要看你的委任状，有没有仿冒的，要验明正身。

前任终于走了，徐谓礼上任之前，还要跟人家交接班，就是"交割"，等于离岗审计，我必须要搞清楚你做了哪些工作，不然你交给我一个烂摊子我就完了。

坐上这把椅子，感觉已经经历了无数复杂的流程，心已经很累了，但你接下来得当个好官，因为有个小本本一直在你旁边记录。

做这个职务 3 年之内，还要经过三次考核，就是"考课"，一年一考，三考合格，你就可以换一个职务，当其他官了。

而有时候，3 年这个时间不一定是很完整的，他在任上可能会到 3 年零 5 个月，这个零头，如果不考核，万一你在零头里犯了错，那不就逃过了吗，档案上也会接不上，所以还要加上"零考"，计入下一个职务任期的考核。

要求真当严格。

"现在我们的干部体系里，干部考核是非常重要的一项内容。徐谓礼文书让我们看到了宋代对于一个地方的官员，是怎么样进行考核的。"邓小南说，南宋中期曾经出过一部著名法典体系，名字叫"庆元条法事类"，在这里就规定对于地方官员要进行什么样的考核，一条条列出来，当时列出来 6 条，说针对全国官员都是通用的。徐谓礼文书里，每一年年底，他都有一个考察文书，也就是我们现在的年终考核，还要公示。在文书里，我们的确看到了这 6 条，几乎完全相同。

考核哪些内容呢？

在徐谓礼的印纸里可以看到，很多都是常规的，我们现在也在继续，比如有没有请假，有没有犯法，有没有盗窃。而最核心的考核，是夏秋的两税。他在吴县当官的整张考核表里，大量都是这些记录，绵多少钱，绢多少钱，糯米多少，粳米多少，每一笔都写得很清楚，最后都有一个"已纳足""见催无"，说明没有欠的。对一个官员的考核，主要是钱粮。

他在溧阳县当知县，一年到了，就由建康府的长官来组织年度考核。

而在当官期间，碰到父母去世，必须要"丁忧"。徐谓礼给武义县隶属的婺州打过一个报告。端平三年（1236），母亲去世，徐谓礼依例解官，回乡守制。守丧满三年，时间到了，服阕从吉。这个"服阕"批书，也记录在印纸里。

而在当官期间，还有一个大大的权力，你可以为人家写保状。

这就是宋人的朋友圈发挥作用的时候了。

比如，你要申请朝廷为某人封赠，一般都要三个以上某个级别的人才能做担保。为什么从"选人"升到"京官"那么难，因为需要五个人以上，而且是知州以上级别的人给你担保才行。如果朋友圈不够大、人脉关系一般，根本找不到。

这就能理解，徐谓礼、徐邦宪跟陈亮为什么关系那么好。

徐谓礼的母亲陈氏，据说是永康"事功学派"的代表人物陈亮的妹妹。徐邦宪和陈亮是绍熙元年（1190）的"同年"进士，徐邦宪是那年的"省元"，礼部试第一名。陈亮是那一榜的"状元"，殿试第一名；徐邦宪在殿试时，调整为第三名，变成"探花"，传为科场佳话，很多年后，还为周密等文人所津津乐道。

银钵盂　　　　　　　　　　　　　银水盆

银唾盂

徐邦宪家族作为武义显赫之家，跟永康的大家族林氏、陈氏，门当户对，结成了各种姻亲关系，关系亲密。

所以看徐谓礼的保状就知道，保来保去，都是朋友圈里的"官二代"。

有些人即便进士出身，但家境一般，就一点用也没有，找不到有后台的人，就升不了官。所以有些人宁愿放弃地方县丞、学官的正经差遣，跑到帅司给人家当幕僚，这样才有机会去结识上层的人，才有可能求得五份保状。

徐谓礼就没有这些问题。

他的印纸里，就数保状最多，一共有 33 则，保了 70 多人，光是淳祐年间，他就写了 21 则，简直是他做官生涯的巅峰时刻啊。

徐谓礼作为举荐人保举他人的公文，是认识徐谓礼强大朋友圈的第一手资料，比如，我们这才知道，他还保过贾似道。

徐谓礼曾经应贾似道叔父贾直夫的请托，出面为贾似道已故的父亲贾涉担保"合得恩例三次"，可见徐家与贾家交情不浅。

7

虽然是关于他个人的档案材料，但是因为相对来说，原汁原味还原了当时官员的升迁机制，所以我们能了解到当时中央朝廷的官僚机构的设置，特别是中书、门下、尚书三省彼此之间的关联、分工，在运行过程中如何衔接，都能在徐谓礼文书中得到清晰的答案。我们得到了一个难得的实例、实证。

邓小南说，这种实证，让我们看到当年的这种官员考核制度，对于文书档案的规定，对于考核项目，有哪些具体的要求，非常成熟、完备。我们也看到上层制度颁布出来后，地方上究竟是怎么执行、应对的。

一个官员在任内要经历那么多事情，总之，你的档案里是不能有空当的。它一级连着一级，像链条一样环环相扣，流程又超长，我们在文书里，能很清晰地看到每一个环节的细节，链条究竟是怎么运转的。

"这样一种链条式的运转方式，我们可以说，它是帝国政治秩序的体现，也是当时王朝制度体系的实际运作状态。"邓小南说，在这个过程里，一方面有很多中央上的政策足以依据，另一方面这些内容在填报的过程中，也会发生变形、走样。但不管怎样，我们在徐谓礼文书中看到，它非常强调"核验"，所有材料相互之间的比对，而文书本身也给中央朝廷作为一种比对依据。

7年前，当这个盗墓案破获，徐谓礼文书完整追回时，大家的目光都集中在这个颇有传奇性的破案过程里。但7年过后，国内有了徐谓礼文书研究会、文书班、研修班（台湾），美国哈佛大学相继开设了相关的课程。徐谓礼文书作为中国古代制度史的一个实例，为我们开启了新的研究方向。如今，我们或许可以把更多的目光，放在对它的研究价值上，过去的传奇，就归于过去吧。

那么，徐谓礼文书的出现，对我们研究一个时代的政治制度，到底有哪些启发？

我们再来听听邓小南的解读。

在徐谓礼文书展的最后，有一个小房间，用来播放邓小南的讲座视频，解答了很多关键问题，你可以坐下来听听——

我们现在说制度史，其实应该是现实状态里的鲜活的制度史。也就是说，我们不能只凭留在传世文献里所记载的制度——它应该怎么运转，不能只停留在当时的国家朝廷所颁布的一些政令的书面表述，而是要看这样的一种制度，它是不是在现实中运行，它是怎么运行的，哪些方面是如实贯彻了上级的指令，哪些方面是变形走样的，这些变形走样，在当时是怎么发生的。

我们在徐谓礼文书中，一方面可以观察到距离我们现在800年的时期，当时的制度，比如对官员的考核，对官员的保任，地方上税收，对粮仓的监管，都有不同的统计，以及采集了解信息的方式。这样一种制度让我们看到，从中国古代一路走过来，它在不断走向成熟、完备的过程。

但我们在徐谓礼的考核材料里，的确也看到，当时出于保护官员个人的利益，也有考核的时候报喜不报忧这样一种状况。我们看到了一些鲜活的实例。这样的情况综合起来，对于我们对当年的制度要怎么认识，有一个重要的体现。

所以，我们在讨论徐谓礼文书时，不能把它看成单一的个人官员的材料，我们还可以看到当时中央赋税征收的方式，官员关系网络，"朋友圈"的互动，都可以从徐谓礼为我们开启的一扇窗里，得到观察。

我们不仅要把徐谓礼文书放到整体的宋代制度中去观察，还要放到当时整体制度的文化背景中，放到当时的官场文化带来的种种弊端这样一个大的面向里进行观察。

徐谓礼文书对于我们的启发，丰富了我们一些既往的认识，也挑战着我们以往的认识，提出了更多新的观察的可能。现在，我们对它的研究才刚刚起步，它将对我们认识宋代这样一个历史时期产生非常深刻的影响。

写于 2019 年 5 月 24 日

秦桧老宅的大缸

绍兴二十五年（1155）十月二十一日，宋高宗从杭州凤凰山南麓的皇城銮驾出宫，经过朝天门，沿着御街，一路向北。

玉辂停在了秦桧府第门前。

眼前这座自己赏赐给秦桧的大宅，华丽气派，不减当年。

那已经是 10 年前的事了。绍兴十五年（1145）四月，宋高宗赐了一幢别墅给秦桧，地址：杭州望仙桥东甲第一区。

但宅子的主人，此刻已是气息奄奄，病入膏肓。宋高宗的心情不免有点复杂。

874 年之后，2019 年 11 月 18 日，周一早高峰，望江路车来人往。我站在当年秦桧家的地砖前，冷风吹过，秋叶凋零。

1

从绍兴八年（1138）登上相位开始，秦桧独相时间长达17 年之久，地位始终不变。他并没有利用"绍兴和议"签订以后所获得的喘息机会，辅佐高宗，一雪靖康之耻，而是君臣沆瀣一气，坚持奉行对金屈辱投降的路线，变本加厉地实行专制腐朽的统治。

关于秦桧的家，可能杭州人会觉得陌生，但说起它的另一个名字，你大概会叫：喔噢，原来就是"格的"（意为这里）啊——德寿宫。

真正的"老杭州"，不会把此德寿宫当做彼德寿宫——韩国料理店。宋高宗 56 岁退休当太上皇，就住在德寿宫，也就是"北内"，一住 25 年，和凤凰山南麓的皇城"南内"并置，形成两个政治中心的特殊格局。

而中河、望仙桥的位置，自南宋一直延续到今天，成为在杭州城里确定德寿宫的准确参照。

从 1984 年开始，杭州市文物考古所对德寿宫遗址进行了 4 次持续 35 年的考古发掘，历经好几代人。而南宋临安城考古的目标，就是为了复原"临安城地图"，讨论当时的城市规划，这件事，可以用艰苦卓绝来形容。

从 2017 年开始的德寿宫遗址第四期发掘，如今仍在继续。大家对德寿宫的布局，宋高宗的养老生活，已经很熟悉了，但很多人忽略了一件事，在宋高宗入住德寿宫前，这座房子的前业主，正是秦桧。

但是，秦桧旧宅的遗迹，目前能初步确定的，只有两处。

水池遗迹（2006 年）

水渠遗迹（2006 年）

发掘现场（2019 年）

一处，就是我站着的地方。2006 年，考古队员在这个凹池里，发现了砌成几何图案的方砖铺地，25 平方米左右，大约一个房间的面积，保存得比较好，这些方砖正是秦府遗迹。杭州市文物考古研究所考古二室主任王征宇说，今年，他们又从这里往外拓，但没有其他发现，也就是说，只保留了这么一点秦府的方砖铺地，因为破坏太严重了。

另一处，也是最近的最新发现：一个厕所，初步推测为秦桧家的。

2

沿着和胡雪岩故居一街之隔的中河走，转过杭州市方志馆（汪宅）的白墙，看到老鼓楼停车场的侧门，考古发掘一直在进行。工地被百岁坊小区包围，楼上的住户每天都可以看到这里的一举一动。

眼前几乎是夯土，德寿宫内的重要遗迹"小西湖"只露出了一个边角，大

"小西湖"的边角

厕所遗迹

部分区域很可能就在小区房屋下面，要完整揭示，目前看来非常困难，这也是古今叠压型城市面临的问题。

厕所又在哪里？

"看到那口大缸没有？"王征宇朝前方一指，"那就是厕所，在望仙桥的东北方向。"

一口大缸突兀地立在一些方砖之间，看起来像现在酿酱油或者做腌菜的缸。

王征宇说，大缸原来的位置其实埋在下面，上面有一部分结构已经被破坏，它被水长时间泡过后，就浮了上来。

怎么知道是厕所？

平平看过去，是感受不到的，如果俯瞰，就能发现这是一个蹲坑——当你读到这几句话的时候，是不是依然表示怀疑：真的？

不要怀疑。

补充几句厕所小词条。

中国的厕所，古代有不少叫法：屏、厕、圂（亦作溷）、溷等等。刘邦在鸿门宴上开溜的厕所并不高级，等同于猪圈。而在室内，大家更熟悉"溺器"，比如"虎子"。著名考古学家李零这样写：战国秦汉以来，古代称为虎子的溺器，出土实物多有之，壶口或作虎口形，或铜或瓷，有些还是金银器，奢侈豪华。唐以来，虎子改称马子，是避李唐先人李虎讳。宋代赵彦卫在《云麓漫钞》中写过："汉人目溷器为虎子。唐讳虎，改为马，今人云厕马子者是也。"

马子，后来引出了"马桶"。

南宋吴自牧的《梦粱录》卷十三"诸色杂买"里记载："杭城户口繁夥，街巷小民之家多无坑厕，只用马桶，每日自有出粪人瀽去，谓之倾脚头。"

"马桶"二字赫然出现，"倾脚头"，就是收马桶。多么亲切的画面啊。

杭州考古发现的厕所很少，一只手不到。

2008 年，杭州市文物考古研究所在杭州吴山三茅（宁寿）观遗址，发现过一个厕所，但年代比较晚，晚清到民国，也是一个陶缸。南墙东部近地面处开了一个洞，墙体下面埋有一个夹砂陶缸，从形态上看，洞为排便设施，缸为盛便设备。

前不久，王征宇在杭州临安潘山遗址发现了一个五代吴越国到北宋时期的厕所，四周是墙，也是比较封闭的结构。门进来，就是前厅，上两步台阶，就上蹲坑了，底下也是一口缸，上面砌砖，形成一个蹲坑的位置。蹲坑不是直接放在缸上面，还建有斜坡，架在半个缸上面，方便人蹲，很符合人体工学啊。这也是目前杭州考古发现年代最早的厕所。

王征宇（左一）

秦桧家厕所结构，和潘山遗址的几乎一样，呈长方形，前面也是一块空地，后面是蹲坑，底下一口缸，就是马桶。南宋人拉臭臭也是拉在缸里的（南宋宫里人的马桶构造会不会比普通人豪华一点，目前尚无法得知）。

只不过，两只厕所缸的大小不同，秦桧家也是陶缸，比潘山的大一点，口径超过1米，"我们已经提取了缸里的遗物拿去检测"。

地砖材料也不同。潘山的厕所铺的是长方砖，秦桧家厕所铺的是方砖，等级高一点，但破坏严重。"潘山的蹲位还能看见，这里的蹲位已经没有了。"

而且，秦桧家发现左右一对，左右对开。难道是男女厕所？目前还无法说清楚。

"这只厕所的年代比德寿宫要早，为南宋早期，因为没有明确纪年，只能靠地层关系来推断，可能为秦桧旧宅里的。"

3

秦桧家到底多少大，文献没有明确的记载。

岳飞的孙子岳珂，写过一部记载两宋朝野见闻的史料随笔《桯史》，里面对秦桧老宅的地理位置，有过详细的描述："朝天之东，有桥曰望仙，仰眺吴山，如卓马立顾。绍兴间，望气者以为有郁葱之符，秦桧专国，心利之，请以为赐第。其东偏即桧家庙，而西则一德格天阁之故基也。"

1984年，临安城考古队正是在望仙桥到新宫桥之间的中河东侧，发现了一条南宋时期的南北向砖砌道路，就此揭开了德寿宫遗址的面纱。

望气者，就是风水先生，认为此地有"郁葱之符"——嗯，好到有王气。秦桧当然觊觎良久。

赐宅那天，宋高宗亲笔御书阁名：一德格天。把秦桧比作辅佐成汤建商灭夏的伊尹，以"天民之先觉"辅佐成汤，共同造就不朽功业。

我们都知道，宋高宗的过失和罪行中，最大的一条，就是与金人签订了屈辱的"绍兴和议"，杀害民族英雄岳飞。和议体制确立不久，宋高宗为稳定局面、吹捧和议体制——告诉大家这个体制对国家发展有多好，两人"同舟共济"，高宗放任秦桧专权，打击政敌，共同建立大型"形象宣传工程"。

比如，任何反对议和的人，一旦不服从，秦桧就给别人穿小鞋，包括万俟卨这样曾经最忠实的走狗。

南宋绍兴前期曾经做过宰相的赵鼎，因为力主抗金，坚决反对宋金和议，秦桧就把他一贬再贬，打发到了海南三亚的天涯海角，逼得赵鼎最后绝食而死。

再比如文字狱。

绍兴十四年（1144）四月，秦桧以防止有人借修史来诽谤朝廷为由，奏请高宗禁止私人撰史。高宗不顾立国以来允许私人修史的传统，立即表示同意，"（野史）尤为害事，如靖康以来，私记极不足信"。历史学家王曾瑜认为，绍兴体制下的绍兴文字狱是"中国历史上第一次比较正规意义的文字狱"。

但是，浙江大学历史系教授何忠礼却认为，宋高宗、秦桧搞文字狱的真实目的，与防止被俘虏北去的高宗生母韦氏下嫁金朝贵族这一"宫廷丑闻"的传播有关。

秦桧独相以后，官方记载清一色都是歌功颂德之辞，用如今的话说，"彩虹屁"到肉麻的程度。

赐宅4年之后，宋高宗命人给秦桧画像，继续御笔题赞，几乎用尽最高级的形容词："惟师益公，识量渊冲。尽辟异议，决策和戎。长乐温清，寰宇阜丰。其永相予，凌烟元功。"题毕，给朝臣展览一遍，然后藏于秘阁。

而府第东边的家庙，是高宗在赐宅第二年特许秦桧营建的，让他享受罕见的礼遇。

"高宗之所以选择了秦桧，因为他只能依靠秦桧，他急需一个言听计从而且有能力的权相帮助他巩固绍兴体制。面对抗议声浪，只有秦桧站在自己一边。所以，一旦有人反对和议制度，秦桧就是他的挡箭牌。"何忠礼说。

4

玉辂驻跸，皇上来了。

秦桧卧床在家，病中惊起，诚惶诚恐。

两人各怀心事。

秦桧去世前两个月，君臣还一起完成了一件"形象工程宣传推文"《先圣先贤图赞》。秦桧病得快起不了身，亲自为御制图赞与序文写题跋："臣形留神往，泪尽辞穷。忧国有心，敢忘城郢之策；报君无路，尚怀结草之忠。"告别人世前，他依然要留下浓墨重彩的一笔，把自己塑造成鞠躬尽瘁的贤相，忧国忠君的名臣。

皇帝心里到底有没有数？

高宗是来探病的，他深知秦桧的日子不多了，一边继续恩宠，一边也想探点虚实。

秦桧病重，依然以朝服相见，一旁站着秦熺。

秦桧无子，秦熺是秦桧老婆王氏的哥哥王晚的庶子，秦桧当做养子，他一路蹿升到知枢密院事，垄断修史权，负责全面洗白养父和高宗的负面形象。

病床前，秦熺胆子很大，发问："代居宰相者为谁？"

高宗这次果断，甩了一句："此事卿不当与！"

此时，秦桧的亲党也正准备联名上书，请求让秦熺当宰相，被高宗拒绝，回宫当日，高宗就命人起草秦桧父子一起辞官的制词。

高宗到底还是善于玩弄权术的。绍兴二十五年（1155）十月二十二日，他宣布秦桧进封建康郡王，秦熺升为少师，同时又宣布两人解除官职，致仕——退休，这一招够狠的。秦桧的孙子也一并免官。

得知一门被罢，这天晚上，垂死的秦桧一命呜呼，66岁。

秦桧死了，这座大宅被收回官有。

此时高宗什么心思？

高宗的猜忌心非常重，多疑。秦桧死了，他对杨存中说：我今天终于不必在这膝裤里藏上匕首了。

何忠礼说，高宗害怕秦桧之死会动摇宋金和议，威胁到刚刚稳定下来的偏安政权。为此，他竭力表彰秦桧"力赞和议"，赠申王，谥"忠献"，还替他的神道碑题写了"决策元功，精忠全德"的额名。

同时，他对秦桧一家在生活上又照顾有加。秦桧死时，高宗"面谕桧妻，许以保全其家"，所以孙子秦埙直到孝宗乾道年间，尚以侍郎在外宫观差遣，居住于建康府的豪华赐第，过着每年收取十万斛租米的生活。

绍兴二十六年（1156）三月，当朝廷借反对秦桧而反对和议的舆论兴起，高宗特别下诏严申："讲和之策，断自朕志，故相秦桧，但能赞朕而已。近者无知之辈，鼓唱浮言，以惑众听，至有伪撰诏命，召用旧臣，抗章公车，妄议边事，朕甚骇之。"以此向群臣表明自己恪守秦桧所倡导的宋金和议，坚决抑制抗战派势力抬头。

高宗一方面决心摈弃秦桧集团，但是，他又不想真正纠正秦桧独相时的内外政策。他起用了那些赞成和议，但在与秦桧争权夺利的斗争中遭到排挤、打压的官员，让他们继续执行对金屈辱投降的路线。比如沈该、汤思退、万俟卨。

因此，有一句著名的话，秦桧死后，高宗在执行"没有秦桧的秦桧路线"。

而反观此后的南宋政治史，可以说，南宋得了秦桧"后遗症"。

上海师范大学教授虞云国在谈到宋高宗的绍兴体制时，曾这样说："绍兴体制确立的专制集权格局，尽管在不同时段有强弱隐显之别，却几乎没有本质的变化。秦桧、韩侂胄、史弥远与贾似道的南宋权相专政，累计长达七十年，令人侧目，也为其他朝代所罕见。"

5

秦桧死后 7 年，绍兴三十二年（1162）六月，赵构禅位前，改扩建秦桧旧宅为新宫，成为自己养老的家，名德寿宫——这个名字第一次出现了。

秦桧不会想到，高宗有一天会入住自己的家，要是知道了，可能会笑醒。而高宗决定住进去的时候，又在想什么？

不得而知。

所以，秦桧旧宅实际存在了 17 年——和他独相的时间一样。

这里的业主改了好多次，先后住过这些人：宋高宗、宋孝宗，以及各自的皇后——宋高宗的吴皇后，宋孝宗的谢皇后，她们后来都迁居此地。

高宗住在这里的 25 年间，孝宗为了表达自己的孝顺，"雅好湖山之胜"，北内后苑一再扩建。仿照西湖景致，增加飞来峰、冷泉亭、聚远楼等园林景观。

中国人民大学教授刘未在《南宋德寿宫址考》中提到，从文献记载看，相比秦桧旧宅，德寿宫范围要大得多。

比如张仲文《白獭髓》里说，秦桧死后，刚好遇到开浚运河，"人夫取泥，尽堆积府墙及门"。

《咸淳临安志》里也有记载："德寿宫之东原有茅山河，因展拓宫基，填塞积渐，民户包占，惟存去水大沟。至蒲桥、修内司营，填塞所不及者，故道尚存，自后军东桥至梅家桥河。"

所以，刘未认为，秦桧的旧宅原在茅山河之西，因建德寿宫始东拓近城。

淳熙十四年（1187）十月，高宗去世。第三年，孝宗"禅位"光宗，下诏将德寿宫改名为重华宫，作为自己和谢皇后居住之所。

而原来住在这里的吴太后（高宗皇后），被移往由德寿宫部分改建而成的慈福宫居住。虽然，吴太后仍住在德寿宫内，但范围却小了许多。

为什么不让吴太后继续住在原地？何忠礼推测，一种可能，是吴太后自己的要求；另一种可能，孝宗虽然对高宗很孝顺，但与吴太后却心存芥蒂，原因是她在早年仍千方百计反对立孝宗为帝，可能是一种报复。

孝宗只住了 5 年，绍熙五年（1194）六月在重华宫去世。遗诏建寿成皇后殿，让谢皇后移住那里，而吴太后又回到了重华宫居住，再改重华宫为慈福宫。

改来改去，所以，我们现在说的德寿宫，其实是广义的叫法，后来被改扩建那么多次。"我们现在发现的遗迹，很难说到底属于哪个年代的德寿宫。柱础有小有大，什么关系，也搞不清楚，早期和晚期的柱础做法也不一样。那边方方大大的是不是慈福宫的？"

"那边六个柱础都是六边形的，会不会是个亭子？"发掘现场，王征宇有各种推测。"还不太搞得清楚，残破得太厉害了，东一点西一点，连块像样的铺地也没有，夯土台基也是不成规则，也就是说原来的边已经破坏掉了。德寿宫内建筑结构是怎么样的，没有古代地图，只能靠考古，靠这些柱础，把每一组建筑的院落先大致分一下。"

倒是慈福宫，有详细的"建筑图纸"。傅熹年据此绘制了平面复原图。从文献记载和考古发掘来看，南宋临安城的官式建筑有一定的制度，布局规整，多进院落以中轴线上的殿阁为主体，四周有廊屋。

德寿宫比较大的转折点，是1206年，已经改名寿慈宫的德寿宫前殿着火，孝宗皇后谢氏在他孙子（宁宗皇帝）的邀请下，重新回到南内居住。可是回宫后第二年，她就去世了。

从此，德寿宫再无退位后的帝后居住，此地荒废，渐渐破败，长达62年。

直到宋度宗咸淳四年（1268）四月，总算被人想起来了，但德寿宫作了一次大规模的改动。因为这里靠近度宗出生的荣王府，所以一是把南屏山侧翠芳园的树木移植过来，稍作美化；二是将德寿宫北部改建为宗阳宫，作为御前宫观，也就是祭拜道教太上老君的地方；三是将南半部作为民居。

至此，一代皇家圣地，荣光渐退。

又过了10年，临安为元人攻占，德寿宫彻底退出了历史舞台。

南宫墙遗迹（2001年发掘）

按照前三次的发掘，德寿宫藏在3米深的地下（注：此前有报道说是5米）。考古队员已经发现了西宫墙、南宫墙和东宫墙，可以说，把德寿宫的范围和轮廓搞清楚了，靠东河，南临望江路，约17万平方米。

只有北面的界限还不太清楚，杭州师范大学教授林正秋认为，可抵梅花碑一带。刘未认为，更准确的参照建筑应该是传法寺，在梅花碑之东。

"秦桧旧宅因为在南宋初期，年代偏早，房屋建筑规模又不大，又经历了

遗址发掘现场（2019 年）

德寿宫、慈福宫两次大的营建，做台基时填高了 50 厘米左右，所以原本剩的那点建筑基础也很难保留，目前发现非常非常零星，这个厕所算是保存比较好的了。"王征宇说。

6

最后，扯一点闲篇。

杭州人对秦桧的痛恨，表现在吃上，把秦桧炸了，吃了——油炸桧、葱包桧，这算是极致的"待遇"了。

宋高宗在位时，只临幸过两个大臣家里，一个是张俊，一个就是秦桧。这对爪牙现在都"跪"在杭州岳王庙前给岳飞谢罪。

张俊家住在现在鼓楼附近，高宗去吃了那顿著名的宴席，秦桧父子也陪着，而且秦桧享受的是第一等款待，看看菜单：烧羊一口、滴粥、烧饼、食十味、大碗百味羹、糕儿盘劝、簇五十馒头、血羹、烧羊头双下、杂簇从食五十事、肚羹、羊舌托胎羹、双下大膀子、三脆羹、铺羊粉饭、大簇钉、鲊糕鹌子、蜜煎三十碟、时果一盒（内有切榨十碟）、酒三十瓶。

岳飞墓前，还有两个人一起"跪"着，一个是万俟卨，一个是秦桧的老婆王氏。原浙江省文物考古研究所所长王士伦曾考证岳坟，写道："王氏跪像，赤露上身。妇女的像，而供众侮辱解恨，这也怕是仅见的特例。"

实际上，王氏与杀岳飞根本没有关系，这是后人受清代小说《说岳全传》的影响，可谓躺枪。

在杭州，关于秦桧的传说很多，比如，秦桧怕张宪死后变成厉鬼来找他，把他的尸体分成七十二块，扔到七十二个地方。杭州人恨死秦桧了，就在这七十二个地方建了七十二个资福庙，供奉张宪和岳云。

传说归传说，资福庙却是有的。因为张宪被封为烈文侯，岳云被追封为继忠侯，因此资福庙又称为忠烈祠。资福，顾名思义，就是求福。原来娃哈哈美食城边，就有一个资福庙，后来被毁。

还有一位施全。

岳飞父子死后 8 年，殿司小校施全藏刀埋伏于众安桥下，在秦桧上朝途中行刺，可惜只斩断了秦桧轿子的一根立柱，被当场抓住，在众安桥受酷刑：磔刑，也就是分尸。

施全虽然失败了，却大快人心，民间传说他是岳飞的"旧卒"。为了纪念他，人们在众安桥畔修建了忠烈祠，施全庙，又叫施公庙。而"刺秦"之后，秦桧出门便以五十武士执长梃护卫。

施全刺秦桧，正史里确实写了，岳庙里也有施全的像，但说成是给岳飞父子报仇，何忠礼说这又是硬扯。"施全是因为秦桧克扣军粮，对他有仇，才去刺杀他的。"

历史是历史，传说是传说，只能姑妄听之而已。

写于 2019 年 11 月 23 日

守墓人

　　81 岁的胡如英，比他小 14 岁的妻子刘美琴，一辈子没有走出过汤溪镇。用儿子胡益源的话来说，没有踏出过山门一步。

　　不是概念上的没有，是地理和肉身的定立不动。他们没有离开过那座墓一步。

　　墓，在如今金华市汤溪镇岩下村，背靠金华很有名的九峰山。山紧紧环抱着它，竹、林、草、风管着它，也由着它。墓碑上的字渐渐风化，正中间的这座，凑近，拨开蔓于碑上的几根草，手指抵着，才能艰难辨认：皇明诰赠鸿胪正卿安定郡七世祖考亘七十六府君胡公……

　　父母不识字，碑上的"古文"自然不认得。二老说着外人无法听懂的汤溪土话，讲不清一句完整的普通话。第二次见到郑嘉励，胡如英小跑着回屋，拿出身份证、市民卡、老人证，点着证件上的字，这就是他的名字。

　　浙江省文物考古研究所研究员郑嘉励和考古队在九峰山下发掘九峰禅院遗址，考察周边遗迹时，经过了这座墓。

　　几根粗壮的竹竿顶住了墓的身体，它已垂垂老矣，驼背，45 度倾斜，被山坡挤压得非常厉害，如果不是守墓人用竹竿顶住，墓面早就倒了。墓前还留有一些石阶，郑嘉励推断前面应该还有一个半圆形的风水池，在明代墓地很常见。不远处的

胡森家族墓

草堆里，还立着两根红砂岩的柱子，是华表，其中一根断了半截。

墓碑上，"嘉靖"还能清晰分辨。长期从事浙江地区宋元考古，郑嘉励自然敏感，墓地规模很大，墓体保存完整，一座距今 400 多年的明代家族墓。

墓的侧后方，草堆深处，露出一块斑驳的文物标识碑：胡森墓。2004 年，金华市文化体育局（当时还不是文物局）立的文保点。

胡森，陌生的名字，郑嘉励不知道是谁。但毫无疑问，近 500 年来，这个胡家一定有一支子孙在这里守墓，否则，这座墓葬早就被盗了好多遍，或许早已消失。

胡如英家的两条狗嗷叫起来。

第一次来，郑嘉励绕着墓走了一圈，站在墓前抄墓碑。胡如英跟在他身后，不远不近，不说话，眼睛死死盯着。这个说着普通话的陌生人，想干什么？锄头就在 60 米外的家里，如果"太公"有麻烦，胡如英会拼命。

1

墓里的人，是胡如英的"太公"。

这是一种模糊的称呼，他并不清楚，太公"太"到哪个年代，跟他之间究竟隔了多少代人，他究竟是胡家第几代人。我们一度想通过胡家的辈分算一算，但他和儿子都不知道自己的辈分是什么。

他只知道，太公是明代的。墓中其中一位"胡公"，也就是胡森，是一位距离他差不多 500 年的"太公"。

没关系，这一切的模糊，遥远，都没关系，只要这是我们的太公、是我们的祖先就可以了。

眼前的胡森墓，安葬的并不只是胡森一人，而是家族三代。正中间的墓并不是胡森的，而是他父亲胡汉的。

胡汉 40 岁失明，10 年后，胡森中举，再过 6 年，中了进士，那年他 28 岁。

胡森曾任南京太常寺少卿，后升鸿胪寺卿。鸿胪寺管礼仪、外邦进贡，职责略同今外交部官员。明代鸿胪寺卿属于正四品，不算很小的官职。

胡森事父母至孝，为官时都带着父母。母亲在他任上去世。后来，胡森辞官，绝意官场，回到九峰山下，优游 20 多年，再也没有出去过，就是为了侍奉失明的父亲，直到 1550 年，嘉靖二十九年，父亲去世，享年 84 岁。

此时，胡森也已 57 岁，父母离去，长子胡文炳早逝。我们眼前的这座胡森墓中，胡森长子也安放于此。

听起来有些糊涂，我们来理一理这座墓的时间轴。

胡文炳先于祖父母而去，嘉靖九年（1530）早逝，一开始并不葬于此。

胡森母亲王氏，嘉靖十三年（1534）过世，一开始葬在今天这个墓几十米开外的"九峰法堂废址"，也就是今天九峰禅寺遗址。

胡森父亲胡汉嘉靖二十九年（1550）过世，次年，胡森才把父母与长子的墓合迁到现在的地方，并预留了自己的墓穴。

请注意，1551 年是个关键时间点，此时，是胡森为父亲撰写墓志的时刻，也是这个墓建成的时刻，而守墓也应当自此开始。

我们暂时没有找到坟图，但根据金华二中老师、地方文史整理和研究者高旭彬提供的墓略，胡森墓的布局还是一目了然。先科普一下，进百十二，是胡森；亘七十六，是父亲胡汉；荣九十，就是胡森长子胡文炳。

汤溪明嘉靖年间胡森墓，并排一共有六穴：正中间两穴，左一为胡森生父胡汉，右一为胡汉妻王氏；左二为胡森，右二为胡森妻丰氏，分列正中两穴（胡森父母）左右；左三为长子胡文炳，右三为文炳妻龚氏，分列左右最外侧。这就是标准的所谓"昭穆葬法"。

墓略

始祖居中，父居左为昭，子居右为穆。郑嘉励说，昭穆的理解，有狭义和广义之分，通俗点说，就是要讲尊卑次序。北宋大儒程颐有感于当时"不分昭穆，易乱尊卑"的状况，在《葬说》中提出了"昭穆葬法"："葬之穴，尊者居中，左昭右穆，而次后则或东或西，亦左右相对而启穴也。"这个严格的规定，在南宋极为罕见，但明代胡森墓的位次排列，分毫不差。

57岁的胡森遵守丧葬制度和丧礼的所有要求，根据《明故南京鸿胪寺卿胡公行状》记载，他住在草房子里，睡在草席上，头枕着土块。这种草庐，也就是墓庐，专门建在父母墓旁边。

这是我们目前唯一能找到的描写胡森守墓的细节。

以上这些，并不是胡如英一家告诉我们的，换句话说，他们对于太公的前世，对于如何守墓，几乎无知，也无从知晓。

2

就在胡森墓的旁边，60 米处，有一间三层楼的小洋房，离最近的胡碓村也有 4 公里左右，完全脱离村庄。

为了守护这座跟胡如英一家相隔 400 多年的祖先墓，自胡如英记事开始，他们就把家安在了墓的旁边。

由于独门独户，房子直到 1995 年才通电，至今没有通水，需要自己打井 70 多米，才有水用。

【胡益源的话】

爸爸年纪轻的时候，身强力壮，相貌很好，一米七四，叔伯也有一米八多，但住在这么偏的地方，没人肯嫁，又是守墓的，荒山野岭。

小时候家附近狼很多，还有狗熊、野猪，我十来岁时，经常看到狐狸。有时候地上撒一把稻谷，鸡笃笃吃着，狐狸马上过来了，我们拿着棍子敲它，它一点不怕，走开，过会儿又回来抓鸡。我们家以前没有围墙的时候，一到半夜，野猪都会来。

因为有山有地，爸爸还有点知识，妈妈 16 岁时嫁了过来，没有任何手续。她说，这里苦也苦的，但起码有饭吃。爸爸 31 岁结婚，在农村很晚了。

我听爸爸说，我们早年的房子着火了，盖了个茅草铺，又着火，再盖，又着火。我出生的第十天，房子就着火了，一贫如洗。

20 世纪 90 年代，镇里要搞旅游开发，希望这里不要再造房子，跟我老爸说，你随便选一个地方。我老爸说，为了守墓，我们房子要造在这里。

胡森不会想到，和自己当年守护父亲建造的草庐几乎同样的位置，400 多年后，他的后代依然守在这里，守护着 400 多年前的他。

胡益源没有见过爷爷。

胡如英 5 岁那年，父亲 30 岁，被抓做壮丁，去前线当兵。

走的那天夜晚，母亲把他叫起来，给他穿好衣服。父亲叮嘱：我把你生出来，但没办法管你了。你要自己长大，要听妈妈的话，要乖一点。

胡如英用汤溪话说着，蓝色袖口，有土，有泪。

爷爷不在了，守墓这件事，是奶奶戴根妹交代的。"奶奶叫我们本本分分，对人要客气，吃亏点不要紧，要有孝心。她对爸爸和我说，你们要在这里好好守墓。当时，有自留田，至少不会饿死，我们住在这里，守墓，放牛，放羊。"

胡益源小时候和别家小孩起点口角，跑回来哭，奶奶说：我们没办法的，你要去承担。

3

胡家人的守，近乎死守。

胡如英每天都会到坟头走一圈，不再出门，更别说离开村里。隔壁村有亲戚朋友结婚，小孩要上学，村里要做戏，亲戚朋友都要去。有一次，亲戚过来接胡如英夫妻，亲戚朋友见到二老，很惊讶：怎么这么难得，他们都来了。

但他们马上就回家了。

胡家人对陌生的外乡人非常敏感，郑嘉励第一次来，被老爷子严防死守。

家里的狗经常被毒死。胡益源已经很有经验了，这是盗墓贼来的前兆。"我们眼睛很好的，以前一看到田里有穿着白衬衫的走过去，我老爸耕田耕了一半都会跑回来，非常敏感。"

胡如英说，20世纪五六十年代，几乎没有盗墓。

肚子都吃不饱，没人盗墓。刘美琴补充。

但是，别人家里要造房子，打地基，做水渠，就会来拆墓前的石板拿去用。

胡如英说，我们守着墓，不肯，但他们还是挖走了。你阻止不了，管不住。但白天，我们一定会管住，和别人也起过冲突。大家觉得挖点石板是理所当然。我家里需要一个门槛，我拿走一块石板而已，你都不肯。

胡森墓本体前的石板都被敲掉了，但墓本身是完整的，如果不是有家族子孙一直守着，管着，肯定没了。

20世纪80年代以后，生活条件好了，盗墓也多了起来。晚上，常常会有人说着不标准的普通话上门：老乡，我今天过来是要盗墓的，你睡在里面，不许动。

每年到了下半年，盗墓贼总要光顾胡森墓两三次。

2007 年 3 月 4 日，晚上。

岩下村有个村民，棉花弹得很好，白天去人家家里弹，吃了晚饭再回家。那晚，他骑着一辆自行车，前面就是胡如英家了。老远，传来了很响的声音，像是二老在吵架。这太奇怪了吧，从来没有看到他们吵架过，怎么会吵架呢？他骑着车准备去看下，也劝劝。

那时，这里还是机耕路，高高低低，自行车一路过去，镗镗镗，发出了很大声响。

"有人来了！"

胡如英家门口，几个人影晃过，听到响声，迅速跑了。

村民一看，二老被绳子绑在了家门口的铁环上，嘴里塞着手套。原来刚才听到的争吵声，是胡家夫妻拼死挣扎的声音。

刘美琴喘着粗气：有八九个人，都是外地人。

大家顾不得身上了，赶紧跑到胡森墓。正中间的胡汉墓，从上方被挖开了，

盗墓发生后的第二天，大家在墓前查看情况

砍刀、锄头还留在现场。一块墓志被挖了出来，但盗墓贼不识，不要，扔在一边。因为发现得早，没有其他损失。砍刀、锄头，全都留在了现场。

这是胡森亲自为父亲写的墓志。报警之后，人们把墓志回填。

第二天，刘美琴拿着自家的鸡蛋去那位村民家，感谢他。

4

【郑嘉励的话】

现在的年轻人可能已无法想象，守墓在古代是一份职业。守墓人，历史上找对象成了一个问题，对方穷，成婚也晚，这是另一个话题了。

守墓，无金钱酬劳，但有墓田，田租收入，可以保障温饱，还能供奉墓祭。有些地方，守墓人习惯将墓田称为"一亩三分地"。这是笼统的谦称，事实上，当其盛时，胡森墓地附近的墓田，面积远大于此。只要年成不太坏，在传统社会，守墓是相当稳定的职业。

1950年土地改革后，又经过历次的"移风易俗"运动。守墓作为一种职业，一种世袭其业的生计，从经济制度、文化基础的根子上，已经不复存在。

【高旭彬的话】

在中国古代，为表达对亡故的家人或尊长的哀思，很早就有"庐墓"的制度。即在亲人的坟墓边搭个草棚居住，看守一段时间，以示不舍。比如在孔子逝世后，他的弟子子贡就曾为他"庐墓三年"，今曲阜"孔林"里还有子贡庐墓处。

延及后代，父母亡故后子女守孝三年已成定规，庐墓的事迹更是层出不穷。在明清，一些地方的望族对家族墓地管理有方，不仅设立了坟庄、墓田等公产以供四时祭祀的开销，对重要的祖先坟地，或者聚集地，还会专门委派人员看守。

有些是外姓的奴仆或者受雇佣者，有些就是本家族的成员。这在中国从前是非常普遍的现象。不过在新中国成立以后，随着旧的宗族制度的瓦解，守墓行为的伦理道德基础不复存在，守墓人在我们身边也就难寻了。除了有些已经自己繁衍成一个村庄外，很多都已经和邻近的乡村融合为一体了。

像九峰山脚胡森墓的守护人胡如英一家这样的状况，差不多是孤例了。

忠诚，是一个守墓人的职业要求，像君臣，臣仆，主奴，在传统社会是一种正面的价值关系。

现代社会，胡家人还在继续这样一种古代职业。

胡森之后的几代人是如何守墓的，我们目前还没有找到更多的资料。因此，从研究的角度讲，我和郑嘉励两个"外人"，更想从胡家人的世代守墓中，了解整个守墓制度是怎么样的，从历史纵深处，把这个守墓的故事连贯起来。比如如何选择后人。东阳有过一个例子，一个康熙年间的祖墓，曾交给异姓人守，生计好了之后，他会把这个行当交给另外一个异姓人。

还有关于坟田，有多少面积。胡如英回忆，以前山上有 62 亩，5 块 2 毛一亩租给镇里，租用期是 50 年。为了守墓，还有 2 亩山留着自己种种菜，种种番薯。1950 年，土地改革，墓田不再专属于胡家，分割成三部分，分属三个村庄。

其他的，就说不上来了。

我们希望从"理性""文献"的层面，倒推、填补这个守墓的故事，但很难。

这种难，也是我们的困惑，胡家人对于太公，对于胡氏家族，并没有太多研究，也不在乎任何规则，守墓，对于他们，是一件完全单纯"简单"的事，只有四个字——世世代代。"到我爸爸，说不清是第几代，就是这么代代传下来的。"

守墓人，在你们家是怎么传的，是传长子，还是自愿原则？如何选择？

我们这是祖业，就是一代代传下来的。胡如英再次强调这句话。

胡益源说，没有明确的规定，长子次子之分，也并不指定，就像现在，我和哥哥两个人，就一起守着。这个房子造起来后，我和我哥都在这里结婚。我们现在属于汤溪镇岩下村人，胡家其他的后代也住在岩下村里。但我们为了守墓，还是住在这里。以前这一片都是胡碓胡森祖上传下来的山，胡森墓叫凤凰山，村民们都叫它胡碓山。

有没有具体的守墓职责？

没有。胡益源说，小时候，胡碓村的后人，还有青阳胡后人，会到家里看望父母，喝口水，再去上坟。考上大学的年轻人，也会过来祭祖。每年正月初一，大家先到我们家，由我爸爸陪着一起去祭祖。

我们守墓的人没有这么多规矩，都是自愿。胡益源也强调了一次。

5

饭桌就摆在宽敞的客厅，屋里有些暗。

我们准备回考古队工地吃饭，一转头，刘美琴居然烧好了一桌菜，油豆腐，香干肉丝，馒头，拼命留我们吃饭。

胡益源非常认真：今天，我说心里话，你们一定要在这里吃饭，都是自己家里面的。我妈妈眼睛也不好了，不会用煤气灶，都是土灶上烧的。这是我爸爸妈妈的心意。

胡益源今年 40 岁，是胡家 5 个孩子里最小的，在金华工作。哥哥做厨师二十多年了。还有三个姐姐，大姐、三姐在杭州工作，二姐在金华的厂里上班。

5 个孩子的生活，安安稳稳，踏踏实实。

我们心里的困惑越来越大。

郑嘉励前段时间在自己的公号上，发表过一篇《守墓人》，最后一段是这样写的：

> 老人的子女，在城里拥有各自的事业和生活，不会再回老家守墓——我们也不能要求别人过一种早已淘汰的生活方式——他是最后一代的职业守墓人，犹如互联网时代最后的邮差，三峡水库建成后长江上最后的纤夫。

相信此文看到这里，很多人也会生出这样的慨叹，从感情上说，这就是最后一代了，这是一个时代的自然选择。

但饭桌前一坐下来，胡益源的心好像打开了：你们这么说，我有点委屈。

【对话】

胡益源：有一点，我是有点那个的……文章里面写我爸是最后一代守墓人，这样写，我感觉是没有深入了解我们的内心世界。

郑嘉励：你们是想继续做下去？

胡益源：不是说想继续做下去，这本身就是历代做下来的事情，对不对？

郑嘉励：有个人给我留言，说要继续做下去。我现在才知道是你。

胡益源：不是想法，是本身就是这么做的。我每个礼拜六礼拜天都会回来，每次会绕着山路走一圈，看一下墓。到了冬至，我们这里的习俗，修坟墓，割杂草，山上的毛竹都要清理一下。

客人来，也都会来祭祖，唠唠家常，喝口水。还有些游客，听说这里有个胡森墓，慕名而来，我也会把自己知道的故事告诉他们。人总有思想感情的。有人说："换了我，我连一天都待不下来。"

我老爸老妈连话都说不清楚。我小时候住在这里，守在这里，也没有同龄人，没有同伴，天天面对家人，接触不到外面的事物，我到金华去读高中，走出去讲话脸都红的。

1995 年，我家里面才通了电，电线杆都是自己家出钱买的，出了 4000 多块钱，想想田里面要种多少稻谷。我爸全靠一把锄头，一个肩膀，供我们 5 个孩子生活。

说这些话，我有点没有头绪，没有条理，但是回想过来，这本身就是世代相传的，所以你说"最后一代"，我们觉得有点受委屈了。

郑嘉励：因为在外人看来，再坚持下去非常困难，所以你要理解，因为整体上这个时代过去了。

胡益源：一个时代过去，但我们的文化要传承。

我父亲母亲，大字不识，过去电话都不会打，我们无论到哪里，每天都要打电话回来。改革开放后，我一个年轻人待在家里，不符合时代的要求，但是我现在在外面工作，不等于我永远在外面。老师，你说对不对？

郑嘉励：我们其实要做的事，希望能把胡森墓的文保级别升高一点，这样会有利于保护，长远来看，这件事不只是个人，国家层面需要承担保护，你们的压力就能卸下来。

胡益源：我奶奶告诉我，树活一张皮，人要有名声，要光明磊落。你做不到光宗耀祖，但你要让祖宗发扬光大。不知道你们能不能听懂我的意思？

（停了一下）我默默无闻，什么都没有，我要以祖宗为自己的仰望目标，我要守护他，发扬祖宗留下的文化状态。不能说守到我们这代杳无音信了，下一代看到我们，已经不知道这里有人守墓了。不知道你懂不懂……

郑嘉励：不不不，为什么会有这样的想法？这很重要。是真的这么想？是真的还是假的？你们希望自己家把祖坟守好，但并不是所有胡碓村人都会这样想。这是什么样的精神力量？

胡益源：什么样的精神力量？我们祖训什么训，都是没有的，也不太知道。

郑嘉励：肯定没有，因为你说连坟图都没看到过。你们家族每个祖宗都有坟图，画在一张图上，写得很清楚，东边到哪里，西边到哪里，你们连这个东西都没见过。等于说，就是祖上传下一个职业让你们做。我们是同龄人，你表现出来的正能量，很显然比我要高得多。

胡益源：不不，说白了，家家有本难念的经，每本经，每个人的生活阅历、文化程度不同。

郑嘉励：我发了公众号，你的妻子给我留言，向我表态，说是要把这件事永续传下去，是那样大的话。守墓没有任何利益，没有补助，你的媳妇还是外来人，不姓胡，为什么价值观跟你一样，这么认同？这样的力量是从哪里来的？

胡益源：我还不知道我老婆给你留言了。不瞒你说，我每次回来，不是躺在家里看电视，而是有农活的时候干农活，活干好洗完澡，在山边转一圈。平常我爸都是这样的，长年累月。

这不是什么力量，而是已经成为一种习惯了，就像我爸一样，每天要去墓地上转一圈。三更半夜，狗汪汪叫，我就会拿着铁棍起来。寒冬腊月——我们这边比外边冷3-4度——我们还是这么做的。夏天很热，也是这样。我哥为了这种事，以前被蝮蛇咬过。我有个堂姑，现在身上还有狼咬过的伤疤。你说我有什么样的毅力或精神，这就是家族里来的。

我们去叔叔家姑姑家，爸爸去看一下，晚饭都不会吃，就赶回来，你知道吗？我母亲一个人在家里。我老爸虽然不识字，也不是很富裕，但他给我们的精神，就是一种传承，我是很佩服我爸我妈的。我自己工作，也一直踏踏实实，我认为这是一个职责，要敬业，社会主义核心价值观里，都有这两个字。我们一个守墓人家，就是这样的。

马黎：你怎么和孩子们说这件事？

胡益源：孩子还小，我跟她说过，那个古墓是我们祖宗的，我们经常祭拜，是为了怀念他，我内心希望孩子长大后把这个职责坚守下去的。

郑嘉励：这我就非常好奇，这件事没有带给你任何利益，孩子怎么传承下去？我也有孩子，他在杭州念书，但我肯定不希望孩子回到乡下，去做这样的继承。你怎么会这样想？

胡益源：我女儿很懂事。幼儿园里，老师问她，小朋友，你是哪里人？她会非常自豪：我是九峰山人。她逢人都是这么说的。她知道自己的根在哪里。

每个礼拜，她基本都会跟我回来，就会去墓地，一走上去，我们都还没说，她就双手放在地上拜拜，那时候才四五岁。

刘美琴、胡益源、胡如英

马黎：你怎么跟她介绍太公？

胡益源：我说，这是我们的祖先，你要拿来爱的，就像爸爸爱你，你爱爸爸一样。

我又说，爷爷奶奶对你好不好？你对爷爷奶奶是不是也要好？爱就是相互的。

郑嘉励：这样子，我才算真的认识你了。像我们这个年龄的人，已经不相信崇高了，不相信单纯的崇高了。我一直觉得这件事背后，会不会有什么利益，对于守墓这件事，你是不是有一些诉求，现在我发现没有，只有朴素，单纯的朴素。

6

胡如英一家，是在动用肉身抵御这个时代的洪流。

我和郑嘉励带着不同的预设来到这座墓。他认为，这家人对于守墓制度，对于胡森家族，一定研究得很透，才会做出这样祖传的决定，守护一生。我想写的是，在城市生活工作的胡益源和他的家人，年轻一代，对于守墓这件事，绝不会和老一辈有着同样的意愿和"忠诚"，他们的矛盾在哪里，他的父亲辈，必定是最后一代守墓人，这样的职业，本就不可思议，终究要被淘汰的。

事实是，我们都想错了，胡家人坚决否定"最后一代"的定义，这样的字眼，让他们觉得委屈，才会纷纷在郑嘉励的公号上留言，维护家族，维护那份责任和忠诚。

我们想象中的选择题并不存在。

胡益源不善表达，他口中频繁出现的"大词"：责任、传承、世代相守、敬业，让我们一度很疑惑，也害怕是否是一种刻意引导。

可最后，我们还是错了。

时代并没有过去，只是现在的我们对于那样的生活已经不再相信了：一种传统的满足，人的朴素愿望，终极愿望，安安稳稳，知足常乐，从一而终。

说到底，都是一些大词，是常识，也是真理。

2018 年 11 月 14 日

发现王阳明：考古与遐想

"阳明故里"的景点指示牌在杂草丛中微微前倾。

方向指示明确——你的上方是观象台，往前走可以看到石门框、碧霞池、饮酒亭、伯府大埠头、王阳明文化研究中心、王阳明纪念馆（吕府）。如果遇到导游，或许会这样讲解。

这些名字过于熟悉了。

王阳明站在 2020 年的家门口，老宅的气息，逐渐近来，逐渐远去。

这是绍兴府人声鼎沸之处，人头攒动，最多的时候有上千人聚集于此。"老夫今夜狂歌发，化作钧天满太清。"1524 年的中秋夜，他 53 岁，侍者设席于碧霞池上，他和一百多位弟子歌于天泉桥，留下《居越诗三十四首》中著名的《月夜二首》。

2020 年的中秋夜也过完了，496 年前的歌与声早已随风远去，眼前唯有一地乱石。

这里是绍兴越城区。上大路以南、西小河以东、王衙弄以西、吕府以北的区域，正在进行考古发掘。一旁的蓝色指示牌：工地施工，注意安全。刚才那块旅游指示牌倾斜着，是因为它即将结束使命，有新的标识来代替，或许会增加一个定位：伯府第遗址。

2020 年 5 月中旬起，为了配合绍兴对阳明故里环境整治

遗址发掘现场

工程，经国家文物局批准，由浙江省文物考古研究所联合绍兴市文物考古研究所，对阳明故里遗址进行考古发掘。这也是首个考古发掘确认的王阳明居住遗址。

对，这里就是我家。王阳明说。

嘉靖六年（1527）九月，马上要离开家了，临别时刻，王阳明写了封信告诫弟子：你们在这里讲学论道，要温和谦恭，"德业相劝，过失相规"，不要狂妄急躁，要把讲学进行到底。

没有人知道，这是他最后一次回家。

但王阳明知道，近 500 年来，自己一直活在"热搜"里，活在人们的金句里。这位明代著名思想家、哲学家的学术思想，始终为解决社会问题，为时代变革和转型开具良方。

浙学虽然兴起于两宋，但是明代阳明学却被视为广义浙学中最重要的组成部分。以越文化命名的绍兴地域文化，从古代到现代，传承至今，阳明学是其中最重要的环节。从某种意义上，阳明精神已经融入浙江人的血液，在中国现代舞台上各领风骚的泰斗级人物，无论从感情还是思想上，都和王阳明有着千丝万缕的联系。而关于阳明心学的讨论，最著名的"知行合一""致良知"的现实意义，近500年来从未停止。

1

家？王阳明家不是在余姚吗？换言之，为何称此地为阳明故里？

这个故事里讲到的绍兴的地域，跟我们现在说的绍兴不一样。王阳明所处的明代绍兴府，管辖八个县：会稽、山阴、诸暨、上虞、新昌、嵊县、余姚、萧山，都是"绍兴"，习惯上称"越中"。为了理解方便，我们可以把它们当做"大绍兴"。

王阳明出生在余姚，父亲在他10岁的时候高中明宪宗成化十七年（1481）的状元，比长大后的儿子还要厉害——王阳明只是一名普通的进士。他很小就跟着父亲从余姚迁居山阴光相坊。所以，阳明的成长地，我们可以理解为"小绍兴"，主要在山阴、会稽两县。

虽然广义的"越"里包括余姚和山阴，但是王阳明在称呼上，对"姚"和"越"明确区分。在《阳明年谱》里，凡说姚者大多用"归"，讲到越，用"在"。他回故乡余姚有5次，提到"至越""在越""发越"等有15次之多。王阳明很早迁居绍兴，又开展了深度讲学，所以世人常把绍兴直接视为阳明故里。而他自己也把山阴、余姚都视为故乡——某生长兹土，犹乡之人也。是啊，我出生在余姚，生长在绍兴，如果说余姚是我的故乡，那么说绍兴是我的故乡，也不为过。

浙江省社科院哲学所研究员、浙江国际阳明学研究中心主任钱明认为，绍兴的地域文化对阳明学派的形成和发展，具有直接的催化作用。"宋明以后在浙东地区出现的史学传统与心学风潮，在余姚和绍兴两地并行不悖，互有侧重，应该说都有其深刻的地域文化背景。"他认为，如果说，余姚是阳明的出生、讲学之地，那么绍兴可以说是阳明学的发端和成熟地。

王阳明在绍兴讲学最重要的场所，就在自己家，也就是伯府第。

伯府第这个名字怎么解释？我们暂且按住不表，先说说他父亲的房产。

王华在山阴买了十数间房子，它们有个总称，叫"龙山里第"，这个龙山，指的是绍兴城内最高山卧龙山。除了建自己的状元府，他给四个儿子也安排好了各自的府第：大房（也就是长子守仁，即王阳明）住"宫保第"，以示高尊，其余依次列为二房（次子王守俭）"状元第"、三房（三子守文）"翰林第"，以及四房（四子守章）"学士第"。

根据《王阳明世系及遗存在绍兴》，父亲为王阳明安排的住宅"宫保第"，就在状元府的东北面。而从现存伯府第的遗存实相看，王阳明故里，也就是伯府第，是在状元府和宫保第的宅基地上扩建而成的。

2

西小河旁，就是王阳明的家了——虽然眼前，只有各种大大小小的石板、石条、石块，以及一些建筑构件，你很难把它们和家联系在一起。

"这是石门框残迹，也是市保单位。我们前期勘探的时候，顺着门洞往北，勘出了一条主路，说明它确实是在正中心的位置，一侧是河埠头，这头可以接通运河。"考古领队、浙江省文物考古研究所研究员李晖达说，目前初步确定了阳明故里建筑基址的中轴线（石门框—甬道）。

496年前的中秋夜，伯府第人从众，一直蔓延到水面开阔处的河埠，就是伯府大埠头。学生、官员的船舫，停在此处。曲终人散，桨声暗影，尽兴而归。

后来，人们将这条石板小路称为船舫弄，它的西侧就是西小河，包括王衙弄、假山弄在内，成为现在王阳明故里周边的附属遗迹。王衙弄，原来是伯府第里的一条通道。

各种大石板

正德十六年（1521）十二月，王阳明诏封新建伯（注：此时正德皇帝去世，嘉靖帝继位，尚改元，所以是嘉靖皇帝封的伯），按照明代封爵的规制，皇帝赐新建伯府第。

"伯"是什么意思？

明代的封爵制度，分为宗室和功臣外戚两类，爵分五等，后来革除了子、男，只留公、侯、伯三等。明中期有三位以军功封爵的文臣，王阳明是其中之一。

嘉靖元年（1522）二月，父亲去世。王阳明在状元府的基宅上扩建伯府第，时间应在父亲丧事办完之后的丁忧期，时称"伯府第"，又叫"王伯府"。伯府第是王阳明生前唯一营造的宅邸，在余姚等地，他都没有买房子。

但是，伯府第当时的规模到底怎么样，现存史料未见明确记载，也没有留下建筑图纸。

有学者根据旁证资料推测，伯府第是明代绍兴府城内最恢宏的私人宅邸之一。《山阴县志拾零抄》描述，伯府第的规模是"府周二里百二十步，规模恢宏博大，建筑庞大考究，梁架均用楠木，为绍兴府首"，若按"以六尺为步，半步为武"计算，这个伯府第周长为 1.24 千米，占地面积按照王诗棠推测为十六亩。

然而，伯府第后来经历几次火灾，我们现在已经无法从纸上考证当年的盛景。

进门的三个石砌门框，就是原来"伯府大厅"正门石构件的一部分。当然，眼前散乱的石头，让我无法感受何为大厅。

一个名叫黄佐的人见过。

他是明代岭南大儒，1523 年冬天，来绍兴拜见王阳明，就知行合一跟阳明老师进行论辩，还在伯府第住了七天。他在《庸言》中写道："公方宅忧。"也就是王华去世一年，王阳明正在丁忧期。他看到府第南面有"大有仓"，曾是官方储存粮食的地方。而现在府第南边，还有一条东西走向的小弄"大有仓"。

他提到，伯府第的房子有五十多间，因为王阳明的弟子众多，所以在建造伯府第时，除了大厅豪华，其他地方都力求简朴，让更多的弟子可以住进来。伯府第不设台门而设门墙，门墙也不高设，这样，来这里学习的人就不会有师门高不可攀的感觉。

还有一个参照物，就是现在隔壁已经作为王阳明纪念馆的吕府。当过礼部尚书的吕本，要是知道自家现在变成老王家的纪念馆，不知作何感想。

清嘉庆《山阴县志》记载，伯府和吕府，都在越城东光相坊的同个地段，坐北朝南，前后相邻。吕府在前，位于谢公桥之后；伯府在后，位于北海桥之前，两家实在挨得太近，所以有"伯府无前门，吕府无后门"的说法。

但绍兴还流传着一个更有名的说法：吕府十三厅，不及伯府一个厅。

究竟怎么个不及？王阳明笑而不语。

没关系，考古会告诉我们。

3

"这里面有好多后期扰动的，容易混淆视听。"李晖达对正在清理石板的考古队员说，"这些是新建的房基，都要拿掉，不然会让人很疑惑，以为这里有一道梁。"

什么意思？

石板还是王阳明家的石板，但20世纪60—80年代，人们在此地新建房子时，就地取材，重新做了隔间，等于二次利用。"一开始我们都不抱希望，认为这里应该啥也没有了，但我们把乱的东西去掉以后，发现伯府第的整个框架结构是完整的。"

目前考古发掘了两进院落，结构完整。"我们发掘完了前两进，其实还没有完，再往北，到假山脚下，可能还有第三进。也就是说，可能是一个三进院落的四合院格局。这个规格不是很特别，是一个很标准的明代官式建筑，特别只是特别在这个主人。"

在第一进院落，考古队员清理出了部分门屋西界墙，还有部分石铺地面。根据现场发掘情况推断，门屋进深约17米，东西跨度约32米。同时，还清理出了部分大厅，以及大厅前后抱厦建筑基址，还有部分西侧的廊屋基址。根据现有基址推断，一进大殿进深约19米，东西跨度约32米。

建筑基址分布图

排水暗沟石铺地面

排水暗沟及石铺地面

　　"这个边沿，就是第一进大殿的，这里有个院子，旁边还凸出了一个月台，北侧有个抱厦，这一侧抱厦保存得比较好，东侧的破坏得比较厉害。"李晖达指着现场各种石块介绍道。

　　也就是说，经过考古发掘，我们可以还原王阳明家第一进院落的完整结构：一座大厅，一个朝南的月台，形状横长，一个北边的抱厦，方一点。

　　我又走到了第二进院落——其实只是跟着石块走。抱厦和第二进大殿之间，有一条连接主殿的甬道。

　　庭院的进深约19米，光是二进大厅最长的阶沿石就有6米多长。

　　眼前还有很多整齐的石块，老王家的地面都是用这些大石板铺的。

　　那边，还露出一个很大的柱础，外径1.2米，内径0.6米。李晖达说，础

第一进大殿的边沿

柱础

石比较厚，有相当一部分是埋在柱坑里的，地面铺上地砖后，应该跟它齐平，最后这个面露在外头，基础很厚。

接下来，考古队计划发掘二进院落至观象台之间的区域，理清第三进院落的具体格局，此外，还要确定王阳明家两侧廊屋和伯府院墙的保存状态。

4

王阳明在绍兴的讲学，可以说名震四方，尤其到了晚年，他觉得自己来日不长，逢人就要讲，门人也觉得很奇怪，追问他怎么了。他叹了口气：我今天就像开了一个饭店，有客人经过，不管他吃不吃，都当他进来吃饭了。

内心的紧迫感和使命感，以及一贯的热情，成百上千的友人为了听他讲学云集绍兴，很多人从数千里外赶来，同门聚会最多的时候有二三千人之多。

李晖达指着遗址外围环绕一圈的建筑，远处的一些老房子，也就是指示牌上的几个著名景点：饮酒亭、观象台、碧霞池、石门框，都是之前标定的市文保单位。"当时定文保点的时候，没想到伯府第遗址还在。如今，故居的遗址明确了，与现存的文物建筑相结合，阳明故里才恢复了它的完整性。"

李晖达说，一个文官很少能够封爵，明代功臣府第能拥有什么样的等级格局，这里至少让我们看到他家里的生活状态是怎么样的。在这里讲学时，他的门生帮他营造了怎样的气氛。他晚年的活动，基本上都在这么一个区域里。

遗址位置示意图

在伯府第主体建筑的前后，王阳明根据当时通常的风水布局，在府邸东南方向挖了一个池，名叫碧霞池，他自称"碧霞翁"。此外，在西北侧，用条石砌挖池所取的土堆，形成假山状的台地，为府邸靠山，称为"观象台"，又称"王假山"，后人又将假山前的一条弄巷称为假山弄。

2018 年至 2019 年，绍兴市文物考古研究所对碧霞池做过两次考古发掘，发现了当年砌池时的条石和保护条石的木桩，以及水榭基址。但此水榭基址是否就是天泉桥，目前还没有直接证据。

王阳明在诗里经常写到碧霞池，无论是池畔还是桥上——此桥很有名，叫天泉桥。

那个中秋夜，"宴门人于天泉桥。中秋月白如昼，先生命侍者设席于碧霞池上"。王阳明师徒经常在天泉桥上论学，只是没有直接提到天泉桥就在碧霞池上。

1527 年九月初八日，半夜子时。第二天，王阳明就要起程赴两广，有两个学生等不及了。

那晚，宴席散了，客人们刚离开，王阳明也正准备回伯府第的屋里休息，却看见弟子钱德洪和王畿在门庭下等候，"使移席天泉桥"——这也说明天泉桥就在伯府第附近。

中国哲学史上著名的"天泉证道"，就发生在这里——我站在遗址上，便可望到那个高处。那个长夜进行到何时，已经无人知道，只是月光那晚铺开在整个伯府第，在人们的记忆里，镶嵌了493年，一直是深刻的。

此前，王阳明刚刚在这里提出了著名的四句金句，也就是我们说的"四句教"——无善无恶心之体，有善有恶意之动，知善知恶是良知，为善去恶是格物。但是，王阳明的思想体系中，其实有很多相互对立的概念和命题，他又往往宣而不释，语焉不详，留给弟子很多谜，也是意犹未尽，直到今天，人们依然在讨论。

半夜子时，两位弟子王畿和钱德洪不睡觉，追到天泉桥，他们对老师的四句教义有不同的理解，必须连夜促膝长谈。天泉证道，就是师徒三人对四金句的大讨论。

王畿认为老师说得不对。如果心无善无恶，就不会有善恶，所以人的心本来就有善恶之分。而钱德洪却觉得，人天生是没有善恶的，但受到客观环境的浸染，就有了善恶之分，这需要通过良知去理解善恶，才能在实践的过程中扬善去恶。

听完两人的论述，王阳明老师就总结了。人其实分为两种，一种就是王畿说的，天生有慧根的人——所谓"利根"，自然而然就可以分辨善恶。但这样的人非常少，大部分人需要先去认识善恶，才能践行善恶，这是人一辈子需要修行的——认识善恶，达到"致良知"，才能去格物。这也是王阳明为什么要立心学的目的，为了大多数人，因为芸芸众人是没有"利根"的，需要在具体的事上磨炼。

这里岔开说一句，王畿同学后来名气比较大，活到85岁（长寿是优势）。其实在天泉证道的时候，王阳明老师并没有胜出，而王畿后来一直坚持自己的观点——良知不需要"致"，因为良知是天生的。而王阳明在思想理论上其实是两条腿走路，一是致良知，感悟良知；另一条腿，就是要去践行，要做具体的事。

钱明认为，正是这种开放的心态，对于促进其学派分化和造成中明以后相对繁荣的文化环境很有关系，流派众多，思想活跃，学术思想出现了竞相发展的时机。

　　王阳明晚年在绍兴讲学的 6 年，是他系统讲学最长的一段时间，他的核心思想也在绍兴做了最终总结：亲民、万物一体、知行合一。而且晚年，他在思想方法论上有一个重要突破，强调"一体说"，"天地万物一体之仁"，比如心和物，心和理，知和行。

　　天泉论道两年后，1529 年 1 月 9 日，王阳明在江西南安青龙铺的归舟中逝世。过了年，他的灵柩"丧发南昌"，在众多弟子、亲属的护送下，扶柩归故乡。二月初四，抵达绍兴伯府第的中堂，治丧 9 个月，"书院及诸寺院聚会如师存"。

　　死而不泯，是真正的"不朽"。

　　1529 年 12 月 11 日，他的灵柩从西小河伯府第大埠头落船，走山阴古道，安葬在他生前亲选的地方——绍兴兰亭洪溪。

　　西小河细水长流。李晖达说，河埠头破坏得很厉害。

　　王阳明去世后，此地人去楼空，所有的声音瞬息消失。学生薛侃经过伯府第时感叹：如履无人之境，过越落莫尤甚。可见，绍兴在当时是学术研究和讲学活动的中心。

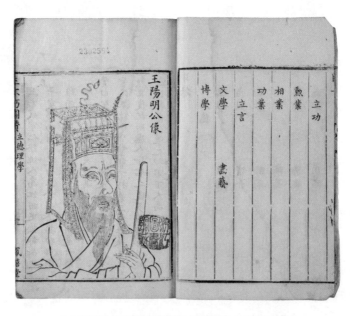

王阳明像（浙江图书馆藏陈治德刻本，赵恩樾旧藏）

王阳明去世后 77 年，王畿弟子周汝登再次登天泉桥宴请门人。当时，天泉桥还在，他刻意为之，赓续天泉证道。"秋同节也，地同景也，月同明也，歌同声也，人同济济也"，他用了五个"同"来复刻盛景，"风拂罗衣鼓瑟声"，但连老天都帮忙，"一扫浮云"。此处，他明确写道"宴于碧霞池之天泉桥"，明确把两者联系起来，说明天泉桥就在碧霞池上。但从此之后，天泉桥鲜有记载，始终不知何时圮毁。

又过了 185 年，清康熙五十三年（1714），绍兴人章大来经过伯府第，写下《过王文成公故居》。

从诗里的描述看，此时的伯府第严重损毁，前屋已倾，后屋也塌，天泉桥"遗迹莽埃尘"，已不见踪影，碧霞池不复灵动。遥想文成公当年赫赫功勋，唯有心痛。

王阳明去世后，继子王正宪和王阳明只有两岁的亲生儿子王正亿之间就开始了"萧墙之争"，再加上他的孙子"先"字辈引发惊动朝野长达数十年的"袭爵纷争"，伯府第日渐衰落。当然，章大来也明白，即使没有家庭内讧，在大明朝国运衰败的情况下，伯府第也不可能独善其身。

我行伯府中，延眺来悲吟。

写于 2020 年 10 月 10 日

乾隆帝在杭州七堡画了一个红圈

1784年，乾隆四十九年，73岁的乾隆帝第六次南巡，最后一次阅视钱塘江海塘。

眼前鱼鳞般层层垒筑的鱼鳞大石塘，坚不可摧，江潮再凶悍，也无法越过这般铜墙铁壁。

这是父辈没有完成的梦想，更是他"战斗"了半个世纪的国家工程。如今，竣工之日在即，他最后一次现场部署关于修筑和增饰塘工的工作。

但是，除了眼前已经落定的海宁老盐仓石塘，他心里还有个疙瘩。

如今杭州余杭和海宁交界的章家庵以西，仅借一条土塘——范公塘护卫，形势单薄。如何加强范公塘一带的防御，大臣们也上书多次，提出各种建议。

乾隆帝其实早已打过腹稿，不能仅限于保护土塘，范公塘一带须一律改建石塘，民生才能得以保障。

回宫以后，他下拨五百万两库银，"谕令自新建石塘尾起，越范公塘一带，直抵乌龙庙止"，并在图纸上画了一个红圈。

乌龙庙，也就是现在四季青一带。他下令把新修的石塘接筑范公塘，原来的土塘（范公塘）全部修为石塘，也就是在乌龙庙至章家庵一线。

石塘

土塘　柴塘

钱江新城大王庙路双塘

钱江新城大王庙路石塘

杨金东（左）

当年底，接筑石塘两千九百三十多丈的工程竣工。

3年后，乾隆五十二年（1787），全部鱼鳞大石塘工程竣工，浙江海防系统最终形成，"以垂永远"。

232年之后，2018年5月至2019年5月，为配合钱江新城二期建设，杭州市文物考古研究所对地块沿线开展考古调查和勘探工作。2018年10月至2019年1月，考古队员对钱江新城古海塘遗址进行考古发掘，首次发现柴塘和石塘并行的双塘结构海塘，首次明确乾隆帝在乾隆四十九年到乾隆五十二年（1784—1787）所修石塘的终点位置，确认了古海塘遗址中最重要的地理坐标节点。

乾隆帝为修海塘画下的红圈，面对汹涌钱塘江潮水的决断，日复一日的坚守，终于不只是白纸黑字里的一朵浪花。考古发现，让历史的过去和真实的现在，殊途同归，在此汇合。

1

"发现的过程有点神奇。"

杨金东，杭州市文物考古研究所研究员，这六七年一直在和杭州海塘打交道。

但在讲故事前，先给大家理清几个关于海塘的名词。

钱塘江海塘是江南海塘最重要的组成部分，是守护杭嘉湖苏松常镇七府的第一道屏障，是与长城、运河相媲美的古代三大伟大线性工程之一。

阅视海塘，更是乾隆帝六下江南最关心的一件事。

他这样定位南巡的意义："江左地广人稠，素所惦念，其官方戎政、河务、海防，与凡间阎阎疾苦，无非事者。"

民生、吏治、士子、治水，这几件南巡要务，如果让乾隆选一件最重要的，一定是治水。

他说，南巡之事，莫大于河工。这一地区是千百年来的洪灾区，而占尽天下财赋大半的江浙地区的稳定，关系到整个国家的命运。所谓风花雪月，江南绮丽之美，无非是闲来无事之添趣。

因此，治水在乾隆时代，被官方定位成一种国家战略——治水，就是治政。在乾隆帝的努力和领导下，千百万治水勇士完成了那些泽被后人的工程。

治水很重要的一个内容，就是防止钱塘江江潮倒灌，也就是海防。

钱塘江海防工程，也可以叫"塘工""海塘"，皇帝理想中的目标，当然是一劳永逸，永绝后患。

但因为江边各段地理环境不同，从做法上来讲，会有土塘、柴塘、石塘之分，都是以巩固江岸、保护流域内耕畜民田不被潮水侵袭为目的，区别在于用料不同，耐久度也不同。

土塘是最早的海塘类型，结构简单，且一直是海塘的主体部分，直到清代鱼鳞石塘修建后，土塘才由海塘主体变成海塘附土。

而作为升级版的柴塘，是个蛮有创意的做法。

2014 年，杭州市文物考古研究所在上城区江城路以东的原江城文化宫，发现了吴越王钱镠兴建的五代吴越捍海塘遗址，首次发现海塘铺垫柴草加固等海塘埽工做法。

当然，用过就知道好不好。

皇帝知道，最好的选择当然是石塘，历朝历代统治者都认为，这是土塘、柴塘无法比拟的，可以一劳永逸的海防工程。

2016 年 7 月至 11 月，杭州市文物考古研究所对常青古海塘遗址进行考古发掘，首次发现宋代至清代不同时代石塘叠砌现象。

清代的钱塘江海防始于康熙年间。而鱼鳞石塘，是海防工程中最坚固的一种，由明代浙江水利佥事黄光升首创。

顾名思义，规格统一的长方形条石，丁顺上叠，自下而上逐层垒砌并依

常青古海塘塘体迎水面

次收分，缝隙处用糯米浆勾填，再用铁锔箍紧，像鱼鳞一样，层层叠叠，密密匝匝。如果海塘全部用这种办法，需要雄厚的经济实力，选人和工程技术上也有难度。

年轻的乾隆帝说，钱不是问题，"不惜多费帑金，为民生谋一劳永逸之计"。

从乾隆二年到八年（1737—1743），六千多丈的鱼鳞大石塘竣工。

乾隆十六年（1751），他第一次南巡到杭州，江堤巩固，海塘无事，他上开化寺六和塔远望钱塘江，江涛涌动，诗兴大发，"洪潮拗怒尤未已，却数百里时无何"。

第二次南巡到杭州，他第一次骑马巡视海塘，海天一色，即兴写了一首《阅海塘作》。

但是，江潮无端，变，是水的本性。

乾隆二十四年（1759），这一年春天，江水全部冲往北大亹（mén），北岸的塘工受不了了，有决堤的危险。

亹，水流夹山，岸若门。钱塘江入海处近萧山为南大亹，近海宁为北大亹，蜀山南别有中小鳌。乾隆时钱塘江分别从北、中、南三鳌入海，嘉庆时改走北大鳌，蜀山一带陷入海中。

北岸危险。

那时候，北岸涨沙后的海宁老盐仓一带还有四千两百丈柴塘，朝廷对处理这一段的态度发生了分歧。有的说，把柴塘改为大石塘，但问题是，塘下全是浮土活沙，木桩根本无法打下去，基础不牢。有的说，不如把柴塘再加固加固。

乾隆二十七年（1762），乾隆帝第三次南巡，三月初一日刚到杭州，第二天就直奔海宁阅示塘工。其实在进入浙江境内前，乾隆帝已经决定，一定要把柴塘改筑成鱼鳞大石塘。

但当他亲自来到现场，看到重达200多斤的夯筑石打下去后，木桩扎下去，根本无法稳固。

乾隆帝只好放弃石塘，照旧加固原有柴塘。同时，他又下令增加柴价，鼓励老百姓售卖，运输柴木。

"弃石保柴"的做法，在他心里总归是个遗憾，睡也睡不着，三更天就醒了，写了一首《睡醒》，表达心中郁闷。回杭当日，他跟皇太后请安，又留下一句"捍御尽心粗擎划，此行或可未云空"。

这件事，乾隆帝一直耿耿于怀。乾隆四十五年（1780），第五次南巡，老盐仓一带的海防环境发生了变化，有利于修筑石塘，70岁的乾隆帝又奔到海宁，下旨除个别地段无法下桩者外，其他全部改筑石塘。

心结打开，父辈几代的梦想，终于可以在自己手里实现。

2

同样是乾隆四十五年（1780），范公塘这一段也受到了冲击，大约的位置，在今天海宁翁家埠—杭州乔司—九堡一段。

得想办法。

乾隆四十七年（1782），乾隆帝下令在仁和县范家埠、范公塘等处修建柴塘坦水。四十八年（1783），他又下令，再加沉满载石块之大船三十四只于水底，以护塘根，又筑多座范公塘石坝。

"这些沉船在哪儿，也是我们今后想寻找的目标。"杨金东说。

但这些措施的防御效果一直不太好。

"朕于捍卫民生之事，从不靳多费帑金。况该处较现筑鱼鳞石工，所费不过三分之一，尚易办理，俟明岁南巡时，朕亲临阅视，指示机宜，再行筹办。"显然，乾隆帝已经有了初步打算，范公塘改修石塘。

乾隆四十九年（1784），第六次南巡，也是最后一次。73岁的他有两件事要做，一方面继续督促巡视海宁老盐仓石塘的最后完工，实现半个世纪以来的梦想；第二，实地勘视范公塘，对改筑事宜正式做出决定。

> 至范公塘一带，亦必需一律接建石工，方于省城，足资永远巩护。
>
> 着自新筑石塘工止处之现做柴塘及挑水段落起，接筑至朱笔圈记处止，
>
> 再接筑至乌龙庙止，亦照老盐仓一带做法，于旧有柴塘、土塘后一体
>
> 添筑石塘，将沟槽填实种柳，并着拨给部库银五百万两，连从前发交
>
> 各项帑银，交该督抚据实核算，分限分年，董率承办工员实力坚筑……
>
> 以期海疆永庆安恬，民生益资乐利。该部即遵谕行。

这段话信息量极大。我们一一划重点。

首先，乾隆帝要求做柴塘、石塘的"双重保险"结构，也就是说，之前不够坚固的柴塘，乾隆帝并没有废弃。

2019年，杨金东对钱江新城相关地块做考古调查，他从五堡开始，很快发现了柴塘遗迹；六堡，也发现了，柴塘露了一个头。之后到了七堡，大王庙路，这里在拆迁，他碰到几个钉子户，刚开工，人就找来了，不让挖。

塘，必定就在大王庙路之下。杨金东想，海塘两边也有一些附属设施，既然路上无法动，就往两边找找。

他往西边一路找过去，发现了条石。这里竟然还有石塘！他很兴奋，之前在九堡发现了石塘，没想到七堡也有石塘。

条块石塘，由迎水面的条块石塘和背水面的附土两部分组成。条块石塘共由17层纵横交替的条石和块石垒砌而成，石塘底部为深约6米的成排木桩基础。

他清理了30多米，又碰到一个钉子户，只好跳过，继续找。

钱江新城大王庙路柴塘迎水面

钱江新城大王庙路石塘底桩

钱江新城大王庙路石塘符号

七堡单元 F-R21-01 地块条块石塘、鱼鳞石塘、柴塘

"有发现，但有破坏，再往前找，又露头了，又断了。"在这个断面，他决定布探方正式发掘。

"这里断得非常整齐，是专门规划过的一个面，显然是工程的结尾。而且再往前找，没有找到任何跟海塘相关的迹象。"这是考古人的经验和敏感。

这个探方编号 T4，位置正好位于石塘终点，条块石塘——条石和块石垒砌结合，自海宁翁家埠向西延伸至七堡。

终点处的条石十分整齐，层层叠压，共发掘出十三层条块石，通过横向对比保存完好的海塘，发现 T4 中海塘破坏层数为四层，此段海塘应为十七层。底层条块石之下，以钉在泥土里的木桩为基础，木桩直径约 17 厘米，长约 6 米，排列非常密集。

迎水面条石上，还发现有方形、椭圆形、"X" 形及其他几何形状的图案，应为备料时的标记图案。"其他点没有发现过类似图案，说明在工程结尾的地方对石料做了特殊规划。"

上下层条石间相互错缝叠压，石料琢凿平整，砌石之间紧贴，以白灰弥缝。

也就是说，清乾隆四十九年至五十二年（1784—1787）所修的石塘，为翁家埠至七堡石塘，终点位置搞清楚了，正是七堡。

还有一件事也得到了确认。

明嘉靖年间，浙江水利金事黄光升在海盐不仅首创了鱼鳞石塘构筑法，还以《千字文》的字号为海塘编号、分段。

古海塘上，每隔二十丈竖有一座石碑，相当于现在的里程桩，上面刻有一个字号，从"天地玄黄"的"天"字号开始顺序排列，一直到"焉哉乎也"的"也"字号结束，然后继续从头开始。官员写周报时，通过石碑上的字号段，只要说哪个字号哪侧多少丈被冲了，就可以迅速确定方位采取措施。

那么七堡这个终点位置，对照《千字文》是什么字号？

原来是"西恭"。

但是，为什么这个字号是两个字的"西恭"，而不是一个字？

杨金东说，乾隆三十二年（1767），南北两岸海塘全部编上了字号，翁家埠至乌龙庙的字号就在现在的备塘路上。而范公塘上的编号都是在《千字文》前加个"西"字，以示区别。

"以前的勘探点发现了很多不同类型的塘，现在有了关键的坐标点，就可以和原来的字号对应起来。文献里要求修多少，多少规格，是鱼鳞石塘，还是条块石塘，还是柴塘，有没有偷工减料，工程质量怎么样，考古材料和文献史料都能串联起来，为我们以后研究每个点位的考古发现资料历史背景提供了极大帮助。"杨金东说，接下来的研究，要和《千字文》的字号一一对应，这也是一件工作量很大的事情。但坐标明确了，就可以继续找，接下来，他准备把备塘路这一线找找清楚。

　　这一段修过石塘，也修过一段柴塘，文献里老是叫它"老土塘"，是不是纯土的？这是接下来海塘考古很重要的一个点，要把它搞清楚。

3

　　这次发掘最重要的一个发现，不只是发现了终点位置，还发现了双塘。

　　杨金东说，考古发现，自终点位置七堡向北，直至海宁翁家埠，存在柴塘和石塘并行或交互叠压的双塘结构海塘。

钱江新城大王庙路柴塘顶面

　　石塘是新修的，对照文献记载，正是乾隆四十九年（1784）开始修的。石塘迎水面外5米至40米的距离处，修筑有柴塘。潮声路以西直至三堡船闸段，均为柴塘，由迎水面的木桩柴条和背水面的夯土组成。一层青灰色黏土和一层柴条铺筑交替叠砌而成，柴塘上用三排木桩固定。

　　很多人可能要问，既然已经改修一劳永逸的石塘，为什么原先的柴塘不废了呢？

　　当年，很多大臣也这么想。清朝的岁修制度，每年都要维修，这个柴塘可以拆掉了吧？

　　乾隆帝应该又想到了上一次南巡，在海宁老盐仓石塘前，面对柴塘和新石塘时的抉择。

　　他亲自部署改筑工程，回銮途中，他却对官员千叮咛万嘱咐，石塘修筑完工之前，千万保护好柴塘，因为江潮无情，随时涌来，石塘还没有修好，又把本来还有护卫功能的柴塘给拆了，那不等于"开门揖盗"，功亏一篑？

　　70岁的老人家，一位细心又劳心的皇帝。

这一次南巡，面对杭州范公塘，他依然实地查看，小心谨慎。

修海塘，常常设有坦水，指的是海塘基部前滩地上用排桩夹石构筑成的护堤工程，等于保护海塘基础的一处设置，我们现在江边也能看到。当年修石塘时，原本的柴塘没拆，一直当做坦水在用，乾隆帝实地视察后，觉得很对，还提出了"重障"，就是双重保障，岁修还得修，柴塘还得保护。

乾隆帝有一首诗《题土备塘》：

土备塘云海望修，意存未雨早绸缪。石柴诚赖斯重障，是谓忘唇守齿谋。

七堡单元 F-R21-01 地块柴塘与木桩基础

"重障"到底是什么东西，过去一直不懂。这一次，考古不仅发现了石塘和柴塘的双塘结构，也确证了"重障"的意思，何为"唇齿相依"，什么做法，距离有多远——两条塘贴得很近，最宽 20 米，窄的就叠压了，有了确凿的"实体版"。

4

请注意，乾隆帝那段旨意里还有一个重要的信息：朱笔圈记处。

修海塘得写月报，叫"沙水情形图"，每个月报一次折子，这个月哪里涨潮了，哪里退潮了，哪里又被冲了，哪里涨沙了，都要仔细记录。

有一次，大臣在折子里写，大概修到十堡这里，就可以了。

乾隆觉得不好。用红笔在图纸上画了一个圈，应该再往西边修一点：章家庵以西石塘工尾至朱笔圈记处止改建二一二零丈。

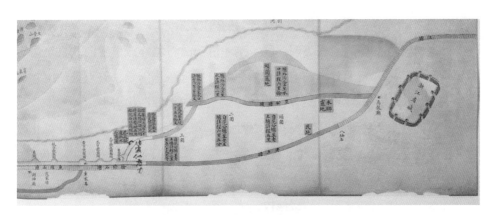

乾隆四十八年四月初二日"朱笔圈记处"

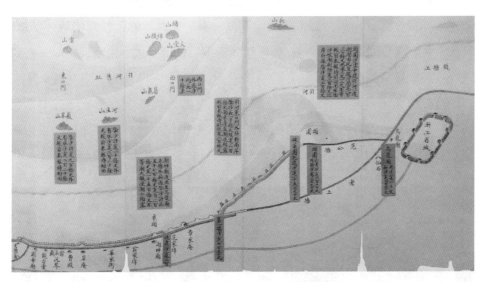

乾隆五十五年三月二十七日"朱笔圈记处"

从海宁翁家埠到乌龙庙这一段海塘，不到五千丈。其中有一段两千一百二十丈，是急修段，因为潮水冲击比较厉害。而"朱笔圈记处"到乌龙庙段为缓修段，工程没那么着急。

那么，这个"朱笔圈记处"在哪个位置？以前大家都不知道。

"后面所有的文献提到修海塘，都会说'朱笔圈记处'。但过去很多人读不懂，因为皇帝平时经常有批示，也是画个红圈。但这个红圈，和修海塘的红圈不一样，是专门指急修段的石塘终点在哪里。我们读文献时，知道有这么一个点，但是实际究竟在哪里，没人知道。"杨金东说。

而这次考古发掘的结果表明，除了刚才讲到的石塘终点位置向北直至海宁翁家埠存在柴塘和石塘并行的双塘结构海塘，更有意思的是，终点处往南，直至乌龙庙，考古队员发现，只存在柴塘加附土塘的单塘结构海塘。

终点处，是个关键转折点，这和文献所说乾隆帝旨意里的"朱笔圈记处止改建"正好对应了起来。也就是说，七堡这个终点，正是乾隆画了一个红圈的位置。

时空穿越，古代的坐标和现代的坐标终于对应起来了。

那么，七堡至乌龙庙段的缓修段，为什么后来也没有修？

乾隆五十一年（1786），大臣们奏报，这一段塘外涨沙较多，且钱塘江江面逐渐向南走，北岸潮冲的危险大大降低，奏请暂时不修，仅对柴塘做岁修，待潮水再起变化时再修也不迟。乾隆接到奏报后认可了这一说法，所以一直到现在这一段还只是单塘结构。

自乾隆四十五年（1780）南巡阅视塘工发出改筑指令，至乾隆五十二年（1787）各工全行告竣，六千零七十丈鱼鳞大石塘屹立于钱塘江北岸，成为高宗心目中最伟大的工程之一。

平安里五代捍海塘迎水面结构

故事讲到这里，你有没有发现，乾隆帝对治水，谨慎，执念，思考周全，一切亲力亲为，而不是坐在皇宫里，下一个指令就好了。

有一个数据，仅乾隆帝六次南巡的33年间，每年因治水消耗的岁修银平均在三百万两以上。他知道，这么多钱，如果用到点子上，还好，如果用人失当，不止钱白花了，还会因疏漏造成更严重的海潮泛滥生灵涂炭。他说过，治水工程关系到老百姓的生命，如果没有深入思考就下决断，庸碌者只知道遵命照搬，那是会犯大错误的。

故宫出版社宫廷历史编辑室主任王志伟说，乾隆帝对河工海防只相信自己的亲力亲为，这是他心中长期以来坚持的信念，在筹划防洪和督促官吏方面，起到了极其重要的作用。

所以，南巡途中的"行在治水"，以皇帝为中心，他走到哪里，就针对当地的河工、海防进行巡视、考察、指示、督办；亲临阅查，面授机宜，然后大家讨论，最后他会自己做一个皇帝的判断；然后监督，最后还要亲自回访验收。以南巡的历史和治水的结果看，乾隆帝这套方法是很成功的。

乾隆五十四年（1789），已经78岁的高宗念及筑塘之功，依旧踌躇满志：

> 海塘之筑，一劳永逸，要未尝非疏瀹与堤防并用。朕数十年临视图指，不惜数千万帑金，以为闾阎计，大都平成矣。

写于 2020 年 1 月 16 日

【小课堂】

20世纪80年代以来，杭州市文物考古研究所联合相关单位先后多次对钱塘江古海塘遗址进行考古调查。

尤其是 2014 年完整揭示五代捍海塘以来，为配合基本建设，勘探确认多处古海塘遗址，并对多处古海塘遗址进行考古发掘，揭示出五代至明清不同时期不同类型的古海塘，为研究古代土木工程技术和水利技术提供了翔实可靠的实物资料。

钱塘江古海塘作为重要历史地理坐标，对研究杭州古代城市发展史和钱塘江流域历史地位的发展演变具有十分重要的意义，也为钱塘江古海塘遗址保护与利用规划编制及后续海塘申遗提供了客观准确翔实的资料。

读完故事后，我们再来看看这些年海塘考古发现中的重点。

◎确认不同时期古海塘线形分布

结合平安里五代钱氏捍海塘遗址发掘，对沿线进行物探考古调查，确认五代钱氏捍海塘的线位，在今天建国路、江城路、复兴路至六和塔一线。

确认明清钱塘江北岸海塘的线位，在今天转塘狮子口、五浦河北岸、之江路、复兴南街、闸口、秋涛路、常青石塘路、老杭海路、三角村、月牙湖乔司监狱至翁家埠一线。结合古地图信息和语言学研究情况，通过实地调查，确认五安路、绿景路、严家路、备塘路、九横路、博卡路至老杭海路一线为明代的海塘。

确认明清钱塘江南岸西江塘和北海塘的线位，在今天麻溪坝、茅山闸、碛堰山、虎爪山、三江口、半爿山、西兴永兴闸、老塘路、长山横塘头、新塘、衙前、坎山、瓜沥、党山至益农一线。

◎对各类型海塘的年代有了初步判定

根据地层堆积、出土遗物情况，结合碳十四测年数据，对各类型海塘的兴修和使用年代有了初步判断。

竹笼石塘修筑年代为五代，沿用至宋代。

柴塘始筑年代为宋代，技术沿用至清代，并有改进。钱江新城二期发掘的柴塘为明清时期。

条石海塘的始筑年代为宋元，一直使用至清代，营建工艺和技术逐步成熟，先后经历了条块石塘、丁由石塘、大石塘、鱼鳞石塘的演变。

常青石塘发现的宋元至明清石塘叠压关系为罕见现象。

钱江新城二期发掘发现鱼鳞石塘打破丁由石塘现象，亦发现石塘叠压柴塘现象。

浙江考古与中华文明
——写给《考古浙江——万年背后的故事》

浙江地处祖国东南一隅，面向大海，勇立潮头的钱塘江是浙江母亲河。天目山、仙霞岭、括苍山、雁荡山，以及太湖、钱塘江、甬江、飞云江、灵江、瓯江，把浙江山河分割为中低山、丘陵、盆地、平原，还有沿海半岛和岛屿。"七山一水二分田"，形象地归纳了浙江的自然文化地理特征。虽然浙江陆域面积仅10.55万平方千米，却是中国岛屿最多、海岛海岸线最长的省份，浙江自然人文环境造就了独特的地域文化传统和富于创造力的文化精神。

浙江有明确文字记载的历史始于越王勾践，《史记·越王勾践世家》载："越王勾践，其先禹之苗裔，而夏后帝少康之庶子也。封于会稽，以奉守禹之祀。文身断发，披草莱而邑焉。后二十余世，至于允常。允常之时，与吴王阖庐战而相怨伐。允常卒，子勾践立，是为越王。"1996—1998年，绍兴印山考古确认越王允常"木客大冢"，那么，允常之前二十余世和"先禹"，就只能通过考古手段了。

近代考古学传入中国有百余年的历史。20世纪30年代，随着江浙财团的发达，一批有识之士于1936年8月在上海八仙桥青年会成立吴越史地研究会，他们要打破在人脑海中盘旋已久的"江浙古无文化的传统思想"（《吴越文化论丛》，1937

年）。同年，浙江省立西湖博物馆、吴越史地研究会《杭州古荡新石器时代遗址之试探报告》出版。次年，何天行《杭县良渚镇之石器与黑陶》，作为吴越史地研究会丛书之一出版。当然，"第一次准确无误地向学术界展示了长江下游的史前文化，在中国史前考古学史上具有划时代的意义"（陈星灿：《中国史前考古学史研究（1895—1949）》，生活·读书·新知三联书店，1997年）的，是1938年施昕更的《良渚——杭县第二区黑陶文化遗址初步报告》，良渚考古真正拉开了浙江考古的帷幕。

1950年3月浙江省文物管理委员会成立。新中国成立之初，浙江考古工作主要由队部设在南京博物院的华东文物工作队承担。1954年华东大区撤销后，开始由浙江省文物管理委员会直接负责进行。1957年3月，《浙江省考古研究工作十二年远景规划草案》制订出台，开始有计划的考古工作。如1955年良渚朱村斗遗址发现制陶遗存；宁波铁路南站古墓群考古初步建立起浙江古墓墓制和随葬陶瓷器的考古学编年；1956、1958年吴兴钱山漾和1957—1958年吴兴邱城遗址发掘，第一次从地层学上区分了黑陶和印纹陶的先后关系，钱山漾遗址考古还直接促发了1959年夏鼐命名"良渚文化"；1959年嘉兴马家浜等遗址的发掘证实了邱城下层的存在，1975年吴汝祚提出"马家浜文化"。20世纪二三十年代陈万里曾以个人力量"八去龙泉，七访绍兴"，调查古窑址；1956年杭州乌龟山南宋官窑发掘，精、粗两路制品窑床的发现，为南宋官窑研究奠定了基础；1959年瓯江水库调查吕步坑唐代窑址和保定元代窑址，是浙江第一次独立主持的瓷窑址考古；1960年龙泉大窑甲乙丙区及金村古窑址的发掘，发现了宋代龙泉青瓷三叠层的依据，瓷窑址考古开始成为浙江考古的特色。

1962年浙江省文物管理委员会和浙江省博物馆合署办公。1966年"文化大革命"开始，浙江考古事业受到很大影响。但是，20世纪70年代初考古工作逐渐恢复，尤其是1973年震惊中外的余姚河姆渡遗址发现和河姆渡文化确立，扩大了中国新石器时代考古研究领域，第一次证明在长江流域同样存在着灿烂和古老的新石器文化,长江流域和黄河流域同是中华文明的摇篮。1979年，浙江省文物考古所（1986年更名为浙江省文物考古研究所）成立，浙江考古工作逐渐步入正轨。1985 年杭州市文物考古所、1987 年宁波市文物考古研究所分别成立，地方考古力量得到加强，目前除了浙江省文物考古研究所，杭州、宁波 2 家考古研究机构同样具有考古团队发掘资质。

浙江素有"文物之邦，人文荟萃之地"的赞誉，全省现有世界文化遗产 3处，全国重点文物保护单位 281 处（名列全国第四），省级文物保护单位 869 处，市县级文物保护单位 5000 余处、文物保护点 8000 余处。在第三次全国不可移动文物普查中，全省共调查登记不可移动文物 73943 处，调查登录及新发现总数均居全国首位，是全国文物大省之一。在以浙江省文物考古研究所为主导力量的全省考古工作者的努力和奋斗下，浙江考古为构建浙江大历史作出了重大贡献，更为中华文明起源和发展历史脉络的展示、为中华文明灿烂成就的展示、为中华文明对世界文明的展示作出了重大贡献。浙江是稻作、蚕丝、茶叶、漆作、瓷器的主要起源地，五千年中华文明的实证地，世界最早或最早者之一的独木舟、水利设施等的发明发现地，也在浙江。

浙江考古填补了浙江百万年旧石器时代的空白，建立起自万年上山文化至青铜时代考古学文化谱系和年代，以浙江地点命名的上山、跨湖桥、河姆渡、马家浜、良渚、好川、钱山漾、肩头弄等考古学文化，几乎涵盖了长江下游史前至青铜时代的全貌。

万年上山遗址被誉为"远古中华第一村"（严文明），上山文化是世界稻作文化的起源地，是南方稻作文明和北方粟作文明为基础的中华文明形成过程的重要起点。目前浙江境内已发现上山文化遗址逾 20 处，这是中国规模最大的新石器时代早期聚落群，上山文化环壕聚落是中国农耕村落的源头。八卦式的上山文化彩陶年代远早于中国彩陶文化发祥地渭河流域老官台文化，内容和风格也迥然不同。2006 年上山文化命名，时任浙江省委书记习近平同志专门作出"要加强对上山文化的研究与宣传"的重要批示。今年 7 月，《浙江高质量发展建设共同富裕示范区实施方案（2021—2025 年）》明确提出，"推进上山文化申遗"，让万年浙江的文化之源，成为中华文明五千年精华的重要起点。

八千年"勇立潮头"的跨湖桥文化，出土世界最早的独木舟，含有相当大的盐分，有边驾艇和帆存在的可能，完全适应浅海区域的活动，这是远古先民征服海洋的开始。余姚井头山遗址，文化面貌与跨湖桥文化有很大的相似性，又与河姆渡文化早期有一定的关联，遗址深埋在现地表下5—10米，上面覆盖厚达5—6米的海相沉积淤泥，遗址有稻作生业经济特征，但又以海产捕捞为主，第一次全面展示了我国先民对于海洋的认识与资源的利用，这处史前贝丘遗址考古是中国古海岸线人类活动考古学探索的第一步。井头山、跨湖桥还发现了中国最早的漆器，井头山两件木器上的黑色涂层确定为天然大漆，跨湖桥独木舟孔洞填补的胶黏剂也含有天然生漆。坚牢于质、光彩于文的漆器，同水稻、蚕丝和玉器一样，也是原生型中华文明起源的特有因素。

距今七千年的河姆渡文化以浙东姚江河谷为主要分布区，有发达的耜耕稻作经济，余姚施岙遗址已揭露河姆渡文化中期、晚期及后河姆渡文化时期大型水田。有如田螺山遗址复杂干栏的高级大房子，说明河姆渡遗址聚落群已开始分化。河姆渡遗址干栏木构建筑梁头榫、柱顶榫、十字卯、栏干卯和销钉孔等多种技法，是古代中国营造法式的传统技法和特点。河姆渡文化以神鸟和太阳崇拜为主题的观念信仰，说明这一区域不同族群在观念和意识形态上的认同，他们当然对良渚文明的信仰体系有深刻的影响。河姆渡文化在钱塘江以南地区长时间保持着顽强的生命力，绳纹釜系统就是例证。河姆渡文化及后续，更是浙东沿海岛屿和海洋文化的源头。

太湖流域新石器时代考古学文化发展的基本谱系是马家浜—崧泽—良渚文化。距今5300—4300年良渚文化的中心在杭州良渚古城，2019年7月6日，第43届联合国教科文组织世界遗产委员会会议（世界遗产大会），中国良渚古城遗址获准列入世界遗产名录，良渚成为实证中华五千年文明史的圣地。

良渚古城的古城核心区、水利系统和外围郊区总面积达100平方千米，以莫角山宫殿区为核心的内外郭面积8平方千米，整个古城及外围水利系统土石方总量达1008万立方米，充分展现了社会复杂化和强制性公共权力的存在。外围水利系统是良渚古城遗址的重要组成部分，作为大型土筑工程和超级水管理成就，也是世界早期水利设施建筑、技术、景观的卓越典范。良渚古城水利设施的水干预、水利用、水管理，先进于《尚书·尧典》尧对四方诸侯说"汤汤洪水方割，荡荡怀山襄陵，浩浩滔天"的治水。良渚古城内部的布局和功能结构，尤其是莫角山宫殿区、王陵分布等高级功能区空间分布基本明确，城内钟家港河道两侧与琢玉、石器后期制作、骨角牙器制作、漆木作、大木作等百工熙哉的遗存，充分展现了"中华第一城"（张忠培）的恢弘图景。

玉器是中国古代文化的主要标识，是中华文明起源的重要元件。良渚人创造了以复杂玉头饰和琮、钺为代表的成组玉礼器系统，主宰玉器的太阳神像在整个良渚文化分布区有着广泛的认同，玉礼器系统的礼制和观念信仰成为维系良渚社会政权组织的主要手段和纽带。琮是良渚成组玉礼器中的重器，是一个由平面和立面组合而成的复杂几何体，有着旋转着的轴心，是当时萨满式多层次宇宙观的微缩模型，良渚琮的结构和内涵，与古代中国宇宙观系统性认知有极大的契合度，张光直提出萨满教分层宇宙观是中国古代文明的重要特征，那么以良渚琮为代表的观念信仰，是集大成的开创。

包含复杂工程技术和高效社会组织能力的都城和水利建设、被认为带有奢侈色彩的玉器工艺，自然有高度发达的经济基础作为支撑。杭州临平茅山发现了合5.5公顷的大稻田，有分割田埂和灌溉水渠。深受良渚文化影响的浙东余姚施岙，也揭示了这一时期8公顷稻田，周边调查发现古水田总体量达90公顷，施岙古水田分河姆渡文化早、晚期和良渚文化三个阶段，有灌溉渠、灌溉口、田埂，一条残独木舟还被铺垫在宽近4米的田埂下。郑云飞根据稻田土壤水稻硅酸体与稻谷重量的关系，推算茅山古稻田单位面积产量约为141千克/亩，良渚古城莫角山宫殿区东部被烧毁稻谷约2.4万斤，池中寺粮仓炭化稻谷埋藏量达40万斤，足证良渚社会经济基础的坚实。

虽然有不同的生业经济模式和考古学文化体系的背景，中国文明起源和发展阶段的总体特征是多元一体、兼容并蓄、绵延不绝，其背后一定是观念意识形态认同的结果。"经国家，定社稷，序民人，利后嗣"的"礼"和"礼制"，"唯器与名，不可以假人"的"器"，作为中国新石器时代用玉礼仪制度最完善、最先进的良渚玉器，成为中国传统文化"器以藏礼"观念最早的物质载体，良渚成组玉礼器作为拥有者身份、等级和地位的标识，作为聚落等级和规模、中心和周边的反映，拉开了中国礼制文明的帷幕，良渚文明成组玉礼器是中国前青铜时代中华大地上"器以藏礼"最突出的代表，良渚成组玉礼器代表的玉礼制文明,某种意义上就是中华文明起源和发展阶段的本质。牟永抗等提出的"玉器时代"可以成为中国文明时代产生的一个重要标志,良渚文明是中国文明起源的领头羊,良渚文明为世界早期文明、早期国家和早期复杂化社会研究提供了新内容。"伟哉,良渚。"(严文明)

浙江是越国故地,复原越国历史是浙江夏商周考古的主要任务,通过中心遗址、土墩墓、越国王陵和贵族墓葬、瓷之源等越文化和越国考古,基本构建了越文化起源及其立国、发展、壮大、称霸的历史脉络。

浙北地区湖州毘山、下菰城和余杭小古城等是商周时期的中心聚落遗址。毘山是浙江境内唯一出土琮、璧玉器和卜骨、青铜器的商晚周初大遗址,新近发现了铺设地栿再立柱的大型建筑基址,说明毘山很可能是浙北地区这一时期的中心。衢州衢江区已发现多座西周时期高等级土墩墓群,以"人"字形大木椁为葬制,还首次出土了青铜车马器,这一地区地望与《国语》等记载的"姑蔑"相吻合,这一发现极可能将揭开一段先越国尘封的历史。

安吉古城始筑于战国,延续至汉六朝,是浙北地区保存最好的古城址,古城东南龙山墓群的八亩墩、九亩墩两座春秋晚期超大型墓葬,共用隍壕,并各有两圈陪葬墓。2016—2019 年八亩墩(龙山 107 号)墓葬发掘,15 米高的主墓土墩有石护坡和挡坎维护,主墓外侧有密集摆放陶瓷器的超长器物坑,主墓四周有 31 座类型和随葬品不同的陪葬墓,墓主佩戴由绿松石等黏嵌的复杂冠饰,八亩墩和九亩墩极有可能是越国称王之前的王陵。

绍兴兰亭印山越王陵,是迄今为止第一座明确的越国王陵,推断为春秋末期拓土始大称王的允常"木客大冢"。印山越王陵四周也有隍壕围护,三面髹漆的巨大枋木构成长达 34.8 米的"人"字形木椁,椁中室置放大型独木棺,椁外侧包 140 层树皮,再填筑大量的木炭和青膏泥。2011 年绍兴东湖香山 M1,"人"字形木椁长约 47.6 米,规模堪比允常"木客大冢",虽然遭到严重破坏,但根据遗物和碳 –14 数据,年代为战国中期偏早,可能是越王翳、诸咎粤滑、无余之中的某一王。目前绍兴平水盆地越国王陵区的布局基本搞清,周边古水系分布状况也基本明确,随着绍兴地区东周考古的持续推进,越国考古前景可期。

浙江是原始瓷和成熟瓷器的主要起源地，以德清为中心的东苕溪流域先秦时期原始瓷窑址群，从夏商之际开始出现，历经两周，连绵不绝，尤其是战国时期大量烧造的仿青铜礼器和乐器，代表先秦时期窑业的最高发展水平，产品质量已接近成熟瓷器的水平，被誉为"瓷之源"。

入汉以后，浙江逐步纳入大一统王朝的发展轨迹，汉至五代一千一百多年内，汉武开边、吴会分治、三国鼎立、永嘉之乱、吴越割据等重大历史事件，均成为触发浙江不断发展、融入中原的重要契机。五代钱氏吴越建国，杭州成为"东南形胜第一州"，北宋太平兴国三年（978），吴越国纳土归宋，浙江由此成为中国范围内最重要的经济文化中心。

五代钱氏吴越建国，全盛时领有今浙江全境，通过钱氏三世五王历时七十余年的开发，吴越国成为五代十国之最为繁荣稳定的一方政权，以杭州为中心，包含吴越国都杭州城、钱氏故里衣锦城、钱塘江古海塘遗址、佛塔地宫等，是这一时期考古工作的主要内容。钱元瓘墓及吴汉月墓、钱元玩墓、钱宽及水邱氏墓、康陵马氏等重要王族成员的墓葬，为全面揭示五代吴越国的历史文化内涵提供了重要的研究对象。钱宽夫妇墓出土了鎏金银器、秘色瓷器、官字款银扣白瓷等，尽显王家之气。在钱氏家族陵墓中还发现精准程度很高的天文图，反映了晚唐五代时期的天文学水平。2001年吴越王钱弘俶所建雷峰塔地宫出土了包括纯银阿育王塔、鎏金龙莲底座佛像等在内的一批精美的文物珍品，以及大批的石刻佛经和经卷砖。金华等地也先后发现了佛塔地宫，出土了相当数量的佛教造像和不同材质的阿育王塔。此外，西湖等处先后发现的金龙玉册（亦称投龙简），是研究吴越国时期皇家道教信仰的重要依据。

钱氏在吴越国内大力发展各类手工产业，其中以制瓷业尤为突出，越窑"秘色瓷"自晚唐开始即声名鹊起，至吴越国时期更趋鼎盛，目前已明确上林湖窑场即为秘色瓷产地，以瓷质匣钵烧制的秘色越器为越窑的巅峰之作。吴越国对浙江的开发还体现在修筑捍海塘等水利工程，这是古代中国乃至世界的伟大水利工程，是我国古代匠作营造技艺、公共工程建设、行政执行力、社会经济水平高度发展的综合体现，钱塘江古海塘作为重要历史地理坐标，对研究杭州古代城市发展史和钱塘江流域历史地位的发展演变具有十分重要的意义。

宋室南渡定都临安，浙江成为全国性的政治、经济、文化中心。墓葬、城市和手工业遗存是浙江宋元考古的主要内容。临安城和绍兴南宋皇陵在中国都城和陵寝制度发展史上，具有承上启下的重大学术价值，南宋墓葬考古揭示的丧葬制度、思想观念、随葬器物变迁，是讨论社会礼俗"宋元明转型"最具体、直观的材料；全面复原南宋临安城、嘉兴子城的平面格局，全面揭示复杂的城市空间和城市生活，是历史、考古学界的重大学术目标；青瓷、铜镜、摩崖碑刻，尤其是南宋官窑也是浙江南宋文物考古的特色门类。南宋文化对后世影响深刻，"中国近八百年来的历史，是以南宋为领导的模式，江浙一带为重点的模式"（刘子健）。2021 年 8 月 31 日，浙江省委书记袁家军在省委文化工作会议上谈打造新时代文化高地时，把"在打造以宋韵文化为代表的浙江历史文化金名片上取得新突破"，作为五个高地十突破之一。

继原始瓷起源里程碑式的技术跃进后，生产中心从以德清为中心的东苕溪流域转到浦阳江下游萧山、绍兴区域，再到上虞曹娥江中游地区，东汉成熟青瓷在那里率先烧成。随后，青瓷生产中心又先后转到慈溪上林湖区域、黄岩沙埠窑，再到瓯江上游龙泉一带。从汉六朝早期青瓷的发展，到唐（北）宋青瓷生产的繁荣，从（南）宋元青瓷生产的鼎盛，到明清青瓷生产的式微，绵延不绝达三四千年之久，浙江不仅先后有越窑和龙泉窑这样庞大的青瓷窑系各领风骚近千年，还有德清窑、瓯窑、婺州窑等名窑在历史上据有一席之地。

浙江古代青瓷产品不仅满足国内需求，而且至迟从唐代开始，输出海外，浙江古代青瓷制作技艺广泛传播，直接影响了境内外许多地区的瓷器生产，促进了当地人民生活方式的改进、审美取向的变迁，浙江古代青瓷更为海上丝绸之路的形成和发展作出了不可磨灭的重大贡献。瓷窑址考古或陶瓷考古已成为独立的考古学分支学科，也是浙江省文物考古研究所传统的学术研究重要领域之一。

2006 年 5 月，时任浙江省委书记习近平同志在"浙江文化研究工程成果文库"序中，指出区域文化研究的目的和意义，"一方面可以借此梳理和弘扬当地的历史传统和文化资源，繁荣和丰富当代的先进文化建设活动，规划和指导未来的文化发展蓝图，增强文化软实力，为全面建设小康社会、加快社会主义现代化提供思想保证、精神动力、智力支持和舆论力量；另一方面，这也是深入了解中国文化、研究中国文化、发展中国文化、创新中国文化的重要途径之一"（蒋乐平：《跨湖桥文化研究》，科学出版社，2014 年，第 i ～ iii 页）。浙江文化中富有创造力的基因，自古以来就有之，在中华民族的文明之源留下了创造和进步的印记，深入挖掘浙江文化底蕴，研究浙江考古与中华文明，是浙江考古工作者义不容辞的任务和担当。浙江考古工作者将积极主导、参与"中华文明起源和早期发展综合研究""考古中国"等重大项目。围绕世界稻作农业起源、中华文明起源、浙江历史发展脉络等重大问题，继续探索未知、揭示本源。重点围绕上山文化、河姆渡文化、良渚文化、越文化、吴越文化、南宋文化、青瓷文化、海洋文化、石窟寺等开展考古研究，切实打造一批具有较高知名度、鲜明辨识度的浙江文化标识，全面展示以"10000 年上山""5000 年良渚""1000 年南宋"为代表的浙江历史文化深厚内涵和独特价值。

方向明

2021 年 8 月 31 日

后　记

1

我是一个目标感极差的人。

准确地说，我的目标感中缺少一种叫做时间的东西，以至于我很少思考一个月以后的事情。

前几天，有位老师问我："马黎，你刚开始当记者的时候，心中的定位是哪个方向？"

我不太确定这个问题，直觉地回答："就是千万不要写一样的东西。"

"很好，这是你写作的要求。那么领域呢？"

"领域是文化类，"我又补了一句，"能够留下来的。"

不一样、留下来，好像这就是我的目标。

在写作考古报道的时候，常被在文章中不时出没的"小怪兽"困扰——计算／换算时间，以及平方、公里、土方量……要不是为了写这篇后记，我也不会刻意去计算，我跑考古线多少年了。

2012 年 4 月 1 日，从事新闻工作的第 3 年，我进入钱江晚报社做文化记者。第一条新闻，跑的就是良渚考古——那年 4 月 13 日，余杭玉架山史前聚落遗址评上了年度全国十大考古新发现。那天，我第一次拨通了刘斌老师的电话。4月18日，第一次前往考古工地，第一次看到了在现场发掘的考古人、领队楼航老师。

我反复验算了几遍：再过4个月，我与考古结缘就整十年了。

学戏剧文学出身的我，与完全陌生的考古结缘，在浙江考古一线奔跑至今，见证了浙江考古近十年来突飞猛进的发现。

在前不久召开的"浙江考古与中华文明"新闻发布会上，浙江省文物局局长杨建武说："通过考古，我们实证了浙江是世界万年稻作农业之源、中华文明之源、中国青瓷之源，实证了浙江极江南文化之盛、领海洋开发之先……"

浦江上山、余姚井头山、杭州良渚古城、慈溪上林湖、绍兴宋六陵……万年浙江的文明史，这十年，我的脚印有幸留在了上面。

2

4月，方向明老师跟我商量，希望我能把有关浙江考古的报道结集出版，作为浙江考古的一份记录，也是对中国考古百年这个重要时间节点的纪念。我大感惶恐。

当稿子进入编辑阶段，我又重新阅读、修订这十年写过的报道。"不一样""留下来"这两个词跳了出来，我真的做到了吗？我再次惶恐。

但也有欣慰。

我在近几年的文章中看到了一点点"不一样"。

曾有多位老师说："马黎，你应该写虚构。"

我很早就发现自己缺少虚构的能力，所以只能在非虚构的写作中努力地"构"。

考古不是经常有"重大发现"的，"一醒惊天下"——要醒很多年，1年，10年，20年，良渚发现至今80多年，还在不断醒来。我经常被朋友和同事问："又发现什么宝贝了？""没有没有。"我总是让人失望。那么，考古的价值在哪里？没有重大发现的时候，没有故事可讲的时候，怎么办？读者往往需要故事，好看的故事，在意宝贝，多少钱，多少年，多少"最"，"外星人"式的传说。而考古人在意的是遗迹，遗迹大于遗物，考古是科学，是一门学科。而读者往往"看"不到这些。

2019年，我写过一个杭州德寿宫的最新考古发现：一只秦桧家的马桶。第二天，官微收到很多读者的留言：脑补了一部电视剧。

历史大IP，拥有所有成为爆款的基因。一个写作者仅仅是写一个好看的故事吗？这应是记者的标配，应当成为一种警惕，从书本到书本，从网络到网络，从你言到他言。

而考古工作的特点，考古人的生活和思考，恰恰弥补了我既不能"虚"又要"构"的缺点。

同样是历史大IP，宋六陵，盛产茶叶，也盛产传说。当我放下所有"幻术"，深入考古发掘现场，用纪录片的视角，首次揭秘宋六陵一号陵园发掘过程，完成了专业和通俗、文学的表达之后，是否就可以结束了？

在和郑嘉励、李晖达老师近半个月的聊天后，我发现，他们也在警惕同样的问题。历史时期的考古只是证经补史吗？我们所面对和看见的历史，是历史真实吗？历史之外，有没有新的历史？2019年正式发掘前，考古专家为什么经历了长达12年的调查和勘探？他们为何纠结？

刘斌老师多次提到老师张忠培的一句话：被材料牵着鼻子走。当某一种材料能触动你，就要把它搞明白，要被它牵着走。"要找出它有多长有多宽，再顺下去想，这个石头是从哪儿来的，考古就是教我们怎么样去追寻遗迹，怎么样去发现它的功能，最后引向科学。"

什么是好材料？

对考古活动要真正揭示的问题有价值的材料就是好材料。

挖宝，从来不是考古学家的目标。我也更愿意选择那些微不足道的东西——无人选择的小径，不大起眼的碎片，隐秘不可察觉的声音。这里不经常有"重大发现"，甚至没有发现，讲不出猎奇故事，不需要耸人的标题，只有人的知识、思维、思想和情感紧紧勾连，与每个人的生活有关——过去的人，现在的人，也与人类的未来有关，且直指考古的本质——回到野外，回到地层。

考古不断接近历史，但永远无法完全揭示历史。写作同理，没有"适可而止”一说，应该探到最底。正因为如此，事情变得更有趣了。

　　考古人摸着材料构筑未知的历史，我摸着材料“构”读者能懂的报道。

　　这十年，我吃过许多考古工地的饭菜（真的很好吃），但浙江考古的工地我远远未踏遍，浙江考古的故事也远远没有讲透讲完。但愿从本书所选的这些报道中，读者能看见更多。

　　感谢方向明、李晖、郑嘉励以及浙江省文物考古研究所所有老师，杭州市文物考古研究所所有老师，钱江晚报的师友同事，刘斌老师、黎毓馨老师、邵群老师。

　　感谢“至微堂”、张艺璇、张念哲为本书出版提供的无私帮助。

马　黎

2021 年 11 月 20 日　杭州

图书在版编目（CIP）数据

考古浙江：万年背后的故事 / 马黎著；浙江省文
物考古研究所编 . —杭州：浙江古籍出版社，2021.12
（2022.5 重印）

ISBN 978-7-5540-2167-5

Ⅰ.①考… Ⅱ.①马… ②浙… Ⅲ.①考古发掘—浙
江—文集 Ⅳ.① K872.55-53

中国版本图书馆 CIP 数据核字（2021）第 243643 号

考古浙江
——万年背后的故事

马黎 著　浙江省文物考古研究所 编

出版发行	浙江古籍出版社
	（杭州体育场路 347 号　电话：0571-85176986）
责任编辑	徐晓玲
责任校对	吴颖胤
扉页绘图	张念哲
责任印务	楼浩凯
照　排	杭州立飞图文制作有限公司
印　刷	浙江海虹彩色印务有限公司
开　本	710mm×1000mm　1/16
印　张	21.25
字　数	324 千字
版　次	2021 年 12 月第 1 版
印　次	2022 年 5 月第 2 次印刷
书　号	ISBN 978-7-5540-2167-5
定　价	98.00 元